U0111555

大展好書　好書大展
品嘗好書　冠群可期

大展好書　好書大展

品嘗好書　冠群可期

武學釋典：34

太極拳秘訣
精注精譯

郭福厚｜編著

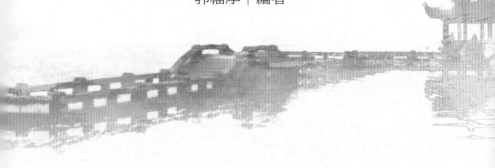

大展出版社有限公司

　　太極拳秘訣是中國優秀文化遺產的璀璨瑰寶，是歷代太極拳家心血凝聚而成的經驗總結，也是近代和現代太極拳運動的圭臬和指南。它們既有精闢的哲理原則和以弱勝強的技擊技術，又有「用意不用力」的典型有氧運動方式方法，具有養生長壽、體療祛病的功能，這無疑是現代太極拳訓練最忠實的良師益友。

　　遺憾的是，長期以來，由於種種原因，許多太極拳前輩對自己的師承和心得體會，視為比自己生命還要寶貴的私有財產，不肯輕易傳人，即使對自己的子女和門人也要有所保留。同門之間，相互秘惜；同道之間，更是絕少技術經驗交流，致使許多寶貴經驗和有限資料不斷殘缺、散失和湮沒。

　　有鑒於此，本人結合多年的練功體會，開始注意對各家太極拳資料的收集工作，對各式太極拳進行全面的考察瞭解。在掌握各式太極拳套路的基礎上，對不同歷史時期的太極拳前輩遺著進行了研究，考證其真偽，對各抄本中的錯訛進行了校對和訂正，1992 年正式出版了《太極拳秘訣評解》一書。1999 年，應廣大讀者的要求，透過修補增訂，在原書基礎上又整理出版了《太極拳秘訣評解與太極拳劍》一書。

　　此次重新編輯出版此書，除在結構方面作了較大的調整之外，在內容上也進行

　　了大幅的補充。根據讀者的要求，對那些技術含量高的文言文拳訣作了語體文的意譯或直譯，以期對初學的人們能有更多的啟發。但我們深知，語體文不及文言文含蓄，很難將原文的內涵全面揭示出來，這也正是不敢全部作直譯的主要原因。事物的客觀運動規律，本就不是能輕易被徹底認識的，故還希望不同水準的讀者，切莫因有譯文就放棄了對原文內涵的繼續探索。

　　再一點要說明的是，書中秘訣乃取兼容並包的方式，非出自一門一家之言，因而某些觀點並不統一，甚或互相矛盾也是有的。例如氣勁問題，有主張「以意行氣」者，有主張「以意使氣」者，也有主張「以力使氣」者，還有主張綜合運用者。汲取前人的經驗，宜根據自己拳術的需求，適當選擇或能靈活變通，切不可食而不化，更忌見異思遷，無一定主見。

　　本書所蒐集的資料只是滄海一粟，所加評註也多是一孔之見，有的解釋翻譯，言不盡意，更免不了有掛一漏萬之弊，還望廣大同道、朋友多提寶貴意見。

　　在本書的整理、修訂過程中，吳曉航同學給予了大力協助，做了大量具體工作，在此深表謝意！

郭福厚

於天津

　　1. 每篇秘訣均依「秘訣題目」「秘訣原文」「按」「譯文」和「注釋」的順序進行闡述，部分原文因已是白話文，故未翻譯。遺著秘訣的入選宗旨是內容互不相同或部分不同，或是觀點不同。對各抄本中凡內容相同的，原則上只選一種，個別訣要的不同抄本附錄於原文之後，以便對照參考。

　　2. 在總體結構上，本書以拳訣的傳播和影響程度及歷史年代為排列書序，對太極拳發展影響較大、傳播較廣的放在前面，其餘拳訣則盡量按著作時間、出處和排序，如陳式、楊式、武式、宋遠橋家傳太極拳等。但因文章並非出自一家、一人之手，內容、結構、觀點也頗不一致，難以繩之統一標準，所以盡量將有總結性、概論性的文章排在最前面，鍛鍊要領性的訣要居次，打手理法性論述再次之，最後是偏重於理論性的文章。同時，考慮到同一出處或同一作者著作的連續性，在兼顧上述原則的基礎上，總體上以下述順序排列：太極拳論及其相關拳譜；武式太極拳拳論；乾隆年間拳譜；宋遠橋太極拳譜；楊式太極拳拳論；其他（作者未知）；陳式太極拳論；楊家老譜，即端芳王府（或為瑞郡王府，軍機處錯抄為「端郡王」，吳公藻又錯記為「端芳」親王）抄本。

3. 書中所收文章，因多係口授個人心得，其文章標題又多為後人所加，所以，有些文章的標題便省略不用。而每則秘訣的作者署名亦有兩種情形，凡確知作者姓名的，則列於題右，並對作者生平作簡要介紹；凡不確知作者姓名者，則不予署名。

4. 譯文部分，為便於初學者初步瞭解和掌握秘訣原文的內涵，特將絕大部分秘訣翻譯成白話文。總體上堅持直譯的原則，但對個別不宜直譯和觀點含混不清的文章則進行了意譯和解讀。

5. 註解部分，除注釋個別生僻字句外，主要放在對拳理、拳法的解釋上。原文中論述較為清楚的部分，則不再加以解釋。值得說明的是，解釋為一家之言，個別觀點可能也有與前人觀點不相侔的，是否可取，供讀者在實踐中加以鑑別。

6. 本書在最後一部分還適當收錄了對太極拳運動有借鑑意義的其他內家拳理法要訣，以供太極拳愛好者參考借鑑。

目錄

一、太極拳論

山右王宗岳

| 按 |

本文作者，舊譜署名「山右王宗岳」。不知是作者原署，還是後人所加，似可相信。但對作者生平，尤其是其拳術的師承和具體內容，則無從查考。

過去曾有諸多傳說，如說他是道家張三豐的「入室弟子」；或說他是太極拳的創始人；或說他是蔣發的老師，亦名王林楨；現在更有人說他是河南陳家溝太極拳的傳人，甚至能指名道姓地說出他的老師是誰……然皆無實質性論據，只是推測和臆斷，故難以使人信服。

唐豪先生（1896──1959 年），對探索太極拳歷史很是下過工夫。他曾得《陰符槍譜》抄本，內有乾隆六十年乙卯（1795 年）佚名氏的「序言」，稱槍譜的作者為「山右王先生」，並說他在公元1791 年曾居於洛陽，後又設館於汴……據此，唐豪認為，王先生即是王宗岳。

理由是：二人皆山右人，皆姓王，又皆善武術；再因汴洛與陳家溝僅一黃河之隔，故王宗岳的太極拳必從學於陳家溝陳氏。又有人順藤摸瓜，從時間上，便輕而易舉地把王先生的陳家溝老師找了出來。如此考證，即使王先生真是王宗岳，也難以令人信服。

　　若王先生果真精通太極拳如王宗岳時，「序言」何以只說「通擊劍，精於槍法，數十年簡練揣摩，自成一家」。且槍術已研究「數十年」之久，其拳術的成熟豈不更早。顯而易見，王先生的拳術，不是中晚年居汴洛時才開始學習的。且不說陳家溝拳「從不外傳」這一事實，如王氏確為陳家溝傳人，為什麼《陳氏家乘》裏，連被稱之為「僕」的楊福魁（祿禪）尚有記敘，而對精研太極拳的高徒王宗岳，竟會隻字不提，豈不怪哉！

　　《太極拳論》最初是武澄清於咸豐二年（1852 年）在河南舞陽縣某鹽店發現的一個殘抄拳譜中之一篇。一般分析為，殘抄本僅剩下四篇文章，除《太極拳論》之外，尚有《十三勢歌》《打手歌》及對「十三勢」的解說一文，署名者僅本文一篇。或猜測說，其他三篇也一定為王氏所作。

　　我們認為，如果各文皆出自王宗岳之手，何以署名不寫在封面，僅署於本文之旁，也不逐文署名？這與署名的一般習慣不通。且本文與其他文的文氣、筆法也不類同，甚至觀點各異。如王宗岳的拳名「太極」，其指導思想和立論是以中國古典哲學中的陰陽理論為依據的。而它文皆名「十三勢」，沒有明確的立論依據。

　　《太極拳論》（以下簡稱《論》）對太極拳的訓練目的是唯武事論，即所謂「英雄所向無敵」；而《十三勢歌》反映的是兩點論，既承認「因敵變化示神奇」的武事作用，更強調養生作用，「詳推用意終何在？益壽延年不老春」是最終目的，受道教養生思想的影響極為明顯。王氏以「走」「黏」二字概括其技法（且不論這是他的創

造，還是繼承前輩的經驗），而十三勢則以八門（掤、
捋、擠、按、採、挒、肘、靠）、五步（進、退、顧、
盼、定）為其技法核心。王氏的太極拳技法，偏重於對身
體外在的專項技法訓練，對「意」在技法中的作用尚無明
確要求，對「氣」的要求也不夠突出。而「十三勢歌」對
意氣的要求則極其嚴格，認為「意氣」如「君」「骨肉」
如「臣」，動作要意氣領先，又要求「命意源頭在腰
隙」。正因為如此，我們認為只有本《論》是王宗岳的手
筆。從文中「察四 兩撥千斤之句，顯非力勝」的「察」
字，可以肯定，四兩撥千斤之術，並非王氏的創造，而是
繼承前輩的傳授。這就說明，他的太極拳也是有師承的，
並非獨樹一幟。再從「斯技旁門甚多……」分析，也可以
看出，當時的太極拳顯非一家一派。

　　所以，王氏為太極拳創始人之說也難成立，說他是張
三豐的「入室弟子」就更加玄虛了。

　　在研究這篇文章的時候，還有幾個難以解決的疑問，
需要繼續探索研究。如「由著熟而漸悟懂勁」，全句的意
思不難明白，但對「著」的內涵，還是一個不解之謎。因
為直到今天，還沒有發現王氏太極拳的拳架或拳勢，更不
知道他「著熟」的訓練方式方法是什麼。或問，推手訓練
是否可視為「著熟」的方式方法？

　　現在的推手訓練，一般均以「八門」「五步」為技術
內容，目標是為了熟練掌握「八法」技巧，從而逐步認識
推手技法的運動規律，達到「懂勁」的水準。然而，現在
推手所採取的「十三勢」法，是否與王宗岳訓練「著熟」
的內容完全一致，也難以肯定。本《論》只強調「陰陽相

濟」「捨己從人」的技法原則和「左重則左虛，右重則右杳」「人剛我柔謂之走，我順人背為之黏」及「剛柔相濟」的勁法運動原則，絲毫沒有涉及「十三勢」的概念。或者說《打手歌》開頭就提出「掤捋擠按須認真」，證明此歌是屬於「十三勢」的打手訣；而其技法就要求「牽動四兩撥千斤」，這與《論》中「察四兩撥千斤」之句正好吻合，難道還不足以證明十三勢即太極拳嗎？

這個問題比較複雜，現在流行的楊、吳、武、孫四家太極拳，是在陳家溝和趙堡拳的基礎上改革而成的，但陳家溝和趙堡拳的源流，情況本身就不甚明朗。從套路內容分析，其拳套一脈相承，只是趙堡體系既有拳史資料，又有豐富的技術資料，而陳家溝則極少有傳統資料。再根據兩處的「太極拳」套路皆分十三勢的情況判斷，有可能這兩處「太極拳」的前身，就是「十三勢」。所以，如果說現代各家太極拳就是十三勢，似乎是有根據的，但若說王宗岳的太極拳也是十三勢，只怕一點根據也沒有。

若以《打手歌》的「牽動四兩撥千斤」為據，首先就需肯定此歌不是王宗岳所作，《論》才會以權威的論據進行引用。即使如此，「牽動」二字，對引語「四兩撥千斤」來說，也是畫蛇添足之舉，理法精如王宗岳者，定會看出這兩句話存在著本質差別的。所以，《打手歌》並非「四兩撥千斤」的唯一出處。十三勢與王宗岳太極拳究竟有無直接關係，仍然是個未知數。

│原文│

太極者，無極而生[1]，陰陽之母也[2]。動之則分，

靜之則合；無過不及，隨屈（曲）就伸[3]。人剛我柔謂之走，我順人背謂之黏[4]。動急則急應，動緩則緩隨[5]。雖變化萬端，而理唯一貫。由著熟[6]而漸悟懂勁[7]，由懂勁而階及神明[8]。然非用力[9]之久，不能豁然貫通焉[10]。虛領頂勁，氣沉丹田[11]，不偏不倚，忽隱忽現[12]。左重則左虛，右重則右杳；仰之則彌高，俯之則彌深，進之則愈長，退之則愈促[13]。一羽不能加，蠅蟲不能落，人不知我，我獨知人[14]。英雄所向無敵，蓋皆由此而及也[15]。

斯技旁門甚多，雖勢有區別，概不外乎壯欺弱、慢讓快耳[16]。有力打無力，手慢讓手快，是皆先天自然之能，非關學力而有為也[17]。察「四兩撥千斤」之句，顯非力勝，觀耄耋能禦眾之形，快何能為[18]。立如平準，活似車輪[19]，偏沉則隨，雙重則滯[20]。每見數年純功不能運化者，率皆自為人制，雙重之病未悟耳[21]。欲避此病，須知陰陽。黏即是走，走即是黏[22]。陽不離陰，陰不離陽。陰陽相濟，方為懂勁[23]。懂勁後，愈練愈精，默識揣摩，漸至從心所欲。本是捨己從人[24]，多誤捨近求遠[25]。所謂差之毫釐，謬之千里，學者不可不詳辨焉。是為論。

｜譯文｜

理學太極陰陽學說認為，太極原為一種氣體，在無極時代無邊無際，發展到太極時期始有了邊際，且孕育成陰陽兩種矛盾因素。氣體沒有固定形態，靜止時合在一起，經過運動也會分裂，任何形式的空間它都能無過不及地充

填其中。這是事物的共性，太極拳技法同樣遵循這一基本規律。

遇到對手用力攻擊我時，我須以柔勁接待，才會從人而動。這一過程，術語叫作「走」。走是為了達到我成順勢、令對方成為背勢的方法，我即可乘機反擊。這個過程，術語叫作「黏」。但須做到對方急來我能急應，對方來勢慢我也能慢隨，不論動作怎樣變化，應對及時，不外此理。

上述技法能力須由訓練得來，首先要將招勢訓練純熟，才能從中體會出基本的運動規律。這一步驟，術語叫作「懂勁」；再繼續實踐，達到動作習慣成為自然的程度，術語叫作「神明」。這是由量變到質變的飛躍，不經過一定時間的苦練和總結提升，很難一下子頓悟出來。

訓練須遵守以下要領：頸項豎直，頭頂上領，引申脊柱，振起精神。腹式呼吸配合動作，則氣沉丹田而不上浮。立身獨立自主，不得傾斜或倚靠對手。與人接觸勁不可滯，應根據對方的來勢而隨時虛實變換，所謂「忽隱忽現」。

太極拳技法，「走」重於「黏」，舉例來講：如對方攻擊我的左側，我左側既柔就虛，則對方的來勢便無著落，右側受攻也同此理。如對方向上或向下施力於我，我順其勢相應搶先向上或向下引申，略超過對方的幅度，這也是虛對方勢力的方法；如對方使我向前，我仍應搶先前進，便能虛對方的勢力；若對方向前快攻於我，我就須搶先後退，則對方的勢力必然達不到。但要做到彼此之間急應緩隨，不即不離。

　　做到這一點需要有一個先決條件：自己的知覺反應能力極其靈敏，即使一根羽毛、一隻蚊蠅落到身上都能及時感知，這就是知覺訓練的標準。還有一個更嚴格的條件：走、黏過程中，只許我能知對方，不可使對方知我。這比「知己知彼」的要求又高了一個層次，這就是常勝不敗的原因。

　　太極拳的門派很多，雖然招勢各有不同，而其技法卻不外乎恃壯欺弱，或依賴速度快而勝人。這基本上是憑著先天的自然優勢，並非訓練出來的技術。

　　根據前人所作「四兩撥千斤」的經驗，顯然不是靠力取勝，再看七八十歲的老人，能抵禦數人的圍攻，光靠速度能應對過來嗎？太極拳的技法，憑的是天平般的靈敏、準確的動作反應，如車輪般圓滑的身法。對待來力的方法，向一側鬆沉自然就能化解來力，如用力與對方來力對頂，自然就笨拙失靈。常看到苦練了多年功夫的人，與人交手，動則失敗，就在於不明變化和以硬力對抗（術語叫「雙重」）的危害。

　　想要避免「雙重」的病手，要從陰陽學說的理論去探討。隨來力「走」時，就是為了轉換為「黏」擊；在「黏」擊的過程中，又必須有擊之不中便能及時隨人再「走」的準備和能力。這就是陰中寓陽，陽中寓陰，陰陽相濟，「合二而一」的道理。按這一道理訓練，走、黏才能相濟。掌握了這一規律，術語叫作「懂勁」。在這個基礎上繼續實踐、琢磨、總結經驗，才能逐步提高到得心應手的水準，也即達到「神明」的境界。

　　概括來說，前提就決定於堅持捨己從人、也即後發制

人的戰略原則。但多誤作先發制人，形成捨近（令彼先攻）求遠的錯誤。僅這一點原則差別，結果適得其反。故說差之毫釐謬之千里，難道不值得深思嗎？為了講清楚上述理法，我才寫了這篇文章。

｜注釋｜

〔1〕這一論點，上承宋明程（顥、頤）朱（熹）理學（道學）思想，屬客觀唯心主義哲學思想體系。認為「理」是宇宙的本源，先於天地而存在；或說「道」為萬物之體，無形無象，無可指名，故曰「無極」。無極生太極，即認為「有」生於「無」。我國歷史上的兵家、拳家在引用古典哲學作理論依據時，常受唯心主義思想影響，這是由歷史的侷限性所決定的。然而，當他們論及兵法、拳法時，則又多是符合樸素的唯物論和辯證法的觀點。這是因為在軍事和武事實踐活動中，他們是直接實踐者，在客觀事實面前，無法否定和違背兵法、拳法的客觀運動規律，否則回答他的便是立即失敗。王宗岳所反映的思想狀況，也正是如此，故對本論的內容應該批判地接受。特別是對他在技術上的成就和論述，必須加以深入研究，充分汲取其精華。

正由於太極拳技法存在著嚴謹的辯證法規律，舊時就有人強調說：要學好太極拳，非精研《易》理不可。這話不免有些聳人聽聞。歷代太極拳大師，多目不識丁，這又作何解釋？以我個人的經驗，學習一下《毛澤東選集》中的《實踐論》《矛盾論》，就有助於對「陰陽相濟」規律的理解；學習游擊戰、運動戰的戰略戰術思想，對理解和

掌握太極拳基本技法大有裨益。這是因為二者的客觀條件是一致的，都是敵強我弱，都需要採取以弱勝強的戰略戰術。所以戰爭中的迂迴戰術和太極拳的「捨己從人」及圓運動方式方法，是不謀而合的。

〔2〕「陰陽」是我國古典哲學中表示一個事物的兩個矛盾方面的代號，「陽」代表著積極的、主動的、向上的……矛盾方面；「陰」則代表著與陽相反的矛盾方面。說「太極」是「陰陽之母」，即承認「太極」是由兩個相互矛盾的因素在一定條件下結合而形成的。孤陰不生，孤陽不長，陰陽相交，而成「太極」。正因如此，才說「太極」是「陰陽之母」，由「太極」而生出兩儀，產生陰陽之變化也。

〔3〕「動分靜合，無過無不及；隨屈就伸」是太極拳技法的基本要求，也是基本運動規律。古典哲學認為，「太極」即「一氣」。所以，上述拳法要求和運動規律，也正是氣的自然表現。拳名太極，其技法也就應當自覺地去體現出這一運動特點。只是拳術與氣有所不同，氣是自然的運動，而拳法則是人為的運動。故不經過一定的專門訓練，是不會掌握太極拳的運動特點和運動規律的。因此，「動」「靜」「分」「合」「過」「不及」「屈」「伸」等概念，用之於拳訣，就都成了特定的術語，具有與一般語言不同的本質屬性，它要依賴於人的主觀能動性，才能充分發揮作用。

〔4〕這一基本法則，正是根據上述「太極」的基本運動規律引申出來的。「人」「我」「剛」「柔」「順」「背」「走」「黏」，即陰陽的具體化。「人剛」「我

走」「人背」「我黏」，即「隨屈就伸」。又要求準確無誤，即「無過不及」。「靜之則合」即相持，「動之則分」即勝負。剛柔、順背、走粘皆為術語：「剛」在這裏即指對手的直勁、硬力。」「柔」則指太極拳特有的綿軟氣勁。「順」則得機得勢；「背」則失機失勢。「走」屬防禦，是在被動中掌握主動。「黏」為反擊，包括控制和打擊兩項內容。稱反擊而不稱攻擊或進攻，是因為在太極拳技法中以「後發先至」為基本原則。「人剛」則「走」，乃因敵強我弱。「走」又以「柔」為條件。柔則不頂不抗、也不呆笨地承擔對手硬力的壓迫，能引彼力落空而使對手失去平衡，為我黏打創造前提條件。這種後發先至的技法原則，其優點就在於動作有理有據，勁不妄發，發之必中。

〔5〕這兩句話的實質，就是隨敵變化而變化，體現著「隨屈就伸」「無過不及」的運動規律和特點，只有很好地掌握「應」「隨」功夫，並透過長期的訓練與實踐才能穩操「走黏」的主動權，「沾連黏隨」四字訣（見後文）也從另一個方面說明了動急則急應、動緩則緩隨的實質。掌握「應」「隨」功夫，當從練習「聽勁」入手。

〔6〕「著熟」是術語。「著」也作招，俗稱「著（招）術」「著數」「著勢」。「招」即指特定的技擊方法、動作姿勢定型及其熟練程度。

也就是說，經過一定時期的訓練之後，其技擊方法、動作操練已達到隨心所欲的程度，然更須知「勢無常勢」之理，要「善變」。

〔7〕「懂勁」也是術語，即認識並熟練掌握敵我雙

方在技擊中的用勁規律。勁是招術的核心，因此只有懂勁，才能進一步提高太極拳的運動水準，懂勁又是建立在著熟的基礎之上的。所以在實踐訓練中，應加強勁的訓練，不斷體會和總結經驗，日久自能摸索、掌握「勁」的運動規律，還要汲取和借鑑別人的經驗，逐步達到「懂勁」的意境。

〔8〕「神明」，是指技術發展水準已臻高度成熟的境界，也是技法水準已達高峰的標誌。它反映了在交手、使手和走黏技法的運用過程中似乎不用心思，不期然而然，得心應手，隨心所欲。

〔9〕「用力」指下苦工夫。

〔10〕「豁然貫通」，即由感性認識到理性認識的飛躍，說明認識由漸變到突變的現象。「階及」二字，即是對漸變的描繪。其實，由著熟到懂勁的過程也是如此。

〔11〕「虛領頂勁，氣沉丹田」，是太極拳姿勢動作或指身法的基本要領，是周身中正、靈活、穩定的保證。虛領頂勁在意不在力，「虛」字是神髓。氣沉丹田（臍下三寸處）是對深呼吸的要求，「沉」是神髓，切忌用力壓氣或憋氣。頂勁必須靈活才能振起精神，忌硬挺硬頂，故喻為「懸罄」。氣沉丹田就是空胸實腹，它既有助於加強穩定性，又是勁力發動的源泉。這兩句話體現了上下對立爭衡、上虛下實、上輕下重的要訣。

〔12〕「不偏不倚，忽隱忽現」，前者主要對動作姿勢而言，後者主要指勁力的運用。不偏不倚，才能重心穩定，獨立自主，動作靈活，把握主動，更有利於勁力的穩現變化。忽隱忽現，喻動作的勁力變化無常，令人不可捉

摸。也作「隱現顯微」。此二者亦須以「虛領頂勁、氣沉丹田」為前提條件。

〔13〕「左重則左虛……」，這六句構成技法左右、上下、前後的立體面，各面的技法原則，可概括為一個「引」字。杳（ㄧㄠˇ），原意是遠得看不到形影，此處當與「虛」字同義。「虛」即虛彼來勢來力，不使其落到實處。「左重」「右重」者，指對手壓迫或打擊我左側或右側。即對手攻我何處，我何處虛杳，便能引彼力落空，此亦即「人剛我柔謂之走，我順人背謂之粘」的具體表現。

「仰之則彌高，俯之則彌深；進之則愈長，退之則愈促」，可以類推。「彌」作「更加」解。彼使我仰，我以更高引之，彼使我俯，我以更低引之；彼退我進，我以更長逼之，彼進我退，我以更促引之。能如此，則我雖捨己從人，而走黏主動權操於我手無疑。

「引」以順彼來勢為宜，故又稱「順勢借力」之法。

〔14〕「一羽不能加」這四句是說知覺反應。前兩句極喻知覺反應的靈敏；後兩句是知覺反應在競技中的重要作用。靈敏，知人才能及時。不使人知我，必須「捨己從人」。關鍵在於一個「靜」字，又要動作輕靈，不著僵力。懂得如何能不使人知我是「知己」功夫，懂得如何能先知人的動向和目的則是「知彼」功夫。知己知彼，方能百戰不殆。知彼就如軍事上的偵察作用，不事先確切掌握敵情，就做不出正確判斷，也就無法採取有針對性的有效措施。所難者，武術上的偵察、判斷、決策、行動皆集於一身，既當帥又當兵，更要當武器，且時間要求，較之軍事又快得多，瞬間勝負立判。

〔15〕「所向無敵」意即藝高功夫深。「蓋皆由此而及」就是說，勝利是熟練運用文中所述技法原則的結果。這裏也反映了原書作者對練習太極拳術的態度和目的——惟武事而已。

〔16〕「斯技」可理解為單指太極拳技術，也可理解為泛指太極拳和其他武術的全部。「旁門甚多」，可理解為太極拳之外的武術門派甚多，也可理解為當時除他的太極拳門派之外，還有不少與他的技法原則不同的太極拳門派。總之，不論作者概括的是哪一種情況，把「旁門」技法，統統概括為「不外壯欺弱，慢讓快耳」，顯然帶有一定的片面性。當然，抑或在當時的歷史時期，實際的技擊狀況就是如此。

〔17〕「有力打無力」等論點也含有片面性的弊病。「有力」「無力」「手快」「手慢」，在拳術的技法中，這些概念只能是相對而言。如雙方都未經專門訓練，各自的力量大小，動作運動速度的快慢，其差別從「先天自然之能」的方面理解還可以講得通，但如彼此都經過力量和速度的訓練，或只有一方經過這種訓練，在這種情況下，把力量和速度的差距歸為「先天自然之能」，就與事實不相符合了。

特別是對經過一定科學方法訓練的人來講，原來力小的、手慢的，也有可能超過原來力大、手快的人。所以，把人的力量和速度無條件地歸結為「自然之能」，與「學力」無關，是不符合實際的。即使是「旁門」，對那些訓練有素的人，其力量和速度更不可等閒視之。

就太極拳技法來講，雖然慣用「順勢借力」之法，然

其「發」「放」之時，其效果也與訓練程度有關。「剛柔相濟」，不能設想「剛」與力無關，與力的訓練無關。不研究勁力的訓練，是不可能取得有效的打擊效果。當然，不可否認，太極拳對勁力的要求與其他門派不同，其訓練方式方法也有所區別。

〔18〕這是想用「四兩撥千斤」之法及「耄耋能禦眾之形」，來證明太極拳並非專講用「力」和「快」來奪取勝利。然而，「動急則急應」，強調的也有快的因素。「察四兩撥千斤之句」中的「察」，和「之句」三字，說明了此法乃引自前人的口訣，也間接證明了作者的太極拳論也有師傳，並非獨創。或問：此語是否引自《打手歌》的「牽動四兩撥千斤」？這固不能斷然肯定或否定。不過引文卻沒有「牽動」二字，而這兩字意義重大，使技法產生質的差別性，拳理精如王宗岳者，對此是絕不會視而不見、馬虎到這種地步的。而「四兩撥千斤」之句，應用亦甚廣泛，非《打手歌》所專有，不但「旁門」武術也有此訣，中國摔跤技術亦有此訣，唯「撥」字或作「搏」字；一般生活語言也常用此語，「撥」字也可作「破」字。耄耋（ㄇㄠ　ㄉㄧㄝˊ）泛指老年人。古時七十歲曰耄，八十歲曰耋。也說七十歲以上，八十、九十歲為耄。

〔19〕「平準」，有的版本也作「秤準」。「平」即天平；「準」即天平表示平衡的指針。「立如平準」，即要求姿勢極其中正，所謂「不偏不倚」，才有條件做到「活似車輪」。輪為圓形，又喻拳的姿勢要圓滿；運動軌跡也取圓或弧的形式。輪的運動是以軸帶動輻；拳的運動也取此理，腰為軸，肢為輻，以腰帶動四肢運動。這是太

極拳技法對姿勢、動作提出的基本要求，也是動靜法則的關鍵。

〔20〕「偏沉則隨」亦即「左重則左虛，右重則右杳」的應隨方法和效果。「偏沉」是指當我受到外力壓迫時，要主動隨勢向相應一側鬆沉，就自然起到「隨」的作用，為「引入落空」創造前提條件，即所謂「人剛我柔謂之走」。「雙重則滯」是指與「偏沉則隨」相對應的病手，即以相向的力與對手的進攻正面頂抗，構成有力打無力的局面。其結果，力大者必勝，力弱者必敗，故「雙重」、頂抗，是太極拳技法之大忌。

〔21〕這段話是進一步說明「雙重」為害之甚。作者把太極拳技法的失敗原因，歸咎於「雙重之病未悟」，習拳者對此豈可不慎之又慎。從「每見數年純功不能運化者」一語，可知當時習太極拳的人也不在少數。與前面說的「斯技」「旁門」的概念，可能也存在著某種內在聯繫。王宗岳認為，「數年純功」仍不能勝人者未免遺憾，只因「雙重之病未悟耳」。現代習太極拳者，也流傳著「太極十年不出門」的諺語。可見，其取勝的關鍵是訓練方法問題。其中「白為人制」的「白」字，有些版本作「自」字。

〔22〕「黏即是走，走即是黏」，這是太極拳技法中最為精闢的概括，具有辯證法思想，是太極拳技法的精髓。這兩句話的字面意義不難理解，要恰如其分地處理好二者的辯證關係，達到陰陽相濟的程度，卻不容易。在此技法中，「走」是基礎，為陰；「黏（粘）」是主導，為陽。核心在於始終立足於一個「打」字。

「黏」固然是「打」「走」也是「打」。「走」就是「黏」，「黏」就是「走」。「走」和「黏」若不能因敵變化而變化，就無靈活可言，定然孤注一擲，成敗全無把握。競技過程就是走與黏不斷變化的過程。太極拳的技法中的「走」和「黏」要始終貫穿著「易」理思想，就是因為《易》者不斷變易，陰陽相濟也。在競技時，如抱有僥倖取勝或盲目樂觀的思想，就很難在技擊中取勝。「走」「黏」技法，涉及到一系列細緻而複雜的技術問題和訓練內容，非片言隻語所能盡述。

本《論》儘管在理法和技法等方面作了言簡意賅的論述，但要真正掌握它，還必須系統研讀本書中的其他要訣，相互對照印證，加深理解，並同自己的實踐相結合，才能徹底領悟，逐步達到意形統一，產生認識飛躍。正如作者所言：「非用力之久，不能豁然貫通焉。」

〔23〕這是用中國古典哲學中「陰陽相濟」的辯證法思想來論證「黏即是走，走即是黏」的技法原理。「陰不離陽，陽不離陰」中的「不離」二字，與走黏兩句中的「即是」二字意義等同，皆有相寓、相濟之義。陰與陽，走與黏，只有相寓，而後才能相濟，不能相寓，也就談不上相濟，即失去了變化的內因和條件。任何武術技法，只要失去了變化的內因，就等於失去了技法的靈魂和生命力。陰陽的鬥爭是絕對的，而陰陽的相濟是有條件的。如果走黏缺少必要的轉化條件，那麼「即是」二字的要求，也就難以實現。這種轉化條件是多方面的，要靠內行的具體指導和自己的刻苦鑽研及持之以恆的訓練，才能具備。

走黏是一對陰陽，競技雙方也是一對陰陽，前一對陰

陽相濟，才能保證後一對陰陽的相濟，亦即競技的持續進行。一旦走黏失去相濟，勝負就此出現。當然，這種由「走黏」失勢而產生的勝負，應以我勝人負為結局，這才是技法的預期效果。

〔24〕「捨己從人」，當視為術語，它既是太極拳技法的戰略性原則，也是太極拳技法的具體戰術原則和理法。在太極拳技法中如果離開了這一基本原則，相應的具體技法也就難以發揮其應有的作用。換言之，「捨己從人」要求技法動作必須根據技擊時的具體情況敢於捨掉自己，隨人而發，不能臆斷妄動，捕風捉影。只有使對方先動，我才能「知人」，而不為人知，做到有的放矢。「從人」切不可理解為消極逃跑，恰恰相反，「從人」只是一種策略，目的在於「引人落空」，所謂「從人本是由己」，這才是「從人」的本質。「從人」「由己」二者需要統一，陰陽相濟，才能實現「後發先至」。

〔25〕「多誤捨近求遠」「誤」，別本也作「悟」。近者，以靜待動，以逸待勞，捨己從人也；反之則為「求遠」。

二、釋原論

武秋瀛

| 按 |

武澄清，字霽宇（1800——1884 年），號秋瀛，武式太極拳創始人武禹襄胞兄。進士出身，曾任河南舞陽縣知縣。載有《太極拳論》《十三勢行功歌》等文章的殘抄本，就是他在舞陽為官時發現的。原習家傳武藝，後亦習太極拳。在太極拳研究上，與武禹襄各有論述。

本文應是他學習王宗岳《太極拳論》的體會、認識和解讀，把它列於「原論」後，便於讀者對照。但由於是個人的理解，與《太極拳論》不一定完全吻合，望讀者進一步實踐和體驗。

| 原文 |

「動之則分，靜之則合」，分為陰陽分，合為陰陽合，大致情況如此。分合皆謂己而言[1]。

「人不知我，我獨知人」，懂勁之謂也[2]。揣摩日久自悉矣。

「引進落空」「四兩撥千斤」，合即撥也[3]。此字能悟，真有夙慧者也。「左重」「右重」「仰之」「俯之」，是謂人也。「左虛」「右杳」「彌高」「彌深」

「愈長」，是謂己亦謂人也。

「虛」「杳」「高」「深」「長」，人覺如此，我引使落空也。「退之則愈促」，乃人退我進，促迫無容身之地也[4]。如懸崖勒馬，非懂勁不能「走」也。此六句，上下、左右、前後之謂也。

｜譯文｜

「動之則分，靜之則合」，就太極理法而言即是陰陽的分、合；就拳法而言，則是指自己的勢、勁的分、合。

「人不知我，我獨知人」，可認為是「懂勁」的反映，但不經過長期實踐、揣摩，是不能認識和掌握的，須以捨己從人為前提條件。

「引進落空」（《打手歌》原句為「引進落空合即出」），「四兩撥千斤」，其中「合」字與「撥」字是同義語。能領悟出這個字的技法功能，需要有一定的天賦。

「左重則左虛，右重則右杳」中的「左重」「右重」「仰之則彌高，俯之則彌深」的「仰之」「俯之」，是指對手的動作而言，「左虛」「右杳」「彌高」「彌深」及「進之則愈長」中的「愈長」，即指的是自己也指的是對手的動作。其中的「虛」「杳」「高」「深」「長」僅是人的感覺如此，實是我將彼來力引化使其落空的反映。

「退之則愈促」，是指人退我進，我的速度比對方更快，迫使對方無容身之地。勢如懸崖勒馬，若無應急的有效措施，就難躲開我的攻擊。

以上六句所概括的內容，是以上下、左右、前後六個方向的技法例而言之。

注釋

〔1〕這兩句在原論中，指太極的自然現象及其基本運動規律，演為拳法，就成為太極拳運動技法的基本指導思想。「謂己而言」，就是指練拳者自身的動靜、分合來說的。

〔2〕這兩句話是懂勁的表現，但它不是懂勁的全部，即是說二者之間不能劃等號。因懂勁的內涵更豐富。訓練知人的功夫，不僅要靠長期實踐去積累經驗，也與科學而有效的訓練方式方法有關。

〔3〕這裏的「引進落空」，當引自《打手歌》（見本書後文詳述）中的「引進落空合即出」，是用來與「四兩撥千斤」比較對照用的。筆者認為，這兩句的意義相同，只是從不同的側面提出來的，所以，前句的「合」字與後句中的「撥」字，用意用法是一樣的。在原句中，無疑「合」為「出」。「出」為「發」「放」的表現，「合」為方式。原句中的「撥」字，乃是起走化的作用。全句的意思當與「人剛我柔謂之走」相類。

〔4〕原著中的這六個方面的論述，由於沒有主語，故不同的讀者會有不同的認識。我們對這六個方面的註解，則是依照太極拳技法中「捨己從人」的原則，一律把前面的動作設想為人（對手）、後面的動作反應為己來闡述的。本文原作者，是從另一角度進行分析，提出了另一種看法。總之，我們認為只要符合「捨己從人」「後發先至」「先走後黏」的原則來分析和認識這六個方面，一般說來基本上都是符合太極拳道理的。

三、研手法（一）（二）

杜育萬[1] 述蔣發[2] 受山西師傳歌訣

｜按｜

《研手法》（一）作者不詳。從本文標題看，是趙堡拳第一代傳人蔣發，受之於山西老師者。此文原載陳鑫所著《陳氏太極拳圖解》（1919年出版）。文題為陳鑫所加，「目錄」中又稱「研手法」。

陳鑫與杜育萬係同鄉好友，過從甚密，故其所著，曾特請杜氏為其審校。杜氏於審校時，為之增補了這兩篇文章。從標題中「杜育萬述」，可知陳家溝原無此文，其中也或含有懷疑成分。說「蔣發受山西師傳」，表明蔣發的老師是山西人。山西又稱「山右」。

「受」字可以認為，此二文非蔣發所作，成文時間比蔣發更早。再從趙堡和陳家溝兩地的套路內容、結構看，太極拳的總順序基本一致，都分為十三勢（節），無疑原出一門一家。趙堡拳若傳自蔣發，陳鑫在標題中又默認了這一事實，陳家溝拳的源出也就不言而喻，陳卜、陳王廷創始之說，也就難以成立。武禹襄抄遺的拳譜中，也載有此文內容但無歌訣。人多以為武氏所撰，待後文介紹武禹襄時再進行分析。

《研手法》（二）雖謂蔣發所傳，然而杜育萬卻為其

師任長春所傳。根據前有歌、後列文的形式判斷，此文乃是摘錄於所謂乾隆年間傳抄的「太極拳譜」中的載文，而非蔣發所傳原文。這不僅因蔣文沒有歌訣，且文章結構也有所不同（可參閱後文「十三總勢說略」），歌訣為「太極拳譜」彙編者所撰。杜育萬在其著《太極拳正宗》一書中說，歌訣為陳青萍所作，純屬臆測。也可能是他知道蔣文原無歌訣的緣故吧！

｜原文｜

研手法（一）

筋骨要鬆[3]，皮毛要攻[4]；節節貫串[5]，虛靈在中[6]。

研手法（二）

舉步輕靈神內斂：舉步[7]周身要輕靈，尤須貫串，氣宜鼓蕩[8]，神宜內斂[9]。

莫叫斷續一氣研：勿使有凸凹處，勿使有斷續處。其根在腳，發於腿，主宰於腰，形於手指[10]。由腳而腿、而腰，總須完整一氣，向前退後，乃得機得勢。有不得機得勢處，其病必於腰腿間求之。

左宜右有虛實處：虛實宜分清楚；一處自有一處虛實，處處總此一處虛實。上下、前後、左右皆然[11]。

意上寓下後天還：凡此皆是意[12]，不在外面。有上即有下，有前即有後，有左即有右。如意要向上，即寓下意[13]。若將物掀起，而加以挫之之力，則其根自斷，必其壞之速而無疑[14]。

總之，周身節節貫串，勿令絲毫間斷耳[15]。

│譯文│

《研手法》（一）

知己功夫，輕靈的關鍵在於意氣領先，全身的筋骨務要極力舒鬆；與人接觸，僅以皮毛部位應對，毫不著力；但技法運動，須由腳而腿而腰而手，逐節依次而動，方能周身成一家，協調完整；則走黏變化自然輕靈而不滯，所謂「氣勢鼓蕩」。

《研手法》（二）

推手時，只要肢體一動，全身都要輕靈，各大關節就須依次貫串而動。氣勢應活潑，精神要集中，姿勢圓滿，不可有凹凸的現象。動作聯貫，切忌時斷時續。

運動時，以後足踩勁為根基，進退有賴膝胯的伸屈，腰部是姿勢動作和勁的主宰中樞，但掌指須受腰腿的支配，不可孤立動作和用力。

從腳到腿到腰定要完整一氣而動，前進後退步法才能得機得勢，協調穩堅。如果覺得不順當、不穩定，就須從腰腿方面去找原因，加以糾正。

除運動方式外，還須把虛實的要求弄清楚。全身任何地方都有虛實及虛實變化，但還有個總體的虛實，也即半邊身體的虛實。局部虛實須與總體虛實相統一，上下、前後、左右，不論什麼地方都是如此道理。然而，虛實的表現卻不在外形而在意識、意念。

上下、前後、左右，都是相對而言，先有此才有彼。在技法運動中，如有意向上，就需想到如何做好向下的準備。再如要將地下埋的樁橛拔起，須先用推挫的力將其根

部撼動鬆了，減小了根部固定的力之後，再拔起就容易了。另外，此句還可理解為：想要向上，先需向下迴環而上。技法中的虛實正是利用這樣的變化規律，取得用意不用力而能走黏的理想效果。

總而言之，使全身各大關節節節連續著毫不間斷的運動方式方法，是協調完整和虛實變化的、不可或缺的根本條件。

原文中的四句歌，乃是「太極拳譜」輯編者所作的概括，不屬「原文」。

| 注釋 |

〔1〕杜育萬，字元化，趙堡太極拳陳青萍支脈的傳人，師從任長春。著有《太極拳正宗》一書（1935年出版）。其《序言》中說趙堡拳為「蔣老夫子發」所傳，共為八冊，《太極拳正宗》僅是其中一冊。若果真如此，則趙堡拳還當有更多的資料存在。是否如此，只能留待考證，不敢妄斷。

〔2〕蔣發，據《太極拳正宗・序言》記載，蔣發生於明萬曆二年（1574年），原籍河南省懷慶溫縣小留村人。22歲時，從山西太原太谷縣（另一說是山西陽城南二十里鋪小王莊安定堡）王林楨學得此拳。蔣發又傳於趙堡，所列傳人如下：王林楨（此人當然也可稱為「山右王先生」）→蔣發→邢喜懷（趙堡人）→張楚臣→陳敬柏（居趙堡，與陳家溝陳氏同族。至趙堡後另立「家譜」，陳家溝「家譜」中，此系至敬柏而止）→張宗禹→張彥→張應昌，張彥→陳青萍（趙堡拳的改革家，自此廣為傳

人）。陳青萍傳人甚多，其著名者有，其子陳景陽、門人
→任長春→杜育萬……其門人和兆元→和敬之（子）→和
慶璽（子）→鄭悟卿、鄭伯英……（此支現在稱其拳為
「和式太極拳」）；友武禹襄→李亦畬→郝和（字為真或
維楨）……（此支拳派現稱為「武式」或「郝式」太極
拳。）

　　陳青萍是太極拳改革的先鋒，後來各派太極拳的發生
發展，無疑都在不同程度上受到他的改革思想的影響。據
說陳青萍以前，趙堡拳從不外傳。從陳青萍傳武禹襄的實
例，就可以證明，陳青萍與陳規陋習做了堅決的鬥爭。他
對傳統套路做了大膽改革，增加了開合技法，或說「一步
一圈」。這樣的改革，對太極拳技法的發展、創新，產生
了重大推動作用。我們現在稱太極拳為「圓運動」的認
識，可能與陳青萍改革的「圈」有著內在的聯繫。

　　〔3〕「筋骨要鬆」，是太極拳的內在技法要領。筋
骨（關節）不能鬆就不能柔，不能柔就不能靈活。

　　〔4〕「皮毛要攻」是太極拳技法的外在表現。皮毛
要攻是指氣達外表、末梢之謂也。表裏一致，仍是以鬆柔
為核心。

　　〔5〕「節節貫串」，動作由形整而達勁整之要領
也。把人體的四肢和軀幹視為三節，三節之中各節又可分
三節，節節再分。運動時由下而上或由上而下，順節序而
動，就能達到「整」字訣要求，現稱「協調完整」。

　　〔6〕「虛靈在中」，第一可以理解為，在太極拳運
動中，做到了筋骨要鬆、皮毛要攻、節節貫串的要求，
「虛靈」自然就在其中了。再一種理解就是要於姿勢中正

中去求虛靈，姿勢不中正，則重心難穩定，也就無從保證虛靈。「中」也可認為是「中氣」。

〔7〕「舉步」，它本多作「一舉動」。「步」字似不如「動」字更全面。不知是傳抄之誤，還是早期如此。

〔8〕「氣宜鼓盪」，指明了「鼓盪」乃行氣的目標，較之「氣沉丹田」的要求又進了一步。氣為形體的動力，氣行之於內，體型之於外，表裏一致，是謂完整。「鼓盪」亦要內外統一。

〔9〕神形於外者在目。「內斂」者，神不外馳，高度集中於拳。「內斂」則神聚，神聚則知覺靈敏。但要與「坐功」的神宜內斂相區別。決不可「垂瞼」（眼瞼下垂）無視，一定要凝神於一定的目標。

〔10〕「其根在腳，發於腿，主宰於腰，形於手指」，即節節貫串的大體分解。形於手指的「形」字用得貼切。蓋勁不可發自於手，要由根而梢，節節順達，最後運之於指，以保證勁的靈敏善變。勁者，以意行氣、神形合一之結果也。勢者，技法之物質基礎也。故曰「有不得機得勢處，其病必於腰腿間求之」。因腰腿又是勢的基礎也。

〔11〕這段虛實之論，清晰而全面。「一處自有一處虛實，處處總此一虛實」，即局部能分虛實，總體也能分虛實。要求能分、能合，局部服從整體，方能變化無窮。今之言虛實者，多只言下肢的虛實，軀幹偏於左，則稱左腿為實，偏於右，則右腿為實，另一側即為虛。此局部虛實也，非總體虛實。此虛實之分，乃以軀幹之重量為考核依據也。須知，意、氣、勁等皆可成為虛實變化的因素，

非專指體重而言。

在技法中，當虛處則虛，當實處則實；又要實（指人）則虛之（謂己），虛（指人）則實之（指己），這也是知己知彼的一個方面。「上下、前後、左右皆然」。如果這句話原來就連接在虛實論後，那麼，它又告訴我們，虛實在全身各部位都應得到反映。這是對「一處自有一處虛實」的補充說明。

〔12〕在太極拳技法中，「意」的概念被提出和應用，是太極拳技術發展到一個更高水準的標誌。但現在無法肯定，究竟是哪一篇文章首先提出來的。「凡此皆是意」一語，雖接於歌訣「意上寓下後天還」之後，但它概括的是上一句虛實情況，應列於上句之末就恰當了。

〔13〕這一段中提出的六方，顯然也是對前述的虛實六方作進一步的解釋，具體指出「意」在虛實中的作用，或說指揮作用。

「如意要向上，即寓下意」，這是舉例說明。這句話可從兩個方面去理解：一是如何能向上；二是向上之後。欲向上，即我勢先在下，受到對手的壓迫，這時要想不用力而又能向上，就要走先向下而後向上的圓弧路線，才能達到不用力的目的。這種先主動向下的意，能虛對手之實，趁勢向上，自然不需用力。此即實則虛之之法。既已向上，就應防彼用「仰之則彌高」之法制我，故意念就應及時做出向下的安排，以保證能上能下。上下能變轉自如，必先有上下相寓之意，這仍是陰陽相濟、矛盾對立統一的道理。

〔14〕這是進一步用生活實例加以證明，虛實相濟，

可以用小力而收高效。有的抄本「挫之之力」的「力」字
作「意」字。後兩句文字間，差異更多，但由於詞不害
義，也就不必列舉了。惟前面的「掀」字，有的本作
「拔」，似更恰當。

〔15〕最後這兩句，前有「總之」二字，無疑是對前
文的概括和結束。但若認為是對歌訣末句原文的概括，內
容卻又不一致；若認為是對全部原文的概括，卻也不夠全
面。既沒涉及到意，也沒涉及到虛實。是否也有結構上的
舛錯，提供大家研究參考。

四、十三總勢說略

| 按 |

此文原載於武禹襄手抄的《太極拳譜》中。其門人李亦畬（ㄩˊ）在晚年整理的拳譜中，又將本文及武禹襄抄本中的《十三勢行功要解》《太極拳解》《解曰》《又曰》四篇文章重新歸納為《打手要言》，盡棄原來標題。由此可知，本文及其原標題為武禹襄所擬，《打手要言》則為李亦畬所撰。

武氏所遺為蔣發文本，生前未抄贈於門人。

武禹襄之孫武萊緒所撰《先王父廉泉府君行略》中說：「除山右王宗岳著有論說外，其餘率皆口傳，鮮有著作。先王父著有《太極拳解》《十三總勢說略》，復本心得，闡出《四字訣》。」據此判斷，上述文章當為武禹襄所作。然而，若與杜育萬所述的《研手法》（二）相對照，除本文多一段開頭語，杜文有四句歌之外，其他內容基本相同。

我們知道，武禹襄早年曾去趙堡鎮向陳青萍求教太極拳，而後技藝大進。據其門人記載，他在趙堡鎮「研究月餘，奧妙盡得」。可見當時他不只學習了趙堡拳套路，更主要的是探索到了趙堡拳的理法竅要，不然「月餘」是不可能「奧妙盡得」的。正如武萊緒所言，太極拳秘訣過去只憑口授，不傳文字，故武禹襄所得者，亦當為口授，而

不是文字資料。

基於這種分析，可以這樣認為，此文為武禹襄得自陳青萍口傳，而後加工整理成文的。故與杜文及其他抄本，在結構次序及文字間有些差別就不難理解了。

題名《十三總勢說略》也能說明一些問題：稱「十三勢」而不稱「太極拳」，是因為趙堡拳原稱「十三勢」。可以肯定地說本文是在太極拳尚稱「十三勢」時即以口授方式傳下來的，不然，武禹襄是不會憑空想出這樣一個名稱來的。

「說略」二字用得也頗有分寸，這證明武氏對太極拳的研究態度是極其嚴肅認真的。縱觀杜文和武禹襄的「說略」可以看出，只於開頭一段文字，有可能出自武禹襄之筆，而且其中「起、承、轉、合」的技法經驗，也是武禹襄的特有心得，這是把他舊時寫文章的基本方式，移植於拳法的成果，作為「引進落空合即出」技法的具體程序和轉化過程。但也不能排除李亦畬對武式太極拳理法作了必要補充的可能。

《十三總勢說略》除見於上述兩處之外，其他抄本，如著名武術家孫劍雲著的《太極拳學》、姜容樵公佈的太極拳譜手抄本以及楊系太極拳書均有記載，有些內容大致相同，惟孫氏拳譜中的《武禹襄太極拳論》增改了一個新的開頭「未有天地之前，太空無垠之中，渾然一氣，乃為無極。無極而太極。太極者，天地之根荄，猶萬物之原始也。太極拳者，一舉動……」，由此接入原文。這個開頭的用意十分明顯，無非是要證實《十三總勢說略》這篇文章是太極拳的專著。

可惜的是連武禹襄自己也只稱是《十三總勢說略》，而不稱為太極拳，難道這還不足以證明太極拳與十三勢存在著一定的差別嗎？

關於此文的標題的確混亂得很，先後稱之為《十三勢論》《太極拳經》《先師張三豐、王宗岳傳留太極十三勢論》，甚至作《祿禪師原文》，莫衷一是。造成這種混亂情況的原因，不外乎是原文就不曾命題，也沒署名。武禹襄稱之為《十三總勢》當有所本，杜育萬不命題，正是反映了原來的實際情況。

除上述情況外，還有一個值得注意的問題，就是不少抄本和摘文在文末部分附有一個類似聲明般的註：「原注云，此係武當張三豐老（祖）師遺論（著），欲天下豪傑，延年益壽，不徒作武（技）藝之末也。」顯而易見，「原注云」三字是傳抄此注的人後加上去的，表明了對「原注」的懷疑和不相信。

「原注」的動機很明確，就是加深本文的權威性，把道教的一代祖師張三豐捧出來頂替佚名的作者。另一方面，把此文說成傳自張三豐，想借此抬高自己身價，其用意就不言而喻。這也難怪後人早就對此產生懷疑。

當然，這個注究竟原來附於何文之後，至今還存在著不同看法。

武河清，字禹襄（1812——1880年），號廉泉，清代直隸廣平府人。師從陳青萍，武式太極拳創始人。禹襄曾祖靜遠以武庠生授衛千總職；長兄澄清，舉人，官河南舞陽縣知縣；次兄汝清，進士，官刑部四川司員外郎。

| 原文 |

每一動，惟手先著力，隨即鬆開。猶須貫串一氣，不外起、承、轉、合[1]。始而意動；既而勁動；轉接要一線串成[2]。氣宜鼓蕩，神宜內斂；無使有缺陷處[3]，勿使有凹凸處[4]，勿使有斷續處[5]。其根在腳，發於腿，主宰於腰，形於手指。由腳而腿、而腰，總須完整一氣，向前退後，乃能得機得勢。有不得機得勢處，身便散亂，必至偏倚，其病必於腰腿求之[6]。上下、前後、左右皆然[7]。

凡此皆是意，不在外面[8]。有上即有下，有前即有後，有左即有右。如意要向上，即寓下意。若將物掀起，而加挫之之力；斯其根自斷，乃壞之速而無疑[9]。虛實宜分清楚，一處有一處虛實，處處總此一虛實[10]。周身節節貫串，勿令絲毫間斷耳[11]。

| 譯文 |

此文與《研手法》（二）原為一文，李亦畬誤以為是武禹襄之作，故開頭及局部稍有增補。這裏僅譯其開頭部分，即「每一動……要一線串成」之句。餘見《研手法》（二）譯文。

為什麼要「每一動，惟手先著力」，又要「隨即鬆開」呢？這是武系太極拳推手的經驗總結。「先著力」，就是問勁的策略，誘使對手做出動作反應，「隨即鬆開」，就會形成相對的「捨己從人」原則。但後續技法必須與對方緊密連接，一氣貫串，才不致失誤。

　　後續走黏技法，不外「起、承、轉、合」四個環節，形成走黏陰陽相濟的循環。然要有正確的知己功夫，即意領先，勁緊隨，而後身手動，但轉接要一氣呵成，不可間斷，猶如「一線串成」一般。

｜注釋｜

　　〔1〕這一段開頭一句，別本多作「一舉動周身俱要輕靈，尤須貫串」，本文則於「每一動」後，易為「惟手先著力，隨即鬆開」。語言質樸而具體，和下面的「起、承、轉，合」四字訣皆為武氏拳的技法特徵。

　　「尤（猶）須貫串（穿）」之後增加「一氣」二字。「起」即接手；「承」即「引進」；「轉」則「落空」；「合」即「合即出」。此四字概括了完整的「走」「黏」過程，即典型「十三勢」的技法方式。在這裏是為「貫串（穿）」的概唸作註腳，即「起、承、轉、合」的一氣呵成。

　　〔2〕這三句指「意」「勁」「形」（體）的運動關係，是對「起、承、轉、合」的運動方法的補充。「要一線串成」之句，即講運動方式要移點成線，步步有根有據，穩紮穩打。

　　尤其於運動轉接處，更須一氣串連，不可出現斷勁。與「上下要一線串成」有別。

　　〔3〕「無使有缺陷處」，杜文及有的抄本沒有這一句。「缺陷」的含義頗含蓄，在這裏「缺陷」當指身形的不圓滿而言。有的抄本又作「無使有高低處」。

　　〔4〕「凹凸」或作「凸凹」，此病多見於臀胯。臀

胯凹凸，則尾閭也必難中正。凹凸是一個問題的兩個方面，有此必有彼。

〔5〕「斷續」是動作不聯貫的問題，有續必有斷。形斷直觀可見，勁斷有時直觀不易發現。「斷」為病；「續」乃補救之法，不當為病。然只有不「斷」，才勿須用「續」。

〔6〕這一段中，除「有不得機得勢處」和「身便散亂，必至偏倚」二句外，餘與杜文基本相同。「散亂」則勢不完整；「偏倚」則重心不穩。

〔7〕「上下、前後、左右皆然」。無疑是對上文的概括。上文說的是如何節節貫串，如何才能「完整一氣」「得機得勢」。如有問題，當從腰腿方面糾正。那麼，「六方皆然」是什麼意思呢？含義十分費解。勉強解之，只能說如上下、前後、左右任何一處，有不得機得勢處則可以在腰腿方面求之，解決不得機得勢之病。即使這樣，與下文仍有矛盾。

〔8〕「凡此皆是意，不在外面」。能說「節節貫串」「不得機得勢」「於腰腿求之」，只是意不在外面嗎？當然不能。尤其「散亂」「偏倚」之病就體現在外。所以，此句可以理解既要求意，又要求外，才算完整。

〔9〕這一段的意思主要是說「如意要向上，即寓下意」。和前面的「凡此皆是意，不在外面」有著密切的聯繫。然而，「若將物掀起，而加以挫之之力」的論據，顯然不是證明由腳而手的貫串，更不是證明產生「散亂」與「偏倚」的毛病根源和糾正的措施。由此看來，杜文在結構上與此文存在著很大的差別。杜文若將「虛實論」來闡

述「凡此皆是意……」就順理成章了。

　　武文之所以出現文章結構失調，甚至思維混亂的毛病，證明這篇文章原非武禹襄己作，乃聞之於人，或抄自他文所致。若真出自他個人的經驗總結，是不會出現這種弊病的。現在證自蔣發其他傳人文本，可知段落的舛誤乃自蔣發。

　　〔10〕這段三句的虛實論，放在末尾處，顯得突兀其來，上下文氣也顯得不通順。

　　〔11〕這兩句，與杜文的位置相同，只是刪去了杜文中的「總之」二字，這樣仍很難認為是對全文的概括。若說它是對虛實論的概括，似也欠通。

　　從文章的總體內容看，應包括兩論：一為節節貫串的勁整論，一為虛實論。若以杜文的結構說，兩句歌的釋文為同一內容。因此，這兩句話或由口傳記載組合而成，或相互傳抄，但只概括了第一部分的主旨，而絲毫未涉及第二部分的虛實內容。所評，僅供參考。

五、十三勢（一名長拳，亦名十三勢）

| 按 |

此文摘自李亦畬晚年的手抄拳譜，故主文當為舞陽殘抄本內容之一。在李氏早年所輯《廉讓堂本太極拳譜》中，曾提名《太極拳釋名》，開頭作：「太極拳一名長拳，又名十三勢。」結尾還說：「是技也，一著一勢，均不外乎陰陽，故又名太極拳。」晚年又改為本文形式，說明他早年曾認為「長拳」「十三勢」即是「太極拳」，故補充了那樣一個開頭和結尾。

晚年，無疑是知道了自己的這種設想缺乏根據，才又恢復了舊譜原貌。不過《十三勢》的標題，可能還是亦畬所擬，原來可能無題。

從主文的開頭「長拳者」三字分析，此拳可能曾名「長拳」。但下面說的「十三勢者」，卻不見得指的是拳名，因為後面直接作出了「十三勢」的解釋，即「八法」和「五步」，或說是「八卦」與「五行」之合，非謂拳名。步是技法的組成部分，不能獨立稱勢。實際技法僅為八，如果此拳著勢確如此數，又何以稱得上為「長拳」。

我們認為，拳名「十三勢」，可能即陳家溝、趙堡鎮太極拳的前身，因其套路均分十三節，也叫十三勢。武式太極拳仍保留這一特點，但分勢的標準作「起、承、轉、合」四字。這是按照舊時作文章的格局或「引進落空

合即出」的程序制定的。陳家溝和趙堡鎮的劃分標準是什麼不太清楚，各勢的內容也不一致，不知是何緣故。現摘錄陳鑫《太極拳圖說》及趙堡鎮傳人杜育萬《太極拳正宗》的分勢情況列表於後，以供參考研究（表1）。

表 1

內容\勢序	陳家溝十三勢內容	趙堡鎮十三勢內容
第一勢	金剛搗碓	金剛搗碓　攬擦衣 單鞭變金剛搗碓
第二勢	攬擦衣　單鞭 金剛搗碓	白鵝亮翅　摟膝拗步 斜行拗步　建前堂
第三勢	白鵝亮翅　摟膝拗步	披身捶　合手　出手 肘底看拳　倒捲肱 白鵝亮翅　摟膝拗步
第四勢	初收　斜行拗步	閃通背　單鞭 雲手　高探馬
第五勢	再收　前堂拗步 演手捶　金剛搗碓	右側腳　左側腳 抱月蹬根
第六勢	披身捶　背折靠 肘底看拳　倒捲肱 白鵝亮翅　摟膝拗步	青龍戲水　二起腳 懷中抱膝　踢一腳 蹬一根　掩手肱捶 抱頭推山　單鞭
第七勢	閃通背　掩手捶 攬擦衣　單鞭	前照　後照　勒馬勢 野馬分鬃　探馬勢 玉女躥梭　背折靠

（續表）

内容 勢序	陳家溝十三勢内容	趙堡鎮十三勢内容
第八勢	上雲手　高探馬 左右插腳　中單鞭 下掩手　二起腳 獸頭勢　踢一腳 蹬一跟　掩手捶 小擒拿　抱頭推山 單鞭	單鞭　雲手　跌叉
第九勢	前招　後招　野馬分鬃 單鞭　玉女穿梭 攬擦衣　單鞭	更雞獨立　朝天蹬 倒捻後　白鵝亮翅 摟膝拗步
第十勢	中雲手　擺腳　二堂蛇 金雞獨立　朝天蹬 倒捲簾　白鵝亮翅 摟膝拗步　閃通背 掩手捶　攬擦衣　單鞭	閃通背　單鞭 雲手　高探馬
第十一勢	下雲手　高探馬 十字腳　指襠捶 青龍出水　單鞭	十字腳　單擺腳 趾襠捶　金剛搗碓
第十二勢	鋪地雞　上步七星 下步跨虎	攬擦衣　鋪地錦 挽刺行　回頭探花 折花聞香
第十三勢	擺腳　當頭炮	單鞭　鋪地錦 上步刺行　卸步挎弧 轉臉擺腳　當頭炮

李經綸，字亦畬（1832──1892 年），河北省永年人。20 餘歲時，與其弟承綸（啟軒）同從舅父武禹襄習太極拳術，亦畬之技藝尤精。弟兄二人，對個人的心得體會各有著述。

據說亦畬的拳法，不僅得武氏拳術神髓，且自己又進行了數十年的逐式實驗，每有心得，必隨時記錄，反覆修訂，直到行之有效為止。

他所輯抄的拳譜，幾經修改，又因記錄的時間不同，各本間字句表述有多處不一致的地方，人多以為傳抄之誤，其實不盡然。正如其後人李福蔭所說：「緣先伯祖精求斯技，歷四十年。輯本非一冊，著述屢有刪改。外間抄本，因時間之不同，自難一致耳。先伯祖最後親筆編撰三本，一交先祖啟軒公，現已殘缺；一交門人郝為真，現存伊子文桂手；先伯祖自留一本，現存十一叔父遜之公手。此皆完璧也。」

本書所載李氏之作及禹襄所傳譜訣，皆以郝為真所持李氏最後抄本的內容為依據。亦畬門人，以本邑郝為真藝最精，尚有清河葛福來等數人。

｜原文｜

長拳者，如長江大海滔滔不絕也。十三勢者，掤、挒、擠、按，採、挒、肘、靠；進、退、顧、盼、定也。掤、挒、擠、按即坎、離、震、兌四正方也；採、挒、肘、靠即乾、坤、艮、巽四斜角也。此八卦也[1]。進步、退步、左顧、右盼、中定，即金、木、水、火、土也。此五行也[2]。合而言之曰十三勢。

| 譯文 |

略，參見本譜注釋及本書所載《太極拳譜釋義歌訣五》《太極拳譜釋義十三勢》。

| 注釋 |

說明：表1中所介紹的動作名稱有的使用了錯別字，為了說明問題，我們保留了原書原文。

〔1〕所謂八卦，此處僅指方位而言，即「四正方」和「四斜角」。然而，拳法中的正隅皆相對而言，非專指東、南、西、北等具體方位。

〔2〕所謂五行，也是如此。雖金、木、水、火、土通常指西、東、北、南、中，但與進，退、顧、盼，定相結合，其方位也只能是相對而言。

六、十三勢行功歌

｜按｜

本文也是武澄清在舞陽縣所得殘抄本中的文章之一。原無作者姓氏，但從歌的末四句分析，此歌作者，故意聳人聽聞，意欲使人相信，作者是十三勢拳的權威者。其實，這種拙劣的手法，反倒使人一目了然，這是一篇冒名偽作。也有人認為，有的抄本中的「原注云」，就刻附在此文之末。此語雖無確切依據，但從二者的思想內容，卻是極其吻合的。

《歌》認為十三勢既為克敵制勝之法，但根本目的還在於「益壽延年不老春」。「注」更認為《歌》為「三豐老師遺論，欲天下豪傑延年益壽，不徒作武藝之末也」，真是「珠聯璧合」。若非「張三豐祖師遺論」，有誰敢說如此大話。

可是，誰能把祖師遺論筆之於文而流傳後世呢？不用問也是一位大有道行者！？我們這裏也不必說三道四，相信讀者自有公論。

全文共二十四句，若以「百四十」字計算，《歌》至「益壽延年不老春」句為終結，餘四句乃是「忠告」，不屬歌的內容。但這四句話，確實使許多太極拳愛好者為之傾倒，把它與《太極拳論》一併視為經典之作。

此歌雖係偽作，其內容也不如《太極拳論》系統完

整，但卻提出了不少寶貴的訓練要領，對指導和推動近代太極拳的發展提高，具有不可否認的積極作用。因此，我們在批判其錯誤思想的基礎上，對他的拳法論述還是應該認真研究和吸取的。

｜原文｜

十三總勢莫輕視，命意源頭在腰隙[1]。
變轉虛實須留意，氣遍身軀不稍滯[2]。
靜中觸動動猶靜，因敵變化示神奇[3]。
勢勢存心揆用意，得來不覺費功夫[4]。
刻刻留意在腰間[5]腹內鬆靜氣騰然[6]。
尾閭正中神貫頂，滿身輕利頂頭懸[7]。
仔細留心向推求，屈伸開合聽自由[8]。
入門引路須口授，功夫無息法自休[9]。
若言體用何為準，意氣君來骨肉臣[10]。
詳推用意終何在？益壽延年不老春[11]。
歌兮歌兮百四十，字字真切意無遺。
若不向此推求去，枉費功夫貽嘆息[12]。

｜譯文｜

十三勢可能是一個拳種，「總勢」約指全部套路。訓練時，意念首先關注於腰部。變著轉勢時須認真配合著虛實變化，又須以氣主導動作，不可用力，使氣能周流全身，但卻不可因此造成動作懈馳無主。（原文1～4句）

以後發制人為技法原則，以靜待動，務要輕靈。敵一觸及於我，我自能隨之即動，而動仍要保持心靜、身靜的

狀態，故在任何時候都能走黏因敵變化而變化，令人莫測。訓練須逐勢用心分析其中技法的目的和作用，如此才能取得事半功倍的訓練效果。（原文5～8句）

時刻留心腰身統御四肢的作用，又要極力使腹部放鬆，以利於腹呼吸的自然及與動作的配合。立身要正直，使尾閭與頭頂上下爭衡，將脊柱拉直。但頸項不可僵，謂之「頂頭懸」，能提起精神。如此，動作無時不輕靈。（原文9～12句）

特定的運動方式方法，務要仔細研究，但也不外使屈伸開合能做到毫不著力，自然順遂。訓練開始，須有老師言傳身教，引路入門。但功夫是靠自己練出來的，用功日久，一旦掌握了技法運動規律，就能跳出成法的窠臼，取得真知和真自由。（原文13～16句）

那麼訓練和應用，技法與動作，又以什麼為準則呢？要以意行氣引導形體。故比喻作意氣如君，骨肉如臣。那麼訓練的最終目的又是什麼呢？一句話，益壽延年，健康長壽而已。（原文7～20句）

此歌共140個字，字字切要，意義深刻，莫要輕視，如不按此要求努力鑽研，必枉費工夫，一無所成，惟余嘆息。（原文末尾）

注釋

〔1〕首句可以說是起宣傳鼓動的作用。從「十三總勢」的名字分析，此拳是與太極拳相類的一種拳術。二句突出了「意」的作用，並指出了用意的源頭。「腰隙」，指肋下胯上之間部位。有人認為「隙」字可能是諧音之

訛，因而改為「腰際」「腰脅」「腰膝」等等。「際」字尚可，「脅」「膝」則屬畫蛇添足。不可忘記，歌詞是「命意源頭」。

〔2〕「變轉」指變著（招）轉勢。「變轉虛實」，為指變著轉勢時的虛實變化。其所以要特別「留意」，是因為在變轉的銜接處虛實用之不當，便給對手進攻造成可乘之機。「氣遍身軀不稍滯」是變轉虛實的物質條件，不如此便不能保證變轉動作所需要的輕靈圓活要求。「稍」，有的本或作「少」「滯」，別本或作「痴」。「滯」「痴」均指反應動作失靈的表現。「痴」字乃是形象比喻，寓意涵蓄。

凡有推手經驗的人，都有這種體會：不懂勁的人，一遇對手的攻擊，便不自覺地努氣使力，動作滯澀，反應遲鈍，反映於外表者，恰為痴呆之相。

〔3〕「靜中觸動動猶靜」是動靜辯證法，要求二者既對立又統一。靜為基礎，動是主導。靜時固要靜，動時仍要寓靜於其中；動固是動，靜時也要寓動於其中，不如此，動作便不能靈活善變。

舉兩個實例解之：短跑運動員起跑時的準備姿勢，就具有靜中寓動的因素，故能聞槍響時即衝出。這槍聲就如競技中對手的一「觸」。再如慣騎自行車的人，在車行時仍能動中寓靜，頭腦冷靜，躲閃自如，初學騎車的人是做不到的。這種動靜相濟的能動作用，便是「因敵變化示神奇」的必要條件。能因敵變化而變化，這是拳術的精髓，是技術的高峰。

〔4〕這兩句是說練拳的方法。演練時應逐勢研究其

動作的技法用意，收效才能更快。但有的人不同意這種主張，認為演練時應留心「腰隙」以意行氣，不應看重死招勢，以免久之反受其束縛。

另外還有幾種不同的訓練方式方法，應因人制宜，因時制宜，沒有一成不變的好方法。

〔5〕「刻刻留意在腰間」，這裏主要指「腰為主宰」，猶如車軸的作用，與「命意源頭在腰隙」有內在聯繫，強調以腰身帶動四肢的運動方式。

〔6〕「腹內鬆淨」是「氣騰然」的條件。內氣的活動，全賴鬆靜，非以力使氣。功到自然成，勉強不得。淨字有的本誤作「靜」，不通。

〔7〕「尾閭」，穴名，在尾椎底部。「正中」有些本作「中正」。這句話是說，尾閭正中是神貫頂的條件。只有臀部中正，不凹凸，才能保證整個脊柱中正不偏，尾閭中正。「頂頭懸」，又稱「虛靈頂勁」。在這句裏「頂頭懸」是「滿身輕利」的前提條件。

對於這兩句話中的因果關係，更普遍的認識則傾向於「頂頭懸」與「尾閭正中」和「滿身輕利」，對振奮精神的關係更為密切。

〔8〕「向推求」，多作「詳推求」。「聽自由」，有人誤把自由解作「隨便」。俗話說得好，無規矩不成方圓，何況生命攸關的武術，豈能隨便練練便能成功的。此「自由」的含意，在這裏是指動作的規範化。練拳時，開始要嚴格按規矩進行，久之，吃透規矩的實質，便可甩掉規矩的死框框，動作由「必然王國」上升到「自由王國」，這才是「屈伸開合聽自由」的真意。做不到這種自

由，在競技中也就不能「因敵變化示神奇」。

〔9〕這兩句說的是訓練過程。「入門引路」指啟蒙初學階段，須依賴老師的言傳身教。「法自休」即前句的「自由」狀態，這要靠自己下苦工夫才能達到。「休」字頗難理解，故有人改作「修」字。「法」，俗稱規矩，即老師在教授時所提出的死要求。沒有具體的框框和要求，學的人便無從學起，但經過一段較長時間的練習後，如仍跳不出死公式、死框框的束縛和窠臼，便永遠也達不到真正的自由，技術也難以發展到上乘水準。

所謂「有法無法，無法有法」「守規矩而不泥於規矩，脫規矩而不失於規矩」，就是這個道理。「法自休」即是達到從「有法」到「無法」「脫規矩而不失於規矩」的程度，也稱出神入化的境地。它和「隨便」有著本質的差別。

〔10〕「體用」的概念，有兩種不同的認識。其一，稱平時演練套路為「體」或「練體」，稱競技或推手為「用」；其二，是把養生叫「體」，單純為了武事叫「用」。

此論出自道教的「性命雙修」學說。第二句中的「君」「臣」二字，是形容比喻事物的主要方面和次要方面。這裏把「君」位喻「意氣」在練拳中的地位或作用，把「臣」位喻「骨肉」（即指形體）在練拳中的地位和作用，即要求以「意氣」駕馭形體運動。

這種運動方式，是以弱勝強技法的核心，它是中國武術技法向更高發展階段的標誌。

〔11〕這是作者的主導思想，認為練習十三勢的根本

目的在於求得「益壽延年不老春」。顯然，把武事作用放在極其次要地位，與「原注云」的思想完全一致。我們還不知道，這種觀點在武術發展史上，是否是本文作者首先提出來的。應當說它代表著武術價值的新突破，從以武事為重點，開始向養生、保健，體療、體育等方面開拓的新發展。然而，歷史的侷限還是非常明顯的，用於養生的手段，還僅僅限於武術訓練的要領和內容，並沒有新的創見和專用的方式方法。「詳推用意」的「詳」字，它本或作「想」字。

〔12〕結尾四句歌詞，不在「百四十」字數之內。「意無疑」的「疑」字也作遺字，「無疑」是叫人相信；「無遺」極言論述全面。「枉費功夫遺嘆息」中的「遺」字或作「貽（ㄧˊ）」字。「息」字又作「惜」字。結尾的用意非常清楚，但卻看不出是作者的原文還是後人補加的阿諛奉承之詞。若真出自原作者之手，即使其技法再高，也免不了有自吹自擂之嫌。

七、十三勢行功要解

| 按 |

本文摘錄於武禹襄弟子李亦畬晚年重新整理的太極拳譜，歸納在武禹襄的創作中，但在禹襄孫武萊緒所撰《先王父廉泉府君行略》中，卻沒有提及此文。所以，此文的作者究竟是誰？是武氏之作，還是部分為武氏補充，抑或為武氏整理的傳統口授的訣要，須待進一步考證探索。在這個問題上，尚有以下兩個疑點。

其一是，其他太極拳流派的傳抄本也有類似文章，如《十三勢行功心解》（見下文），內容與本文大部分相同，惟不附《十三勢行功歌》的原句。本文則是按《十三勢歌》原文的順序為順序，有逐句注釋之意；而《心解》則不受此限，故難以斷言這兩篇文章何者有抄襲之嫌。

其二是，李亦畬的抄本，在書寫方面還留給了我們一個值得注意的特點，即每段的引句都是用小字旁書。這種形式，在沒應用標點符號的舊時文章中，習慣上是用以表示註解之意，不是原文。

因此，人們有理由認為，這篇文章也可能只有每一句注（《十三勢歌》的原文）是武氏增補上去的。故武萊緒不言此文。

武氏兄弟三人皆喜武術，尤好太極拳術。據武萊緒所撰廉泉《行略》記載：「先王父博覽史書。」「惟日以上

事慈闈，下課子孫，究心太極拳術為事。」「先王父因事赴豫，便道過陳家溝，又訪趙堡鎮陳青萍。青萍亦精斯技者，研究月餘，奧妙盡得。返里後，精益求精，遂神乎其技矣。」「得其術者，惟李王姑之子經綸、承綸兄弟也。」經綸即亦畬，承綸為亦畬長弟啟軒也。

　　禹襄的武術，幼承家學，曾向楊祿禪求教太極拳術，略窺門徑，後得青萍指點，乃能登堂入室，臻於大成。禹襄自趙堡鎮歸來，集畢生精力研究太極拳藝，不僅改編了一套風格獨異的太極拳套路，在技法上也有新的突破，尤其是將他的心得體會與前人的經驗進行總結，形成文字，流傳下來，對推動太極拳的發展提高做出了重大貢獻。武氏是繼陳青萍之後頗有膽識的太極拳革新家。

　　總結武氏的成功經驗，主要有三點：實踐第一；認真學習前人經驗；不拘成法，大膽革新。武氏改編的拳架，既不同於趙堡鎮拳，更不同於陳家溝的太極拳，動作極為簡練。它是按照《太極拳論》等文章的指導思想和描繪的太極拳形象為藍本，透過個人的反覆實驗，不斷修訂，推陳出新而總結出來的產物。

　　武氏所遺留的拳譜，既包括自己的心得體會，又有前人的理論經驗。理法具體準確，文字通俗易懂，無半點虛妄浮言，全係行之有效的經驗之談。

　　武氏曾被楊祿禪為其子楊班侯聘為習文的家庭教師。班侯性不喜文，對太極拳卻有特殊的愛好，故武氏於課文之餘，師徒又共同研習太極拳術，使班侯獲益非淺，受到祿禪的讚譽。

　　本文且不論是否為禹襄所作，但文章反映出的武術觀

點，卻和王宗岳的唯武事論觀點一致，而對「詳推用意終何在，益壽延年不老春」的觀點不讚一詞。

┃原文┃

以心行氣[1]，務使沉著，乃能收斂人骨[2]，所謂「命意源頭在腰隙」也[3]。

意氣須換得靈，乃有圓活之趣，所謂「變轉虛實須留意」也[4]。

立身中正安舒，支撐八面；行氣如九曲珠，無微不到，所謂「氣遍身軀不少滯」也[5]。

發勁須沉著鬆靜，專注一方，所謂「靜中觸動動猶靜」也[6]。

往復須有摺疊，進退須有轉換，所謂「因敵變化示神奇」也[7]。

曲中求直，蓄而後發，所謂「勢勢存心揆用意」「刻刻留心在腰間」也[8]。

精神能提得起，則無遲重[9]之虞，所謂「腹內鬆靜氣騰然」也。虛領頂勁，氣沉丹田，不偏不倚[10]，所謂「尾閭正中神貫頂，滿身輕利頂頭懸」也。

以氣運身，務順遂，乃能便利從心[11]，所謂「屈伸開合聽自由」也。

心為令，氣為旗，神為主帥，腰為驅使[12]，所謂「意氣君來骨肉臣」也。

┃譯文┃

以意行氣，一定要沉著，切忌浮躁，才能收斂於背或

脊骨（感覺如此）。這就是歌中「命意源頭在腰隙」的內涵。

意氣轉換要靈活，動作才能有圓活的妙趣。這就是歌中「變轉虛實須留意」的內涵。

姿勢要中正、舒展、穩定，有支撐八面的內在條件；內氣運行要無微不至，如九曲孔眼的寶珠，不論孔眼如何狹小，也不妨礙氣的通過。這就是歌中「氣遍身軀不少滯」的內涵。

黏擊用發勁的方式時，務要鬆、靜、沉著，使勁能集中於一點。這就是歌中「靜中觸動動猶靜」的內涵。

循環往復時，四肢須配合屈曲，進退的技法須相應隨之轉換。這就是歌中「因敵變化示神奇」的內涵。

四肢的彎曲是為了再伸展，也是勁先蓄後發的需要。這就是歌中「勢勢存心揆用意」「刻刻留心在腰間」的內涵。

能提起精神，就不須顧慮動作會有遲、重的隱憂。這就是歌中「腹內鬆靜氣騰然」的內涵。

虛領頂勁、氣沉丹田、不偏不倚（即《太極拳論》提出的身法要領，見該文譯文）。這就是「尾閭正中神貫頂，滿身輕利頂頭懸」的內涵。

以氣周流全身，必須順遂，動作才能隨心所欲。這就是歌中「屈伸開合聽自由」的內涵。

心意如軍令，內氣如同軍旗，眼神如同統帥，腰身如被驅使的士卒。這就是「意氣君來骨肉臣」的內涵。

此文取前人原有的論斷語句，用以解說《十三勢歌》中的某些技術要求，故二者的內涵存在一定的差距，甚至

有質的區別，所以直譯，僅是為了保留原作原貌。

｜注釋｜

〔1〕「以心行氣」，就是說用心意支配內氣的運行。古時認為心有意識活動的作用，所以在拳法中也一直沿用至今，如「內三合」的概念，即指「心與意合，意與氣合，氣與力合」。

在太極拳理法中也是這樣，認為心使意，意使氣，但也稱「以意行氣」，所以在拳論中的「心」「意」可視為同義概念，「以心（意）行氣」，必須在鬆靜中求之，排除以心（意）使力的弊病。

〔2〕「收斂入骨」，意念也，或稱「斂入脊骨」。表現於外者，即含胸拔背的表現形式。又稱「蓄勁」。

〔3〕這一句的內容與其前列三句的含義扣得並不十分緊密。「以心行氣」須使氣遍身軀，不是只及源頭。

〔4〕「意氣」主宰於內，「圓活」表現於外，內外要統一。所以，「意氣」「換得靈」，並非專指依賴於正確的姿勢和動作準確這個條件。內外部應符合虛實要求。

〔5〕「立身中正」，行氣的外部條件，所謂「氣宜直養而無害」。「支撐八面」，姿勢圓滿無缺陷也。立身中正圓滿，靜時如此，動時更當如此。此乃「氣遍身軀不少滯」的基本條件。

〔6〕發勁要專注一方，猶「勁往一處使」也。術語也稱「整勁」。切莫誤解為用強力，而是要求神、意、氣、形高度統一之謂。「注」字用得貼切無比，喻勁之發放如水的灌注一般，一湧而出。要做到這種地步，發勁時

非「沉著鬆靜」不可。無經驗的人，總不相信用「鬆靜」的方法發勁，會有意想不到的效果，正因如此，平時打拳也不肯認真徹底採用「鬆靜」的方法，以致收不到良好的效果。

〔7〕這裏說的是姿勢和動作的要領：「往復須有摺疊」，主要在膝胯關節往復皆應屈曲，不可挺直。不這樣訓練，關節便不能柔韌有力；沒有摺疊，蓄發也就難以得勢。「進退須有轉換」，是蓄發，收放的基本變化規律。「轉換」就是「走」與「黏」的轉換。一般情況下，「走」又常與「退」結合；「黏」又常與「進」結合。「因敵變化示神奇」者，後發制人之法也。競技的變化規律如此，所以要求平時訓練也必須本此原則和規律。切忌訓練與實用相互脫節，練是一樣，用又是一樣。

〔8〕「曲中求直，蓄而後發」，是走、黏的基本形式與要領。「曲」是四肢蓄勁的基本姿勢；「直」即伸展，伸展即是發放。唯太極拳技法中的「直」，總宜含蓄，並非要求挺直關節，挺直則不易轉化。

拳勢的「用意」，不外守、攻二事，亦即收放、蓄發。刻刻留意在腰間，概因太極拳技法以腰帶動四肢，腰如軸，四肢如輻，腰為主宰，勁由腰脊發放。發放時又要「人不知我，我獨知人」，故非「刻刻留意」於「腰間」不可。任何情況下的走、黏，都不能臨時做準備，要求得機必得勢。

〔9〕「遲」與「重」，基本上也是術語。「遲」為病。但並非片面強調快，主要指「因敵變化」不及時而言。「重」為病。但並非片面強調輕浮，主要是指勿使

力，影響變轉的靈活。

〔10〕這三句全同王宗岳《太極拳論》用語。

〔11〕「便利從心」是對動作的要求。「以氣運身，務順遂」「便利從心」的條件也。「務順遂」，有的本也作「務令順遂」。此又「以氣運身」的條件也。

〔12〕這四句是指太極拳動作的特殊運動方式方法，以軍事行動為例比喻之。句中「腰」字，代表身形，又如軍隊的兵卒。就是說，要以「心」「氣」「神」指揮形體有目的的動作，切不可手舞足蹈，毫無章法。以內在因素，統御外在運動因素，保證身、手、步不盲動、不妄動，動必有據。所謂「知己知彼，百戰不殆」。

八、十三勢行功心解

|按|

此文無作者姓氏，不知出自何時、何人之手。或傳為王宗岳所作，實無所考。此文也載於姚馥春（1879——1941 年）、姜容樵（1891——1974 年）編著的《太極拳講義・太極拳譜釋義》（1929 年出版），後廣泛流傳於楊式太極拳傳人中。唯董英傑（1897——1961 年）代其師楊澄甫（1883——1936 年）執編的《太極拳使用法》中其文標題，改作《王宗岳原序》。這是毫無根據的附會。

本文內容，又與武禹襄抄遺的《太極拳解》很近似，但有部分增刪：刪去了《要解》中引用的《行功歌》原文；增補了《解曰》中的部分內容。

此文的結構，較之《要解》不僅對仗工整，寓義也更系統。然究竟何者在先，何者居後；誰吸收了誰的論述；還是從不同角度，各自彙集前人的口授譜訣而整理成文，則不得而知。但它們之間的內在聯繫是十分明顯的。

|原文|

以心行氣，務令沉著，乃能收斂入骨[1]；以氣運身，務令順遂，乃能便利從心[2]。精神能提得起，則無遲重之虞[3]，所謂「頂頭懸」也[4]；意氣須換得靈，乃

有圓活之妙，所謂「變轉虛實」也[5]。發勁須沉著鬆靜，專注一方[6]；立身須中正安舒，支撐八面[7]。行氣如九曲珠，無微不到[8]；運勁如百煉鋼，何堅不摧。

　　形如搏兔之鶻，神如撲鼠之貓。靜如山岳，動若江河。蓄勁如張弓，發勁如放箭。曲中求直，蓄而後發。力由脊發，步隨身換[9]。收即是放，放即是收，斷而復連[10]。往復須有摺疊，進退須有轉換。極柔軟然後極堅剛，能呼吸然後能靈活[11]。氣宜直養而無害，勁宜曲蓄而有餘。心為令，氣為旗，腰為纛（ㄉㄠ）[12]。先求開展，後求緊湊[13]，乃可臻於縝密矣[14]。

｜譯文｜

　　此文同樣是用前人的論斷語句拼湊起來的，除《要解》中已引用過的內容之外，其他則見於《太極拳解》，新的內容實際上只有「先求開展、後求緊湊」一句。

　　這是一種訓練的方法，所謂開展，就是動作幅度要舒展寬大；所謂緊湊，就是動作幅度要短小。先求開展，有利於訓練關節韌帶的放長，是動作靈活的條件之一；走黏開展有取長補短的優點，後求緊湊是著眼於技法的應用，能使走黏嚴緊。動作幅度小，雖慢猶快。其他譯文請參閱《要解》及《太極拳解》。

｜注釋｜

〔1〕這三句與《要解》中第一段落的前半部相同。
〔2〕這三句與《要解》中第九段落的前半部相同。
〔3〕這兩句與《要解》中第七段落的前半部相同。

〔4〕這是以「頂頭懸」替換了《要解》中第七段落末尾引語「腹內鬆靜氣騰然」。振起精神，主要賴於虛領頂勁。

〔5〕這三句與《要解》中第二段全同。唯將句中「趣」字易為「妙」字。別本亦仍有作「趣」字者。

〔6〕這兩句與《要解》中第四段的前半部相同。

〔7〕這兩句與《要解》中第三段前兩句相同，唯加一「須」字。

〔8〕這兩句《要解》列於第三段。由此而下，絕大部分內容與《太極拳解》相同，個別句子則為三者共有。茲將其不同者加以註解。

〔9〕先要能氣斂於骨，而後才能力由脊發。「步隨身換」，不僅是以腰身領帶下肢運動的方式問題，更具有一定的技法意義，步不可妄動，要以身、手和技法的需要為依據。尤其是退步，要主動，但必須當退則退；退即是進，故退必寓攻，不可空走。否則，退不但不能解除被動局面，甚至招致更大的失敗。

〔10〕收放亦即蓄發，走黏。句中兩個「即是」就是陰陽相濟之意。「斷而復連」，就是要求能斷能接。發放有斷，丟手也有斷。在《太極拳解》裏，只有「收即是放」，沒有「放即是收」這一句。「斷而復連」作「連而不斷」。

〔11〕「能呼吸然後能靈活」，在《太極拳解》中作「能黏依而後能靈活」。「能呼吸」為「知己」功夫；「能黏依」為「知人」功夫。「能呼吸」乃指在訓練和競技中能做到處處、時時呼吸均勻自如，與動作、技法協調

配合。說得更具體些，就是不要憋氣，以免呼吸受到抑制。要一貫「氣遍身軀不少滯」。

〔12〕這三句與《要解》內容不完全一致，少「神為主帥」一句；「腰為驅使」易為「腰為纛」。纛是古代軍隊中的大旗。此處乃喻腰的作用與姿勢，即腰為主宰之意。

〔13〕「先求開展，後求緊湊」，指訓練方式方法。先、後指訓練過程的先期和後期，它決定於技術水準提高的程度，並非決定於主觀要求。「開展」「緊湊」，簡言之，指功架的大小，表現於外者，為姿勢和動作；表現於內者，為引導姿勢、動作的心、氣、意。表裏要一致。故訓練之初宜先求開展，為技法奠定可靠的物質基礎。「緊湊」能提高技法的嚴密性，它只能是隨著訓練水準的提高而提高。先求開展，後求緊湊，則緊湊中自寓開展。如習書法，先練大字，後練小字，則小字自寓大字的氣勢於其中矣。至於體育、保健和體療，則不必受此規律的約束。一般說來，開展勝於緊湊。

〔14〕「臻」，達到（完善、成熟等境地）。縝密，精細周密。

九、太極拳解

| 按 |

這篇文章，武禹襄門人李亦畬及其孫武萊緒都認為是武氏所作。且在亦畬晚年整理的拳譜中，把它列於《打手要言》之二，去掉本文標題代之以「解曰」二字。並於第五篇的末尾加注「禹襄武氏並識」六字。目的很明確，是欲證實此文為禹襄所作。實際上，這六個字是亦畬擬加的。這是因為他以前整理抄錄的《打手要言》五篇文章，都各有標題，而其中任何一篇，都不曾注過這六個字。可見，《打手要言》的形成，禹襄生前並無此舉，更談不上署名作記了。

見於這篇文章的內容，多係各舊譜拳訣詞語彙集摘編而成文，且與《太極拳譜釋義》中的《十三勢行功心解》的部分內容雷同，所以本文的原作者究竟是誰，值得進一步考證。綜觀本文內容，稱得上是精華薈萃，字字珠璣。對太極拳的理法、技法、姿勢、動作、訓練方式方法、要領等各方面都作了精要的論述。此文即便是舊傳抄本融會貫通，也難奪其概括之功。對促進近代太極拳的發展提高，可謂立下了「汗馬功勞」。

| 原文 |

身雖動，心貴靜；氣須斂，神宜舒；心為令，氣為

旗；神為主帥，身為驅使[1]。刻刻留意方有所得[2]。先在心，後在身。在身則不知手之舞之，足之蹈之，所謂「一氣呵成」「捨己從人」「引進落空」，四兩撥千斤也[3]。須知，一動無有不動，一靜無有不靜。視動猶靜，視靜猶動。內固精神，外示安逸[4]。需要從人，不要由己。從人則活，由己則滯[5]。尚氣者無力，養氣者純剛[6]。彼不動，己不動，彼微動，己先動[7]。以己依人，務要知己，乃能隨轉隨接[8]；以己黏人，必須知人，乃能不後不先[9]。精神能提得起，則無雙重之虞；黏依能跟得靈，方見落空之妙[10]。往復須分陰陽，進退須有轉合[11]。機由己發，力從人借[12]。發勁須上下相隨，乃一往無敵；立身須中正不偏，方能八面支撐[13]。靜如山岳，動若江河[14]。邁步如臨淵，運勁似抽絲；蓄勁如張弓，發勁如放箭[15]。行氣如九曲珠，無微不到；運勁如百煉鋼，何堅不摧[16]。形如搏兔之鵠（ㄏㄨ），神似捕鼠之貓[17]。曲中求直，蓄而後發[18]。收即是放，連而不斷[19]。極柔軟然後極堅剛；能黏依而後能真靈活[20]。氣宜直養而無害，勁以曲蓄而有餘[21]。漸至物來順應[22]，是亦知止能得矣！

︱譯文︱

本文也是彙集前人的語句而成文的。

太極拳的技法，在身動的時候，意念須貫注拳法，思無雜念（即心靜），氣應收斂於背，精神則輕鬆而毫不緊張。心意如軍令，氣如傳令的軍旗，神（主要指眼）。如領兵的主帥，而身手如主帥驅使的士卒（這是內外運動因

素的隸屬關係）。對這種特定的運動方式方法，須時刻留心體驗才能逐步有所認識，形成習慣。

先由意動，後再身動（這又是一種以內馭外的概括）。如果先任身體自由運動，則必失去拳法應有的內涵。如「一氣呵成」「捨己從人」「引進落空」「四兩撥千斤」的技術要求，沒有一定的意識指導，是不可能自然形成的。

須知，拳法運動，內外運動因素須一動俱動，一靜俱靜，才能形整勁整。更要做到，如靜止時（即立身中正，平衡穩定），直觀上雖不動，但內中必須寓有動的機勢和準備，如此才能動靜相濟，欲動即動。競技時，內則精神貫注，但外觀卻似安閒自在。與人對手，須以彼動為依據，隨人動而動，切莫主觀妄動。因為隨人而動才能有靈活的條件，主觀妄動必遇阻力。以意行氣始能防止用力，動作靈活。使（「養」）氣則必為硬力、直力，失去靈活的條件。

人不先動，我不可先動，要以靜待動。但只要對方一（「微」）動，我必爭先而動（原文有語病，此「先動」當作「緊隨」理解）。我從人而動時，須有一定知己功夫，才有條件做到對方如何轉換我即怎樣接待；在我黏擊對方時，必須先聽勁知人，而後才能使動作恰當，準確無偏。

精神能高度集中，才能避免誤出「雙重」（彼此以力對頂的術語）病手；黏隨動作能跟得虛靈，才能顯出使彼落空失重的妙趣。技法屈伸開合須有陰陽、走黏的變化；隨步法、身法的進退，同樣須配合技法的相應轉換。走黏

的時機靠自己及時發現，但勁應當藉助於人（順勢利用對方來勁的運動慣性）。用「發勁」方式黏擊時，手、身、步要同時運動，才能形整勁整，勢不可擋；身形須中正不偏，才具有八面玲瓏的條件和能力。

靜止時，如山岳般穩固；動作時，如江河流水般柔順。邁步時如行在深淵之邊般謹慎穩重；運勁時如蠶吐絲作繭般迂迴連綿。蓄勁如張弓，要拉滿蓄足，而發勁恰如放箭，脫手即發，不須用力。運氣如穿過九曲珠內的細孔般無微不至；運勁如千錘百煉的鋼鐵般堅硬，無堅不摧（如此形容有誇張之嫌，這是主張以力勝人的勁法。與「尚氣不尚力」的要求相反，與「養氣者純剛」卻類似）。

形似搏兔的蒼鷹一般，神似捕鼠的狸貓一般（此句原為「如貓撲鼠、如鷹搏兔」，神形兼備，這裏分別加上了形、神兩個主語，把形、神割裂，似畫蛇添足，用此比喻拳法，多有片面性和華而不實之弊。如「靜如山岳」，顯然與「視靜猶動」的要求有質的差別。「運勁如抽絲」「運勁如百煉鋼」，顯然不屬於同一拳種的練勁方法。後者與被否定的「養氣者純剛」卻很近似。故讀者對這類文章，需要有分析有選擇地吸收其精華部分）。

蓄勁時，四肢的屈曲有曲中求直的意識，才能蓄發一氣呵成。收放理同蓄發，唯形式不同。也須收放連而不斷，陰陽相濟。運勁能極柔軟然後才能顯得極堅剛；能知黏依之巧，動作才能靈活（與「黏依能跟得靈」重複。也有作「能呼吸而後能靈活」者。以「能呼吸」作「靈活」的條件更為合理）。氣當順乎自然（直養）流行全身，才

不會產生流弊；勁則須曲蓄始能用之不盡（與「曲中求直」重複）。能按上述法則訓練，才能逐漸達到逆來順應、捨己從人的境界，認識與技術就會有質的提高和飛躍。

｜注釋｜

〔1〕以上八句，皆言心、氣、神、體之關係。前四句是說動作時，身、心、氣、神應如何配合的問題。「心貴靜」即要求思緒清晰準確；「氣須斂」即要求氣斂於骨，「神宜舒」即外示安逸，內固精神，也叫作「內緊外鬆」。後四句是指心、氣、神、體。已見於《十三勢行功要解》，唯原先的「腰」字，這裏易作「身」字。身為驅使者，即心、氣、神為動力也。附帶說一句，僅從這後四句的例子看《要解》和本文的作者，很難說是一個人。因為文化水準和拳理拳法如此通達的人，是不可能在不同的文章裏反覆搬用自己的舊作用語。

〔2〕這是《十三勢行功歌》中「勢勢存心揆用意，得來不覺費功夫」的翻版。

〔3〕這一段是解釋「先在心，後在身」這個主題的。這兩句也見於《解曰》的開頭，本文是否引自於此不得而知。下面的解語當為本文的作者所加，闡明先在心、後在身的理由。就是說，行動離開了心的指導作用，便產生盲目性。「所謂」下列四句，後三句引自王宗岳《太極拳論》及《打手歌》，第一句不知所出。不過從這一句引語，可以提出這樣的疑問：如果本文確實出自武禹襄之手，那麼引語的原文，他怎麼會不抄留下來呢？

〔4〕這一段的主題是動靜。它和開頭的「身雖動，心貴靜」及其後的「先在心，後在身」，有著一定的內在聯繫。動靜關乎心，也關乎身。動則俱動，靜則俱靜，指全身內外所有運動因素而言。總的原則就是「內固精神，外示安逸。外動宜內靜，外靜則內動」。這段全文見於《解曰》之中。

〔5〕先要從人，不要由己，太極拳技法的基本原則，在於後發制先發。「從人則活，由己則滯」，原因在於人強我弱，非「逆來順受」不能化彼來力，乘虛而攻之。《解曰》作「不在氣，在氣則滯」「養氣者純剛」。

〔6〕這兩句在《解曰》中作「有氣者無力，無氣者純剛」。這是解釋太極拳斂氣的不同使氣方法。「養氣」指以氣使力者，俗稱僵力、死勁。其力先耗於自己的肌肉收縮運動，故曰「純剛」；力不能全部達於彼身，故曰「無力」。現代太極拳家多注重用氣、養氣，認為勁的根源即在氣。王宗岳不言「蓄發」。

〔7〕這四句見於武氏傳譜的《又曰》篇首句。是「捨己從人」技法原則的具體化，「彼不動，己不動」即是「後發」；「彼微動，己先動」即是「先至」。也就是「從人仍是由己」。「微動」也作「一動」，當視為同義語。「彼微動，己先動」，有人認為這「先」字不通，看來這句話確實有些語病。原意是要表達後發先至的意思，故若改作「彼一（微）動，己先至」，就明確了。人先動，我先至，非懂勁不能為也。

〔8〕「依人」即「從人」。「知己」即知道自己運勁的規律，保證自身不出任何問題。「隨轉隨接」即隨著

對手的變轉，能應付自如，毫無漏洞，為反擊奠定前提條件。全句的意思是：必須掌握自己從人（「走」）的運動規律，而後才能於走化中把握反擊的主動權，更關鍵的是「黏也從人」。

〔9〕「黏人」即「由己」。「知人」即知道對手的運動規律，這樣才能有把握去控制對方。「不先不後」即反擊的時機掌握得恰到好處。全句的意思是：必須能掌握對手的動機、目的、力量、強弱等因素，才能準確地把握反擊的時機和方式。

〔8〕〔9〕的內容是相互關聯的，是「走」與「黏」的全過程，即所謂「引進落空合即出」的具體技法要領。與「彼不動……己先動」是一個問題的兩個方面，重點回答了如何能在「彼微動」的條件下，達到「己先動」「先至」的技術問題。

〔10〕「精神能提得起，則無雙重之虞」，見於《十三勢行功要解》《心解》，唯這裏將「遲重」的「遲」字換成「雙」字。不知是轉抄之誤，還是作者有意如此。按「遲重」主要關乎精神能否提得起；而「雙重」之病，主要決定於是否「懂勁」，僅從能提得起精神是解決不了的。「黏依能跟得靈，方見落空之妙」，這兩句與《十三勢行功要解》《心解》中的「意氣須換得靈，乃有圓活之趣」，好似孿生姊妹，但我們現在還不能判斷何者為原型。「跟得靈」即「不先不後」「無過不及」。「落空」指人的身體、勁力失去倚扶而造成重心的偏離，不能自主的現象。

〔11〕「往復須分陰陽，進退須有轉合」，這兩句在

前述的《要解》《心解》中作「往復須有摺疊，進退須有轉換」。不同者唯「分陰陽」與「有摺疊」「轉合」與「轉換」二處。陰陽是矛盾因素的總括稱謂或代號，非「往復」所獨有，而「往復」自身卻是陰陽概念的附屬成分。「轉換」「轉合」均指「走」與「黏」的變換，義相通。仔細分析起來，「分陰陽」不如「有摺疊」為宜。「摺疊」是技法對形體的要求，是「轉換」的物質條件，而「轉換」是走黏，是法，是「摺疊」為之服務的對象。陰陽是個籠統的抽象概念，很難說具體指什麼，在與下面的具體「轉合」概念相對應，顯然不相稱。

〔12〕「機由己發，力從人借」，是指上句的「轉合」說的。即走黏的契機要由自己來掌握，做到不先不後；而走黏的勁，必須藉助對手的攻勢、來力，這樣才能引彼落空，以「無力」打「有力」，以弱勝強。

〔13〕這對排比句，先說的發勁要領，後說的姿勢要求。把它和上文聯繫起來理解也可，或作為一個獨立的問題來理解也可以。「發勁須上下相隨，乃一往無敵；立身須中正不偏，方能八面支撐」，在前述《要解》《心解》中作「發勁須沉著鬆靜，專注一方；立身（須）中正安舒，支撐八面」。「上下相隨」即手腳動作協調一致，則發勁完整，不用力而有力，故攻之則一往無敵。「上下相隨」指外形，「沉著鬆靜」指內裏，二者是一個問題的兩個方面，表裏應一致，不可偏廢。發勁須「專注一方」，也是求勁整的又一要素，不容忽視。「中正」的提法基本一致，「中正安舒，支撐八面」是作為要求提出來；「中正不偏，方能八面支撐」是把「中正不偏」作為「八面支

撑」的條件。這裏的「偏」字，主要指姿勢的歪斜，與
「偏沉則隨」的偏字用意不同，前者為病，後者為法，前
者無心，後者有意。

〔14〕這兩句也見於《心解》，只是順序差異，喻動
靜之勢。「靜如山岳」，勢固也，也有中正之意。「靜」
又作「立」。「動若江河」，勢猛也，也有「專注」「連
綿不斷」之意。

太極拳技法對動靜的要求極為嚴格，不僅要能「靜如
山岳，動若江河」，尤其要能欲靜則靜，欲動則動。動時
欲靜（止），則戛然而止，絲毫不許有慣性運動；靜時欲
動，則意起身隨，一觸即發，絲毫不須現做準備。因常備
不懈也，即所謂「視靜猶動」。

〔15〕這四句是步法、勁法的概括。前兩句也見於
《解曰》，後兩句又見於《心解》。「邁步如臨淵」，現
在的太極拳步法，除個別例外，一般都是本著這些原則進
行改革的。邁步輕靈穩妥，腳跟不著地，或腳尖不著地，
重心不移動，能保證在行步過程中隨時調整行動方向、方
位。「運勁如抽絲」，是比喻運勁時的仔細、認真、小
心、謹慎及連綿不斷之態。邁步和運勁有著內在的聯繫，
其要求也是相應的。

從句子的排比形式和內容分析，「臨淵」和「抽絲」
的前面，都有一「如」字，說明這兩個概念都是比喻，而
不是專用術語。所以不可把「抽絲」理解成「抽絲勁」或
「勁法」，更不要把手法和勁法混為一談。「蓄勁如張
弓」是以「張弓」的形式比喻「蓄勁」的要求，弓要拉
滿，勁宜蓄足，張弓時，弓才產生彈力。

「一身備五弓」之說，就是指軀幹和四肢在蓄勁時都要把勁蓄足，都應寓有彈力。「發勁如放箭」，既喻放箭動作的單純，也喻勁力如放箭之猛。可見發勁容易蓄勁難。每見習拳者，只醉心於擊人，而忽視引勁和蓄勁的訓練，不無南轅北轍之憾。

〔16〕這四句又見於《心解》，在《要解》中只有前兩句。九曲的珠孔，不礙氣的運行，此喻行拳時要求氣貫四梢。以百煉鋼喻剛勁，大有攻無不克之能。唯「何堅不摧」一詞，言過其實。

〔17〕鶻即隼。以隼俯衝搏兔的氣勢、勁力喻發勁所要求的形整、勁整。撲鼠時的貓，也有蓄而後發的明顯過程：盯上目標時，先仆地縮身（此即拳中「蓄勁」之謂也），為躍撲做好準備，一旦時機成熟，如離弦之箭，突然而發，與鶻搏兔氣勢一致。這兩句雖只是比喻，練功日久，定會受到啟發。

〔18〕這兩句指明蓄發勁的基本形式要求，亦即先曲後直，或稱先入後出，此外在形式也；先蓄後發，指內在的神氣（勁）也。又見於《要解》《心解》兩文。

〔19〕在《心解》中，除「收即是放」外，還有「放即是收」一句，下接「斷而復連」。在《又曰》中作「勁斷意不斷」。「收即是放」與「走即是黏」「蓄即是發」皆為同義語。其中「即是」二字，就是要求二者高度統一，也就是「連綿不斷」。

此處的「不斷」，不僅指人與我的形體連接，更主要的是指我走與黏的神氣，勁力的一氣聯貫，也是「黏依能跟得靈」的要求。萬一對手有所擺脫，又要求我能「斷而

復連」，此補救法也。

〔20〕在《心解》中作「極柔軟然後極堅剛，能呼吸然後能靈活」，所差者僅後句中的「呼吸」與「黏依」。對「靈活」而言，「能呼吸」「能黏依」，都是必要的條件。「能呼吸」然後「能靈活」是從運動的總體來說的。「能黏依」然後「能靈活」，主要是指「走」「黏」的轉換來說的。

再附帶說一下，「黏依」與「走黏」是同義詞。在這篇文章中只用「依」字，不用「走」字，證明本文的作者不是王宗岳，也不大可能是武禹襄。「走」的概念始見於王宗岳《太極拳論》，一般說來，如兩篇文章同出一人之手，怎能各執「一詞」，毫不相關。若說此字為武氏所創，也沒見他在別的文章中用「依」字去代替「走」字和「從」字（「依人」即「從人」）。所以，這個問題雖只一字之差，卻不能不令人作疑。

〔21〕這兩句又見於《心解》。「氣宜直養」是至理名言，為害者多取禍於故弄玄虛，不可不慎。「勁以曲蓄而有餘」，與前面幾句談蓄發的內容是一致的。本文在發勁方面作了大量論述，這是其他文章所不及的。為什麼意思重複的地方很多呢？顯然作者不是系統介紹自己的心得體會，而是彙集前人的經驗總結。

〔22〕「物來順應」是「捨己從人」的同義語，與《太極拳論》的結尾恰相一致，不知是有意如此，還是偶然巧合。

十、解曰

│原文│

先在心，後在身^[1]。鬆腹，氣斂入骨，神舒體靜，刻刻存心，切記^[2]一動無有不動，一靜無有不靜；視靜猶動，視動猶靜^[3]。動牽往來，氣貼背，斂入脊骨^[4]。要靜^[5]；內固精神，外示安逸；邁步如貓行，運勁如抽絲^[6]。全身意，在蓄神，不在氣。在氣則滯。有氣者無力，無氣者純剛^[7]。氣如車輪，腰如車軸^[8]。

十一、又曰

｜原文｜

彼不動，己不動，彼微動，己先動。似鬆非鬆，將展未展；勁斷意不斷[9]。

｜按｜

這兩小段文字，不知出自何人之手。在李亦畬整理的抄本中，刪掉了武禹襄《解曰》和《又曰》的標題，而和《十三勢行功要解》《太極拳解》《十三總勢說略》歸納在一起，不分章次，接續排列成文，題名《打手要言》。前兩篇以「解曰」二字開頭，後三篇則以「又曰」二字開頭，並在全文之後，書有「禹襄武氏並識」六字。

對照武、李早年的抄本，可以知道這兩小段文字既題為《解曰》《又曰》，無疑是注釋的性質，或是閱讀心得、筆記之類。

如果說這兩小段文字確係武氏所寫，恰好證明與這兩「解」有關的文章就一定不是武氏之作。沒有人會一邊作文章，又一邊在自己的文章後面寫《解曰》或《又曰》的。所以李亦畬雖想用「禹襄武氏並識」六字來證實這幾篇文章都是武氏之作，實際上只是徒勞。

五篇文章的歸納、《打手要言》的命題及文末的六字，都是在武禹襄已歿、李亦畬晚年重新修整拳譜時才出

現的，它只是亦畬一人的思想反映而已。從幾篇文章的文句相互挪用這一點，就可判斷文章並非出自一人之手。

這兩小段文字，有的抄本附於王宗岳的《太極拳論》後面，其他抄本也有列於別的文章後面的，李亦畬的原抄本也是這樣排列的，可見他對這個問題的認識也沒有確切的見解。當然，其他抄本也有列於別的文章後面的，多數人認為這兩段文字屬註解性質。也有個別人，把這兩段文字合二而一，獨立成章，另加標題。由此證明認識從未統一。

據筆者分析研究，也認為這兩段文字是對某些拳理拳法文章的闡釋，只是由於某些文章的寫作時間及寫作者尚不清楚，也就難以判斷何文在先，何文在後，是誰引用了誰的文句。另外還有一個不成熟的看法，這裏也冒昧地提出，供讀者參考。

這是由於舊時文章沒有標點符號，甚至也不加圈點，因而後人在理解時，常出現斷句的差異和不同的語義解釋。因此，有更大的可能，是對某文個別句子的理解和解釋，與其他文章相同的句子是原文，原文之後則是本文作者所加的解語。按照這種設想，可以改寫成如下形式。

十二、解曰

|原文|

「先在心，後在身」——鬆腹，氣斂入背；神舒體靜，刻刻在心。切記[10]！「一動無有不動，一靜無有不靜；視動猶靜，視靜猶動」——動牽往來，氣貼背，斂入脊骨，要靜[11]！

「內固精神，外示安逸；邁步如貓行，運勁如抽絲」——全身意，在蓄神；不在氣，在氣則滯；有氣者無力，無氣者純剛。氣如車輪，腰如車軸[12]。

|譯文|

從標題看，本文乃是對某文的解說。技法運動，必先由心意的指導，而後身再相隨而動。腹內外都要放鬆，利於腹式呼吸的自然順遂，而內氣宜收斂於脊骨（「含胸拔背」姿勢動作的感覺），精神悠閒，重心穩定，時刻不要大意。切記，動則全身齊動，靜（止）則全身俱靜。又要動靜陰陽相濟：靜止時，直觀不動，但內裏必須有動的機勢；運動過程，雖動卻又好似靜，因動作緩慢、勻稱、穩定（這是聽勁知人的需要）。

走黏對待，往來運動，但氣宜貼後背，並收斂於脊骨（與上述「氣斂入骨」意義相同）又要心靜身靜，內裏精神高度集中，外形卻又如悠閒自在。邁步像貓行般輕靈沉

穩；運勁恰如蠶吐絲作繭般迂迴婉轉，連綿不斷。全身的意念重在斂神，不可側重在使氣。以意使氣，動作必然滯澀。行拳時能氣貫體表，則不出硬力，妨礙了行氣就必為硬力（純剛）。氣當如車輪般在全身循環周流，而腰則要如車軸般統御四肢。如此始能使內氣與動作相結合，避免不自覺地使用硬力。

十三、又曰

| 原文 |

「彼不動，己不動；彼微動，己先動」——似鬆非鬆，將展未展；勁斷意不斷[13]。

| 譯文 |

推手競技，以後發制人為戰略原則，也即以靜待動。對方若不動，我即不動，但如果對方微動（也作「一動」），我應爭先而動（原文「己先動」存在語病，既然是對方不動，我就不動，何以我又「先動」呢？其內涵應領會作「我緊隨」或「我急應」）。蓄發勁時，肢體須以「似鬆非鬆（懈）」，欲展未展（伸）的狀態（也即靜中寓動的狀態）。勁發出之後，手臂常有停頓，術語謂之「斷」。但勁斷意不可斷，或說「意相連」，方符合走黏陰陽相濟的要求。另外，最後三句，也有列在「解曰」末尾者。

註：如果把《解曰》作一短文理解，無疑開頭兩句是全文主題，後面的話是圍繞「先在心，後在身」這個主題進行論述的。從文義上看，這樣理解是講得通的，但從文章的語言組織來看，就存在問題了。

根據作者的寫作水準及其對拳義的理解程度，這樣短的文章裏是不能重複敘述「氣斂入背」和「氣貼背，斂入

脊骨」的。若是為不同句子作註解，就說得通了。《又曰》一文，前四句無疑是講太極拳技法的基本戰略原則。多數抄本都有此四句，無有其他附文。即使把後三句也作為主文理解，全文也難構成一篇完整的文章。但前四句作為技法基本原則來說是完整無缺的，後三句無疑是對前四句的補充。

｜注釋｜

〔1〕這是全文的主題，是說太極拳運動，必須以心意指揮身形──心意領於先，行動隨於後。作為文章，後文只能是對主題的闡述。

〔2〕「鬆腹」是「氣斂入骨」的必要條件。「刻刻存心」「神舒體靜」，是「鬆腹、氣斂入骨」的內在條件，所謂「先在心」也。「切記」二字作為文章，與下面的句子連接是適當的，但也有人認為是上句的提示。

〔3〕這四句概括的是全部內外運動因素的動靜要求，即心與身的動靜關係。換言之，即是動則俱動，靜則俱靜，又要動靜相濟。心、意、神、氣要相濟，肢、體要相濟，又要心意領導肢體。

〔4〕「動牽往來」即外在運動也；「氣貼背，斂入脊骨」即內在運動也。表裏一致，仍是「先在心，後在身」的具體表現方式。

〔5〕動是主導，靜為基礎。對本文作如此標點，意思是把「靜」的要求突出。這裏的「靜」無疑是廣義的靜，也是對「內固精神，外示安逸」等四句的本質概括和「要靜」的具體化。

〔6〕「邁步」外也，「運勁」內也。「如貓行」「如抽絲」者皆屬「靜」，皆須「內固精神，外示安逸」「先在心，後在身」。

〔7〕心意用在蓄神，方有虛靈之妙。不可以氣使力，使力則動作變化滯澀不靈。以心意行氣者始無拙力；不能以心意行氣者必為單純硬力，這就是滯的原因。

〔8〕此以輪、軸關係喻氣、腰（身）的關係也，但與「不在氣」一語，不無矛盾。

〔9〕「似鬆非鬆，將展未展」，這是「後發先至」的物質條件，它包括所有內外的運動因素，皆應處於此狀態：「鬆」，心意也；「展」外形也。其中「非」「未」二字是關鍵；「似」「將」二字是神髓。

更具體些說，這兩句是針對「彼不動，己不動」提出來的，後邊的「勁斷意不斷」是針對「己先動」提出來的。既發而後勁易斷，為了以防萬一，勁斷意不可斷。意不斷則仍可相接，不致一擊不中便無所措。然「勁斷」畢竟是功虧的反映。

〔10〕義同〔1〕，唯「切記」二字附於上句末，與「刻刻存（在）心」相呼應，緊扣「先在心」的主旨。

〔11〕這裏的「要靜」，具有承上啟下的作用，既是「內固精神，外示安逸」的本質概括，又是「動牽往來，氣貼背，斂入脊骨」的需要和條件。是從不同的方面，表述了動靜的辯證關係。

〔12〕這是對「邁步如貓行，運勁如抽絲」多層次的剖析。因「貓行」「抽絲」僅是形象此喻，缺乏實際指導作用，後學者難以領悟，這正是需要加以註解的理由。

「貓行」比喻邁步的輕靈穩妥；「抽絲」比喻運勁的連綿不斷。怎樣才能把這種特點灌注於拳法之中，這就是註解者要加以說明的。作者首先把「意」作為總的概括，也就是決定因素。繼而說明「全身意」「在蓄神，不在氣」。因為使氣便生僵力，動作滯澀失靈，理由是「有氣者無力，無氣者純剛」。再從正面提出「氣如車輪，腰如車軸」的正確做法。

這裏要注意的，輪與軸不是形容氣與腰的相互作用關係，而是比喻氣與腰自身的狀態：氣要像車輪那樣圓活；腰要像車軸那樣起主宰作用。還要注意的一點，後面連用了五個「氣」字，意義不盡相同，前三個「氣」字指血氣而言，要不得；後兩個「氣」指氣血而言，少不得。

〔13〕意義與注〔9〕是一致的，更明確地說明後三句是為前四句作注釋而提出的。但在《太極拳譜》中，此三句列在上文「解曰」之後，也不無道理。

十四、打手論

武秋瀛

｜按｜

「老三著」的名稱，是陳家溝、趙堡鎮最早的推手方式，內容為搌、按、肘，活步進退，進為弓步，退作仆步，與現在普遍採用的「四正推手」稍異，而步法又與「四隅推手」近似。有可能，八法推手方式是「老三著」的演變與發展。

武式太極拳的「老三著」，無疑是陳青萍所傳。

｜原文｜

初學打手，先學搌、按、肘。此用搌，彼用肘，此用按，彼用搌，此用肘，彼用按……二人一樣，手不離手，互相粘連，來往循環，周而復始，謂之「老三著」[1]。以後，高勢、低勢，逐漸增多，周身上下，打著何處，何處接應，身隨勁（己之勁）轉[2]。論內勁，不論外形[3]，此打手摩練之法。練的純熟時，能引勁（人之勁）落空合（撥也）即出[4]，則藝業成矣。

然非懂勁（此勁兼言人己），不能知人勁怎樣來，己之勁當怎樣引。此中巧妙，必須心悟，不能口傳[5]。心知才能身知，身知勝於心知。徒心知尚不能適用，待到身

知，方能懂勁[6]。懂勁洵不易也。摟字訣：摟，牽也。又讀ㄐ一ㄡ，捝也，挽使伸也[7]。

|譯文|

初學打手（也作「推手」），先學摟、按、肘的訓練形式。我用摟（捋）勢，對方以肘法應對；我用按法，對方用摟破之，我用肘攻，對方用按化解⋯⋯兩人以同樣的技法應對。形式是彼此手與手相接，相互黏連不脫，循環往復不已，叫作「老三著」。

熟練後，便可高勢、低勢，任意變換，真正做到全身打著何處，何處就能接應。身隨內勁的變換而變換。且不要直接用肢體變換，此即訓練的基本方式方法。

一旦掌握了基本運動規律，就能產生「引勁落空合（撥的意思）即出」的效果，則藝業達到了可觀的水準。然而，非到「懂勁」的地步，是不能掌握人勁怎樣來，我勁當怎樣引進的規律的。這其中的巧妙只能心領神會，不是光憑口傳就能做到的。

就認識的規律來說，一般可藉助二手資料，取得感性認識，即是「心知」。欲要真知，需先「身知」，也即有自己的實踐經驗。

在推手技術運用上，僅憑心知還不能運用，也需要先有了身知，應對才能出於下意識、條件反射的狀態，《太極拳論》謂之「神明」（懂勁的高級階段），但做到「懂勁」就很不容易了（《太極拳論》的「懂勁」標準是「走即是黏，黏即是走」，走黏陰陽相濟）。

｜注釋｜

〔1〕打手就是競技比賽。推手是打手的基本訓練方式，但也有稱推手為打手的。現在的「四正推手」技法作掤、捋、擠、按；「四隅推手」技法作採、挒、肘、靠。從「手不離手，互相黏連，來往循壞，周而復始」的方式看，可以這樣推斷：「八門、五步」的十三勢及《打手歌》的形成，或是「老三著」的發展，或者是二者並非出自一門。

〔2〕「周身上下，打著何處，何處接應，身隨勁轉」。這是太極拳技法的最大特點，與敵對手，並非僅靠兩手，而是周身上下，無處不能接著，無處不能發著，不外身隨勁轉。

〔3〕「論內勁，不論外形」，是強調內勁的作用。打手不能以內勁為主，只顧手舞足蹈，是不能充分發揮太極拳技法作用的。然而全然不論外形，也有一定的片面性，非表裏一致，也不能取得理想的技法效果。

〔4〕《打手歌》作「引進落空合即出」。此處「進」字作「勁」字講，不知作者另有所本，還是個人的心得體會，雖一字之差，頗值得探討。「引進」見於外形，是透過空間的運動，引長對手的身肢，而使彼勁待盡、落空，為反擊創造條件。

「引勁落空」的方式方法較為廣泛，其中也包括「引進落空」之法。也就是說「引進落空」具體，但含義狹隘；「引勁落空」技法含義較廣。但如何能使彼勁落空則不夠明確，非懂勁而後不能理解。從理論來說「引勁落

空」，比「引進落空」的境界更高，走化的方式方法，已突破了「引進」的框框。

〔5〕非「不能口傳」，實為語言難以盡述。「入門引路須口授，功夫無息法自休」。言傳身教是可能的，也是可行的。當然，細微之處，便要靠個人不斷地總結與體驗，所謂實踐出真知。

〔6〕「心知」與「身知」，即認識與實踐、理論與經驗的關係。常是藉助別人的經驗，使自己先從道理上明白了，而後用這種道理去指導行動，取得經驗，即是「身知」。「身知」而後，再去印證原來的道理，從而提高認識，再返轉來指導實踐活動，又提高了實踐效果，如此反覆循環促進，認識和實踐也就不斷地循環提高。

學習打手的認識過程也是如此，沒有入門引路的指導，便無從學起。心知能使我們先明確方向、動作的原理。然而，心知不等於實踐效果，說得到，不一定能做得到。比如，知道人勁來了應當順勢走化，但實踐經驗不足時，就是走化不開，或是顧了手顧不到身，不能周身完整一氣。實踐久了，有了自己的經驗，身體便取得了應敵的自覺反應，這就是「身知」。身知的初期，總是局部經驗，還不能提高到理性認識階段，但它比單純的「心知」要好得多，雖不能全面把握戰勝對手的方法，但總能應付一陣，甚至偶爾也能制敵取勝。而「心知」還只是處於紙上談兵的階段，但這並不是否定心知的作用。心知與身知，二者相輔相成，相互促進。

實踐證明，心知高了，能促進身知提高；身知高了，又能促進認識，即心知的提高，所謂「眼高則手高，手高

則眼高」，就是這個道理。眼就相當於心知，手就相當於身知。所以，這個道理，不只是學打手如此，它是事物的普遍認識規律。

　　學習打手，不可一味悶頭苦練，要不斷總結經驗，要把局部經驗逐步提高到理性認識階段，找出其運動規律。這就要多閱讀前人的譜訣，多向內行請教。而對別人的經驗，不可停留在心知的感性認識階段，要經由自己的學習和應用實踐去取得自己的認識和經驗，就有可能一下子徹悟，叫作「豁然貫通」。俗語說「像一層窗戶紙，一捅就破」，實踐經驗告訴我們，這是學打手的最好方法。

　　〔7〕從「摟」字訣的內容來分析，摟法即今天的捋法。捋字原作「擺」字。但「擺」是拳家自造的形聲字，辭典不載。

十五、打手歌

|按|

打手歌皆只言四正推手法，可證四隅推手方式可能是在此歌之後才產生的。按一般規律，當先有四正推手之實，而後有此歌。然太極拳技法，以神、意、氣為主要技法因素，而此歌訣則直言手法，可能產生的時間較早。此歌有四句者，也有六句者，或認為四句者為原型，六句者為後人增補之作。但也有人說原來本是八句，是傳抄遺失了兩句，故只剩下六句。若按此說推論，四句者豈不成了抄失四句的結果。

個別本，在歌後又附上《又曰》一段文字。這裏所摘三則，皆有一定的代表性。我們認為，不必求誰先誰後，何者為原型，何者為增補。要者，只要行之有效，皆可師法。《打手歌》（一），陳家溝、趙堡鎮久已流傳；《打手歌》（二），也見於武系拳譜，當為舞陽縣所得殘抄本載文之一。另附陳鑫所作《打手歌》於文後，載於《陳氏太極拳圖解‧七言俚語》。從三則歌的內容差別處，我們也可以看出「十三勢」發展變革的某些蛛絲馬跡。

|原文|

（一）

擠、掤、擄、捺[1]須認真，上下相隨人難進；

任他巨力來攻擊[2]，牽動四兩撥千斤[3]。

（二）

掤捋擠按須認真，上下相隨人難進；

任他巨力來打我[4]，牽動四兩撥千斤。

引進落空合即出[5]，沾連黏隨不丟頂[6]。

附：陳鑫著《打手歌》

掤捋擠按須認真[7]，引進落空任人侵[8]；

周身相隨[9]人難進，四兩化動八千斤[10]。

| 譯文 |

掤捋擠按（概括作「四正手」），是推手訓練的又一種形式（訓練之初應先弄清四手的技法內涵及四者的相互關係與作用）。推手訓練或說是練「知人」的功夫，也即掌握聽勁、知人及「捨己從人」，走黏陰陽相濟的規律。但「知己」的功夫是基礎。必須做到「周身一家」，技法才能發揮其應有的效果，也才具有「上下相隨人難進」的防禦能力。「任他巨力來打我」，反映的即是「捨己從人」（後發制人）的原則，這是「我獨知人、不使人知我」的前提條件，在此前提下才有「四兩撥千斤」的可能（原文還有「牽動」二字湊成七言排比句，似畫蛇添足）。

原文（一）是陳家溝原來傳承的內容。附為陳鑫所作，末句將「牽動」二字刪掉，不是沒有道理的。「引進落空合即出，沾連黏隨不丟頂」，乃摘自「太極法說」。「沾連黏隨」是四手技法的基本運動形式。「丟」「頂」

是禁忌犯病。「引進落空合即出」是走黏陰陽相濟技法原則的具體化。「引進」使彼勢力「落空」失去平衡，是「合即出」（「黏」、反擊）的前提條件。

｜注釋｜

〔1〕「擠、掤、攦、捺」，即擠掤捋按（攦為拳家白字，攦應為捋），與掤捋擠按的排列順序有異。此四法和老三著的摟按肘皆見於陳家溝、趙堡鎮。這樣就可以認為，三著在先，四著在後。也就是說，在三著為用時，掤、擠二著尚未被重視起來。

從擠法來看，它出現於肘法之先（如能一氣聯貫的話），故當是從三著的肘法衍變而來。「摟」「攦」「捋」僅是字形的變化，概念含義相同。「捺」「按」雖字音不同，但卻是同義詞。「擠」「肘」二字，音、義皆不同，而用法相近。四著裏以擠代肘，而肘法成了四隅推手（又稱大捋）中的重要方法。甚至是否受肘法的啟發而悟出大捋的方式方法也未可知。

由此可見，推手、打手的技法，也是經過長期實踐，逐步總結、完善起來的，並非一人一時所創造。

〔2〕「任他巨力來攻擊」，說的是後發制人。個別抄本，「巨」作「聚」。舊時「巨」常借作「聚」的簡體字，可能是由此而引起的誤解。

「聚力」固可理解，但用在此處則不妥。會聚力者，決非低手，「牽動四兩撥千斤」，對如此高手，就很難言必勝。

「巨力」者，實指慣用硬力者，這是「四兩撥千斤」

最為有利的對象。

〔3〕「牽動四兩撥千斤」與「四兩撥千斤」有質的差別。只用「牽動四兩」為條件，就能撥動對手的千斤力，是不可理解的。如果說這是指特定的情況，那就應該說明是什麼具體情況下，用多大的力去牽動四兩？不然，何以牽動對手四兩就可撥其巨力呢？也有人設想用秤的道理來解釋這句話，「牽動四兩」比之移動秤錘。道理似乎講得通，但與實際差距太大。秤是槓桿原理，秤砣的重量與秤桿的長度，決定著被秤物體的重量，誰見過能秤千斤的秤砣是四兩重的呢？

〔4〕「打我」與歌（一）的「攻擊」，含義基本一樣。

〔5〕「引進落空合即出」是典型技法，它體現著太極拳「捨己從人」「後發先至」的技法原則。

「引進」是指順勢引進，體現著對手先進攻我，即「任他巨力來打我」，或謂「順勢借力」之法。切忌生拉硬拽。落空指對手的力或勢落空。我使人落空的目的，在於令彼失去平衡，或傾俯歪斜，或產生運動慣性等等，為我反擊造成最有利的條件，以弱勝強。「合即出」「出」指將對手反擊打出；

「合」指反擊的動力，從自身說，「發勁須專注一方」，此即自身的合也。擊人應順勢借力，不丟不頂，或擊其退，或擊其偏斜，此與人力之合也。

武系太極拳家認為「合即撥」，「撥」即上句「牽動四兩撥千斤」中的撥字。「引進落空」中含「撥」字是無疑問的，但「合」字放在「落空」之後，再作「撥」字

解，則與理不合。蓋撥而後落空，既已落空又撥之何為。按「牽動四兩撥千斤」與「引進落空合即出」是同義語，都是指蓄而後發的具體方式方法。由此可以認為，末兩句是後人增補的，不然，是不會把同一問題連續重複兩遍。

〔6〕「沾連黏隨不丟頂」是「引進落空合即出」技法的前提條件。換句話說，不能「沾連黏隨，不丟不頂」，也就施展不出「引進落空合即出」的技法。「沾連粘隨」，總的說來，即要求與對手黏連不脫，以利「四兩撥千斤」或「引進落空」。

「丟」「頂」是病手。「丟」指與對手脫離或疏於攻守；「頂」是直接以力相抗拒，力大於人或勝，力小於人則敗。有此病者，沾連黏隨的要求也就難以貫徹始終。所謂「丟、頂」不是任何情況下都是病手。對方擊我，我不可丟，丟則挨打。我擊人時，人丟手，我不必強黏其手；當直擊其身。總之，丟與不丟，應根據有利於我和不利於我而定。

「頂」是雙方的病，一者不頂，另者必落空。故當出現「頂」時，先走化者占上風。頂就是雙重不化。

〔7〕「掤、捋、擠、按須認真」就是講能隨屈就伸，自然不會有丟頂之病。即人屈則我伸，人伸則我屈。這裏的屈伸，是按太極拳技法原則來要求的屈伸，不是無原則的屈伸，此即知己知彼內容之一也。

〔8〕這是個倒裝句，「引進落空」當以「任人侵」為前提。

〔9〕「周身相隨」與「上下相隨」意義相同，是節節貫串、周身一家的近義語。

〔10〕我們附錄這首歌的目的就在於這一句，「四兩化動八千斤」，與「四兩撥千斤」用意是一致的。「四兩化動」很明確是用四兩之力去破千斤，而「化動」二字比「撥」字更清晰，就是說應用化勁撥，而不是一般語言中的橫撥。「牽動四兩撥千斤」是陳氏祖傳歌訣，陳鑫刪去「牽動」二字，絕不是偶然的，他定是覺察到這兩字有畫蛇添足的毛病，才敢於大膽地批判繼承。這種精神，值得讚揚和提倡。

十六、四字密訣

武禹襄

｜按｜

「四字密訣」應為「四字秘訣」。此訣最早見於李亦畬自藏抄本，首行及訣末附言，顯為李氏所加，訣後註解，可能是武氏原文。禹襄孫萊緒在其所撰《先王父廉泉府君行略》中也說，此訣是禹襄的經驗總結，當無可疑。唯其門人李啟軒在獲「敷」字訣時，自謂「始而不解，及詳味之，乃知」。由此可知，武氏當時也無此訣。

根據啟軒對「敷」字訣的認識與武氏的註解、內容一致這一點分析，禹襄的「敷」字訣乃是聞於啟軒之所獲。其餘三字，所注理法與其兄秋瀛所撰《結論》中的「打悶勁」「打來勁」「打回勁」的經驗相同，故三字即是三勁的概括。所謂「不傳密（應為秘）訣」，並非禹襄有所秘惜，實因此訣素材取之於門人，生前不肯傳人者，謙虛、求實之故也。

自藏抄本，正文前面尚有題記，說：「此卷余手訂三本，啟軒弟一本，給友人郝為真一本，此本係余自藏。前數條，諸公講論精細，殆無餘蘊。後又參以鄙見。反覆說來，惟恐講之不清，言之不盡。然非口授入門，雖終日誦之，不能有裨益。光緒辛巳年（1881 年）亦畬氏手

訂。」這段文字告訴我們，最後整理的抄本，僅有三冊。稱郝為真為「友人」。「前數條，諸公講論」者，當然不能說僅指王宗岳、武禹襄二人為「諸公」。

在《太極拳譜跋》中，還說：「此譜得於舞陽鹽店，兼集諸家講論，並參鄙見。有者甚屬寥寥，間有一二有者，亦非全本。」由此更可知，所指諸公，還不包括王宗岳在內。那麼，即使「諸公」不知確指何人，總不能認為除「舞陽」抄本及亦畬之作外，餘皆出自禹襄之手吧？否則，舞陽抄本內容又何在。

原文

禹襄母舅太極拳四字不傳密訣：

敷：敷者，運氣於己身，敷布彼勁之上，使不得動也 [1]。

蓋：以氣蓋彼來處也 [2]。

對：對者，以氣對彼來處，認定準頭而去也 [3]。

吞：吞者，以氣全吞而入於化也 [4]。

此四字無形無聲，非懂勁後練到極精地位者，不能全知，是以氣言，能直養其氣而無害，始能施於四體；四體不言而喻矣。

譯文

敷：即本書所載第二十二篇《敷字訣》，特點是我的氣敷布彼勁之上。

蓋：特點是以氣蓋（實即敷）於彼勁來處（似擋非擋）。

對：以氣對準彼力來處，特點在於「認定準頭」，急擊之（似頂非頂，後發先至），即「打來勁」之法。

吞：以氣順彼來勢而引進（如吞），特點：能使彼力撲空失去作用。所謂「引進落空」「合即出」緊隨其後。

此四字無聲，也無一定之形，非達到「懂勁」以上水準的人，難以領悟。全以氣為主。須知「氣宜直養而無害」。只有氣貫四梢，此四字訣方能應用而有作為。

｜注釋｜

〔1〕「敷布彼勁之上」，即靠「包括周匝」之意也。「使不得動」的原因，即在於我「氣未到而意已吞也」。由此可知，「敷」字訣主要用於接手，有「人不知我，我獨知人」之功，將對方牢牢控制在我的神意之中。

〔2〕「蓋」有封閉之能，「以氣蓋彼來處」，打悶勁也，即打彼意動的環節。

〔3〕「以氣對彼來處，認定準頭而去也」，正是「人勁已動，我早靜待，著身便即打去」之法。

〔4〕「以氣全吞而入於化」正是引進落空、打回勁之法也。啟軒「敷」字訣中，也有「氣未到而意已吞」之句，對此訣的形成可能不無影響。

十七、結論（又作《太極拳論》）

武汝清

｜按｜

武汝清，字酌堂（1804——1887 年），禹襄之胞弟。進士出身，曾任刑部奉天司主事、四川司員外郎、花翎二品銜。幼習家傳武術，又喜太極拳。藝雖不及其兄，然弟兄三人各有論述。唯其不以藝傳人，遺作亦少為人知。此文見於郝為真後代藏本。

此文言簡意骸，句句切要，無片言隻語陪襯，真打手之要言也。所總結的具體經驗，頗有獨到之處，非真有切身體會者不能言之如此中肯。

此文當為作者的代表作。

｜原文｜

夫拳名太極者，陰陽、虛實也[1]，陰陽明，然後知進退[2]。進固是進，進中有退；退步仍是進，退中隱有進機[3]。

此中轉關，在於身法[4]，虛領頂勁，含胸拔背，則精神提得起[5]，氣沉丹田，而裹襠護肫，則周轉便捷[6]，肘宜曲，曲而能伸，則支撐得勢[7]；膝宜曲蓄，蓄而後發，則發勁有力[8]。

至與人交手，手先著力，只聽人勁[9]，務要由人，不要由己[10]，務要知人，不要使人知己[11]，「知人」則上下、前後、左右自能引勁落空，則「人背我順」[12]。

此中轉關，在於鬆肩，主宰於腰，立根在腳，但聽命於心。「一動無有不動，一靜無有不靜」，上下一氣，即所謂「立如平準，活似車輪」「支撐八面」「所向無敵」[13]。

人勁將來，未能發出，我即打去，謂之打悶勁[14]。人勁已動，我早靜待，著身便即打去，所謂打來勁[15]。人勁已落空，將欲換勁，我隨打去，此謂打回勁[16]。由此體驗，留心揣摩，自能從心所欲，階及神明焉[17]。

| 譯文 |

拳名叫作太極，就是因此拳的理法以陰陽、虛實的變化規律為指導思想。能認識陰陽相濟的規律，然後便能掌握進退相濟的規律。進固然是前進，但進的方式之中還須隱有能退的內在條件；退固然是後退，但退的方式之中還須隱有再進的機勢。

這種進退相濟的轉換，決定因素關鍵卻在身法，即知己的功夫。主要在於「虛領頂勁」「含胸拔背」。如此才能使精神振作，從而「氣沉丹田」。又要下肢將襠口裏圓（忌「夾襠」「尖襠」），雙肘鬆垂於肋側，勢如護肫（喻胃），如此，利於動作轉換出入便捷。肘之所以要曲，因先曲才能伸，與人交手時易於得機得勢；膝關節之所以要曲，因曲有蓄勁的作用，蓄而後發，發勁自然力強。

與人交手時，宜手先著力（不是攻擊，是「問勁」），誘彼使勁，借此而知人。走黏務要從（由）人，不要由己妄動。又須務要知人，不要使人知我。能知人，動作反應便有依據，上下、前後、左右才能準確地引彼力落空，形成「我順人背」、反擊制勝的有利條件。

這其中的關鍵，就在於肩關節極力鬆開，腰為主宰，立根於腳，更決定於心意的指揮，使全身「動則俱動，靜則俱靜」，上下相隨，正所謂「立如平準，活似車輪」「支撐八面」「所向無敵」。

我反擊於人，如人將要攻我，但勁尚未顯現出來，我趁此時機先打過去，謂之「打悶勁」，雖屬先發，卻能輕發必中。若人攻我的勁已經發動，我也可以以靜待動，當彼勢力將挨及我身，我急迎頭促擊之，彼力必成反作用力，反彈自身，此謂之「打來勁」（此二語為武式的經驗總結）。如於彼進攻我時，我先順勢引使彼力落空，再趁彼換勁之機，隨之順勢黏擊，此謂「打回勁」（即「引進落空合即出」）。沿著這種思路細心揣摩，不斷實踐體驗，日久自然悟出走黏的基本規律，養成規範的運動習慣，自能由「懂勁」逐步提高到「神明」水準。

所謂「從心所欲」，實質就是走黏技術練到條件反射的狀態，也概括為「身知」。

注釋

〔1〕把太極拳的技法核心概括為陰陽、虛實。應當這樣理解：以太極言之則為陰陽，以拳言之則為虛實。把虛實作為太極拳的技法核心，是武系太極拳的理法特徵

之一。如王宗岳的拳論則突出剛柔，這是因不同的經歷有著不同的體會和經驗。他們的拳法理論雖論述的角度不同，但互不矛盾。他們都不是強調虛實而忽於剛柔，也不是強調剛柔而忽於虛實。

〔2〕「陰陽明，然後知進退」，不能用「明虛實」而後「知進退」。

陰陽是矛盾的總規律，拳中的虛實是特殊規律。何以首先突出「進退」二字？因步法是拳法的基礎，尤其在技法中，進退和守攻是密不可分的。

〔3〕這四句是進退的辯證法，非懂勁不能理解，這就是陰陽相濟之理，也是太極拳技法的奧秘所在。作者講得非常透徹而深刻。要以弱勝強，非以柔克剛不可。要以柔克剛，非「捨己從人」不可，「從人」又應能「由己」，才能立於不敗之地。

這裏講的進退辯證論，正是體現了這種精神。「進」代表著「黏」（反攻），何以又言「進中有退」？若能進不能退，能攻不能守，能「黏」不能「走」，皆屬孤注一擲之舉。一擊不中，等待我的就是失敗。這不是太極拳技法所要求的「攻」或「黏」。太極拳技法的進、攻、黏，都要留有餘地，隨時可進，也隨時可退，故曰「黏即是走」。「退步仍是進」，這一道理是太極拳技法的精髓，不如此，即使能引進落空，也不能「合即出」，即能引而不能發也。

如何能做到退中寓進？作者答得妙：「退中隱有進機。」「隱有」即將進寓於退之中。退而後進，走而後黏，是太極拳守與攻的基本方式方法，又常以一圓為形

式。「進機」，即迂迴反擊的能動因素和能動作用。所以，這種「進機」，不只是外在形體的表現，更主要的是內在的心、意、神、氣的進退。

〔4〕此處「身法」二字，乃是指全身的動作要領，非僅指軀幹一處，「轉關」，指上句進退的變換所需要的條件。接著提出虛領頂勁，含胸拔背的具體要求。

〔5〕這是首要條件，所謂「全身意在蓄神」。

〔6〕能氣沉丹田則下實上虛，自然輕靈。「裹襠」又作提肛斂臀講。「護肫（ㄓㄨㄣ）」指兩肘不離肋，兩手不離心也。肫原義指鳥類的胃。此三者，皆為周轉變捷的條件。

〔7〕肘屈曲而退，忌抽，要支撐著退，亦即有「掤」勁。當然還要有轉換和化勁。此先曲後伸，即「退中隱有進機」，說明了上肢的表現形式。

〔8〕「膝宜蓄」，蓄又作曲講。「蓄而後發」，此乃「退中隱有進機」的下肢表現。

此外，更重要的是神意因素和圓運動形式，只有一圓復始才能毫不間斷，重心中正不偏，進退分寸無過不及，都是不可缺少的條件。

〔9〕「手先著力」是為了「只聽人勁」。「只聽」即後發也。勁又與動相表裏，有勁必有動。勁有大小強弱，動有縱橫、長短，此皆可聽（覺）知。聽勁是「知人」的主要媒介。

〔10〕這裏強調「由人」「不由己」，是指「只聽人勁」講的，是策略而不是目的。也可認為是「走」的第一階段，不是一貫或絕對不由己。

〔11〕這是說「只聽人勁」和「由人」「不由己」的原因，後動，「從人」，就能「知人」，而不使人知我。當然，這種「人不知我」是暫時的。

〔12〕按上述「知人」的程度，還達不到「自能引勁落空，人背我順」的目的，只能說取得了一定的前提條件。因為光是「知人」一個條件，如缺少了「懂勁」的其他條件，是不能引人落空的。

〔13〕以上諸項，就是「知人」「引勁落空」「我順人背」的運動要求和要領。其中「鬆肩」與開始的「手先著力」有所區別，肩鬆才能沉，手才能靈。手開始著力，隨人進而鬆開（從人），再由「從人」轉入「由己」，所以，手勁也隨之不斷變化。「聽命於心」，意為指揮也。先在心，後在身。其他不必解釋，唯「與人交手」比自己練拳更為複雜。既要「知人」，又要「知己」，又能聽勁。不知分寸，不明各種因素的陰陽轉化法則，是不能隨心所欲、應付自如的。

〔14〕「未能發出」的「能」字與「等」字同義，實為我不容其發也。「打悶勁」實質即打彼意動。這種手法，非聽勁特別靈敏則難以做到，「靜中觸動動猶靜」的準備若不是十分充分是做不到的。「打悶勁」最為省力，或略加化勁，或直接擊之，皆易成功。

〔15〕「著身便即打去」，並非與對手相互頂抗打出。若以手接人，須有化勁寓其中，方能隨接隨打；若以身接人，手可直接打出。

但「打來勁」的時機不得有分毫差遲，非對來勁稱量得十分準確不可。此以靜待動之法，不須引進，彼自送上

門來。所難者「認定準頭」也。

〔16〕「打回勁」是太極拳「引進落空合即出」的典型技法形式，非用引勁不能使彼落空。引勁者，「四兩撥千斤」之法，又叫「順勢借力」。切忌用硬力，也不宜用死把抓捋。欲打彼回勁，既要把握恰當的分寸，無過無不及，又要「退中隱有進機」，否則容易走空、丟手，甚至反為人乘。

〔17〕能懂悶勁、來勁、回勁三種打法的道理和方法，「懂勁」矣。雖然如此，卻不可誤為技術頂峰，就此不前。此僅為攀登技術高峰之階梯也，「欲窮千里目，更上一層樓」。

十八、走架打手行功要言

李亦畬

| 按 |

　　本文是李氏的代表作之一，主要對「引進落空」「四兩撥千斤」的技法，結合前人的經驗和自己的心得體會，作了深入細緻的層層剖析，對太極拳技擊法則做了最系統、最具體的闡釋，為太極拳運動的發展做出了應有的貢獻。

| 原文 |

　　昔人云：「能引進落空，能四兩撥千斤；不能引進落空，不能四兩撥千斤。」[1]

　　語甚概括，初學未由領悟，予加數語以解之。俾有志斯技者得所從入，庶日進有功矣。

　　欲要引進落空、四兩撥千斤，先要知己知彼[2]；欲要知己知彼，先要「捨己從人」[3]；欲要「捨己從人」，先要得機得勢[4]；欲要得機得勢，先要周身一家[5]；欲要周身一家，先要周身無有缺陷[6]；欲要周身無有缺陷，先要神氣鼓蕩[7]；欲要神氣鼓蕩，先要提起精神[8]，神不外散[9]；欲要神不外散，先要神氣斂入脊骨[10]；欲要神氣斂入脊骨，先要兩膊前節有力，兩肩鬆開，氣向下沉。

勁起於腳跟，變換在腿，含蓄在胸，運動在兩肩，主宰在腰。上與兩膊相聯繫，下與兩胯、兩腿相隨，勁由內換。收便是合，放即是開。

靜則俱靜，靜是合，合中寓開；動則俱動，動是開，開中寓合[11]。觸之則旋轉自如，無不得力[12]，才能引進落空，四兩撥千斤。

平日走架是知己功夫[13]。一動勢，先問自己，周身合上數項不合？少有不合，即速改換。走架所以要慢，不要快[14]。

打手是知人功夫[15]。動靜固是知人，仍是問己。自己要安排得好，人挨我，我不動[16]；彼絲毫趁勢而入，接定彼勁，彼自跌出[17]。如自己有不得力處，便是「雙重」未化[18]，要於陰陽、開合中求之[19]。所謂知己知彼，百戰百勝。

胞弟啟軒，嘗以球譬之：如置球於平坦，人莫可攀躋。強臨其上，向前用力，後跌；向後用力，前跌[20]。譬喻甚明。細揣其理，非「捨己從人」，一身一家之證明乎[21]！得此一譬，引進落空、四兩撥千斤之理，可盡人而明矣。

｜譯文｜

前人說：能「引進落空」，能「四兩撥千斤」；不能「引進落空」，不能「四兩撥千斤」。此論過於原則化，初學的人很難理解。

我加上幾句解說，或能為有志研究此拳的人，起到引路的作用，也可能使學習效果與日俱增。

　　要想「引進落空」（語出《打手歌》）、「四兩撥千斤」（見於《太極拳論》），先要能「知己知彼」。想要知己知彼，先要「捨己從人」。想要「捨己從人」，先要「得機得勢」。想要「得機得勢」，先要能「周身一家」（知己功夫的總體目標）。想要「周身一家」，先要「周身無缺陷」（原句作「勿使有缺陷處」）。想要「周身無缺陷」，先要「神氣鼓盪」（原句作「氣宜鼓盪」）。想要「神氣鼓盪」，先要「提起精神」（原句作「精神能提得起」），「神不外散」。想要「神不外散」，先要「神氣斂入脊骨」（原句作「氣貼背，斂入脊骨」）。想要「神氣斂入脊骨」，先要兩臂前節（前臂及手）有力（非真有力），兩肩關節鬆開，氣勢下沉，重心穩定。

　　勁從腳跟發動，變換在腿；手法變換則含蓄在胸部，運動主要在肩，腰為主宰。上與兩臂相連，下與兩胯、兩腿相連。勁從體內轉換（非由外形直接轉換）。技法動作，「收」便是「合」「放」即是「開」（收、放、合、開即走、黏的具體方式）。

　　技法運動時，須做到「靜則俱靜」。「靜」也即是「合」，又要「合」中「寓」「開」「動則俱動」「動」也就是「開」，又要「開」中寓「合」（此即動靜、收放、開合、陰陽相濟的要求）。到此地步，彼一觸及我身手，我即能隨之而轉動，無不自如，無不得力，也才能有條件「引進落空」「四兩撥千斤」（這一段的主題是指明「引進落空」「四兩撥千斤」技法所需要的「知己」功夫。由於論述的系統性很強，因而又可從中體會到太極拳的訓練程序和方法）。

　　平日練習套路，即是「知己」功夫的訓練。要一動勢，先自問，周身上下是否與上述要求吻合，稍有誤差，當立即糾正。這就是動作要慢不要快的主要原因。

　　打手（推手）是練「知人」的功夫。然而，不管動、靜，雖是「知人」，實際上，關鍵還是要問自己。只有自己能把姿勢、動作安排得當，人挨我時，我先不動，如彼有絲毫想乘機而入侵的表現，我即接定彼力而「黏」之，彼必自行反射出去（決定因素是「我獨知人，人不知我」）。在應對時，如自己有不得力的地方，必是不自覺地犯了「雙重」（與人爭力，以力相抵）的錯誤。須從陰陽理論及技法開合是否相濟去找答案。所謂「知己知彼」才能百戰百勝！

　　胞弟啟軒，曾用球作比喻。說：如把球放在平地上，人很難站在上面。若是勉強站在上面，向前用力，身必後跌；向後用力，身必前跌。這一比喻，十分明顯。分析其中道理，不正是「捨己從人」，一身一家（整體）的證明麼？

　　透過這個比喻，對「引進落空」「四兩撥千斤」的理法，豈不是任何人都可以理解的啦（這個比喻與步法中定的原則，不相吻合）。

｜注釋｜

　　〔1〕這幾句話，不知是根據《打手歌》繁衍而來，還是另有出處。按後面的「語甚概括」看，應當說另有出處，只是在他的抄本中找不到，或許只是口傳。

　　〔2〕「知己知彼」的含義頗為廣泛。「知」不僅要求能明其理其法，而且更要能熟練至極。知己才能知彼，

人己一理，但須推己及人，才能貫通。

〔３〕「捨己從人」是後發。令彼先動，彼若不動，我無從知其動機、方法、勁力等。無從知人，也就難以知道自己該做什麼，怎麼去做。

〔４〕「得機得勢」偏重於知己功夫。知人而後，若不知自己該怎麼做，就不能由「從人」而轉化為「得機得勢」。所以「得機得勢」不只是「從人」的條件，更是「從人」的要求，否則「從人」也必徒勞。

〔５〕「周身一家」即指神、意指揮下的以腰為主宰的整體運動。

形整勁才能整，所以「周身一家」的要求是「得機得勢」不可缺少的條件。若動作身形散亂，即使得機也難得勢，只能喪失掉好的反擊機會。

〔６〕「周身無缺陷」才有可能做到「周身一家」。「缺陷」應該說是指全身任何部位的缺點和毛病，當然也離不開姿勢和動作。所以，要先知己，就要克服一切不應有的缺點和毛病。

〔７〕「神氣鼓蕩」是體內精氣的運動方式，應該說它是與「周身一家」的要求相輔相成的。

意固然可以指揮動作，但它的先決條件必須依賴於「氣」的正確運行和姿勢、動作準確。故曰「氣宜直養而無害」。若姿勢動作不恰當，不適於「氣遍身軀不少滯」的要求，神氣又如何能得到「鼓蕩」呢？神氣能鼓蕩，就須「周身無缺陷」。但不能說，先須神氣鼓蕩，而後才能周身無缺陷。

〔８〕「提起精神」，在《十三勢行功要解》等文章

中都講得很明確，也是以正確的姿勢為前提的。

〔9〕「神不外散」則在意念的集中。

〔10〕氣是物質條件，神也是物質的反映。「斂入脊骨」是對「氣」的運動要求。

〔11〕由「兩膊前節有力」至「開中寓合」，這幾句講的還是「神氣斂入脊骨」的條件。其中「先要兩膊前節有力，兩肩鬆開」，既是對神氣斂入脊骨的要求，也是與人打手、接手的基本方法。

在《十三總勢說略》的開頭，「兩膊前節」作「兩手」，「有力」作「著力」。「著力」，比較含蓄。「兩肩鬆開」是講上肢動作含蓄而有沉勁，也有助於「氣向下沉」。「勁起於腳跟……主宰於腰」五句，皆指「勁」而言，涉及軀幹和四肢。

腳、腿是運動和發勁的主要部位；腰為主宰，胸貴轉化；運動在兩肩，肩為手的主宰。手不可妄動，要聽命於肩，肩又要受腰身的支配。

蓋太極拳技法，打人靠腰腿，不靠手。手就像是被使用的工具。與人打手，如單純地以手為用，易出雙重之病，而難變化。「勁由內換」，也是表明不以手使力，手僅表現為合開，收放。「合中寓開」才能欲開則開，「開中寓合」才能欲收即收。「勁由內換」才是太極拳技法最主要的特徵和特點之一。

〔12〕「觸之」喻來力不很大，它與「旋轉自如」緊相聯繫，能隨遇而安，處處時時，無不得機得勢，即所謂「無法有法」「無著（招）有著（招）」「因敵變化」也。切記，「旋轉自如，無不得力」，是條件而非目的，

須與「引進落空」的手法相結合，才能「四兩撥千斤」，進而達到後發先至，破敵制勝。

〔13〕「走架」，即套路演練，是掌握知己功夫的基礎。

〔14〕走架要慢，不要快，也是相對的。慢固然好，然而容易形成擺姿勢，出現動作不聯貫的毛病。所以，前人的經驗，要求開始先慢，中間有段時間，宜把訓練的動作速度適當加快。透過較快的動作，體會手眼身法步的配合，然後再回到慢動作。

這一次的慢與開始時的慢有了質的差別，它是在外形協調完整的前提下，更深刻地體驗行氣運勁等內在因素的作用。

〔15〕「打手」，即競技（包括友誼的和非友誼的），也包括推手訓練在內。打手的運動規律人己一樣，所以知人先要由知己來體驗。知人與知己必須相互印證，才能相互促進和提高。故下面說「知人」「仍是問己」。

〔16〕此處「我不動」是策略性的，是故意不動，誘敵用力也。所謂「以靜制動」之法也。

〔17〕「接定彼勁，彼自跌出」。接勁很不容易，必須經過訓練。接勁之後，還有個「認勁」的過程，不能「認勁」，也就談不上「引勁」。「彼自跌出」，不是單指他人的自行跌出，而是在打手中由我的「引」或「發」，使彼跌出。

〔18〕此處所謂「雙重未化」，是與「偏沉則隨」相對而言的。上與「接定彼勁」相聯繫，即順勢引進也。

〔19〕「要於陰陽、開合中求之」。此處重點突出開

合技法，乃作者慣用之技擊特點。並非人皆如此，有慣用剛柔變化者，有慣用虛實變化為主者，其理則一。

〔20〕腳踩球的比喻，其理不差，但在實際打手中是不存在的。

打手時對手幾乎是不可能從打手的另一方的腳底下去撼動其重心的穩定。

〔21〕筆者認為，踩球之所以會跌，原因在於腳從球去，而身手不相從。雜技藝術中的踩球表演之所以能平衡，即是全身同時隨球運動而運動，故能平衡。在技法中即「從人」的過程，如身形散亂而不能主動地捨己從人，就如用腳去蹬球，就難以維持平衡穩定，必會跌倒（在技法中即是先發，不是後發）。

十九、虛實開合圖說

李亦畬

| 按 |

此圖原為左右兩圖，內容相同，故僅取其「左虛右實」一圖。書中所列兩圖稍有差異，可能出自不同時間。但不知何者為準，故並列排出以供參考。

圖的結構太簡單，又不是具體招勢，故對肢體的很重要部位，都附加文字說明。

遺憾的是，可能由於傳抄不慎，附字的位置不準，造成讀者理解的困難。特在「譯文」後略作解讀，以供讀者參考。

| 原文 |

實非全然占煞，實中有虛[1]，虛非全不用力，虛中有實[2]。

下二圖，舉人一身而言，雖是虛實之大概，究之一身，無一處無虛實，又離不開此虛實[3]。總要聯絡不斷，以意使氣，以氣運身。

非身子亂挪，手足亂換也[4]。虛實即是開合[5]，走架打手，著著留心，刻刻留意，越練越精，技彌神矣。

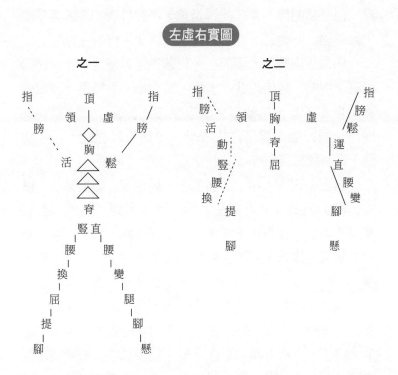

左虛右實圖

| 譯文 |

此圖是根據《十三總勢說略》中「一處有一處虛實，處處總此一虛實」之句設計出來的。所謂「實非全然占煞，實中有虛；虛非全不用力，虛中有實」，就是虛實陰陽相濟的體現。

圖表示的即是總體虛實的大概情況，每一處的虛實即局部的虛實，總體虛實統御局部虛實。所以說，全身必須聯絡不斷、節節貫串，但要以意使氣（「使」當為「行」字），以氣運身，非恃力使手足亂換亂挪。開合即寓虛

實，但必須明確，「凡此皆是意，不在外邊」。虛實是變化的神髓，非懂勁、神明之後，難以運用自如。

題做「虛實開合圖說」，但圖表示的僅是「十三總勢說略」中的「處處總此一虛實」的大概，重點是下肢的虛實（即左丁虛步的情形）。虛足注「提腳」，即足尖點地、足跟提起；實足注「腳懸」，即五趾抓地，足心空懸，具有騰挪氣勢。

圖正中正方「頂」「虛領」，即要求「頭頂懸」「虛領（項）頂勁」。上方左右的「指」「膀」即表示上肢（不是姿勢，僅為注字方便），下注「鬆、活」二字，是對肩關節的要求，但與正中的「胸」「脊」，位置不夠準確。

圖二脊兩側注「運動」，表示運動在胸、脊（圖一則無）。脊側有「直、豎」二字，是對脊的要求。再下始注為「腰」，位置有誤，下注「變、換」二字，即變換在腰之意。圖二正中下方有「屈」字，圖一注作「腿屈」，可知謂膝胯關節。雖說可以如此理解，畢竟不甚了了。幸好作者也有先見之明，開頭作了「圖說」，言簡意賅地道出了虛實的內涵。唯其中「虛實即是開合」作為「開合」的說明，稍欠確切。

｜注釋｜

〔1〕煞（ㄕㄚˋ）：極，很。「站（占）煞」即站得過實、過死。「全然站煞」，失去隨時變化的條件、滯而不靈，故要「實中有虛」。「實中有虛」者，除所占體重的比重因素外，更關係到神、意。

〔2〕「虛非全不用力」，又作「虛非全然無力」，義同。一般丁虛步，兩腿所承擔的體重之比為三七開或二八開。又要與動靜要求相結合，有騰挪、閃戰之意。這裏的力字不指使力，而是指虛足承擔體重的狀況，虛中有實。

〔3〕即圖示之虛實，為總體之虛實。全身各處，無處無虛實，又要能分能合。

〔4〕這是說，太極拳的技法變化，實質就是虛實變化。虛實變化又離不開其他技法因素之變化，如開合、剛柔、走黏、蓄發，收放等，而且必須相互配合一致，以意氣主宰其間，故概括言之，不外陰陽變化。

〔5〕此即所謂一言以蔽之。虛實者勁力也，不在外面，開合者形式也，現於外形。內外相互為用，技法也，內外合一也。

二十、五字訣

李亦畬

｜按｜

　　《五字訣》也是李亦畬的主要代表作，概括了他畢生研究太極拳的實踐經驗。他追隨其師之後，對太極拳身體力行數十年，既有繼承，又有發展。他在肯定傳統的基礎上，不迷信，也不拘泥於老傳統，而是更相信自己的實踐經驗。他極少保守思想，也不像某些前輩那樣秘惜自己的心得體會，或是只許口授，不傳文字。這可能和他們研究太極拳只是出於個人愛好，或是為了學術研究的目的而沒有謀名牟利的緣故吧！

　　就其研究打手而言，武李得到《打手歌》訣很早，但他們的打手理論和技術，卻並不因此陷於《打手歌》的框框裏。雖也繼承「老三著」的訓練模式，畢竟不只是在「八法」「五步」的圈子裏打轉轉，而是在「引進落空」「四兩撥千斤」的基礎上，進一步深入探索和開拓，使打手技術取得了新的發展和成就。

　　如果說，陳青萍的太極拳是在「圈」上有所突破，使太極拳向前發展了一大步，而武李又在此基礎上，進一步在「開合」技術方面，做出了重大貢獻。

　　前人在這方面的論說，多是抽象的概括，使後學有隔

靴搔癢之憾。而武李的文章則不同，內容具體而細微，多是介紹個人切身的體會與經驗；對方式方法，也講得深入淺出，易於理解，對後學的指導和啟發最具效果。

更重要的一點，是他們在技法與意氣的結合方面有了更大的突破，使太極拳的技法有了質的變化。因而，人們對他們的文章和論述，總是和前輩權威的著作等量齊觀，同樣被視為經典之作。對近代和現代太極拳的發展和提高，具有極大的推動作用。

| 原文 |

太極拳不知始自何人[1]，其精微巧妙，王宗岳論詳且盡矣[2]。後傳至河南陳家溝陳姓[3]，神而明者代不數人。

我郡南關楊君[4]愛而往學焉。專心致志，十有餘年，備極精巧。旋里後，市諸同好。母舅武禹襄見而好之，常與比較[5]，彼不肯輕易授人，僅得其大概。

素聞豫省懷慶府趙堡鎮有陳清平者，精於斯技[6]，踰年，母舅因公赴豫省，過而訪焉。研究月餘，而精妙始得，神乎技矣[7]。

予自咸豐癸丑，時年二十餘，始從母舅學習此技，口授指示，不遺餘力，奈予質最魯，廿餘年來，僅得皮毛。竊意其中更有精巧。茲僅以所得，筆之於後，名曰《五字訣》，以識不忘所學云。

清光緒六年歲次庚辰小陰月識[8]

一曰心靜[9]

心不靜則不專，一舉手前後全無定向，故要心靜。起

初，舉動未能由己。要細心體認，隨人所動，隨屈就伸[10]；不丟不頂、無自伸縮[11]；彼有力我亦有力，我力在先[12]；彼無力我亦無力，我意仍在先[13]。

要刻刻留意，挨何處，心要用在何處，須向不丟不頂中討消息[14]。從此做去，一年半載便能施於身。此全是用意，不是用勁[15]，久之，則人為我制，我不為人制矣。

二曰身靈

身滯則進退不能自如，故要身靈。舉手不可有呆像[16]，彼之力方挨我皮毛，我之意已入彼骨裏，兩手支撐，一氣貫串。左重則左虛而右已去；右重則右虛而左已去[17]。

氣如車輪，周身俱要相隨。有不相隨處，身便散亂，便不得力，其病於腰腿求之。先以心使身，從人不從己；後身能從心，由己仍是從人。由己則滯、從人則活。

能從人，手上便有分寸，秤彼勁之大小，分釐不錯，權彼來之長短，毫髮不差[18]。前進後退，處處恰合，功彌久而技彌精矣。

三曰氣斂

氣勢散漫，便無含蓄，身易散亂。務使氣斂入脊骨，呼吸通靈，周身罔間。吸為合，為蓄，呼為開，為發。

蓋吸則自然提得起，亦擎得人起；呼則自然沉得下，亦放得人出。此是以意運氣，非以力使氣也[19]。

四曰勁整

一身之勁，練成一家，分清虛實。發勁要有根源：勁起於腳根，注於腰間，形於手指，發於脊[20]。

又要提起全副精神，於彼勁將發未發之際，我勁已接入彼勁，恰好不先不後，如皮燃火，如泉湧出[21]，前進後退無絲毫散亂，曲中求直，蓄而後發，方能隨手奏效[22]。此謂借力打人，「四兩撥千斤」也。

五曰神聚

上四者俱備，總歸神聚。神聚則一氣鼓鑄，練氣歸神，氣勢騰挪，精神貫注，開合有致，虛實清楚[23]。左虛則右實，右虛則左實。虛非全然無力，氣勢要騰挪，實非全然占煞，精神要貴貫注[24]。

緊要全在胸中、腰間變化，不在外面。力由人借，氣由脊發。焉能氣由脊發？氣向下沉，由兩肩收入脊骨，注於腰間，氣之由上而下也，謂之合；由腰形於脊骨，佈於兩膊，施於手指，此氣之由下而上也，謂之開[25]。

合便是收，開即是放。能懂得開合，便知陰陽[26]。到此地位，功用一日，技精一日，漸至從心所欲，罔[27]不如意矣。

| 譯文 |

太極拳不知創始於何人，就拳法精妙而論，王宗岳的《太極拳論》論述的既詳盡又全面。後來傳到了河南陳家溝陳姓，世代相傳不乏名手。

我郡南關楊君，曾前去學習，專心研究十數年，技術極為精妙。還鄉之後，傳授於愛好者。我母舅武禹襄見到後，也很喜愛，便常去探討。唯是楊氏不肯輕易傳授，僅學到了個大概而已。

常聽說河南懷慶府趙堡鎮有位名叫陳青萍的人，精於

此拳。次年，母舅因公去河南，順便去拜訪陳青萍。在那裏研究了月餘，開始領會到其中的精妙之處，技術得到神速提高。

我在清咸豐辛丑年，二十多歲的時候，就開始跟母舅學習此拳。母舅言傳身教，煞費苦心，可惜我很笨，二十多年來，僅學到了點皮毛，總覺得其中還會有更多的巧妙。現在僅就個人體會，記錄一下，名之為「五字訣」，用以表示不忘所學吧。

一曰心靜

不能靜下心來，思想便不能集中。一舉手，前後左右必無具體目標，所以，一定先要心靜。一開始，舉動可能難以從心所欲。必須細心體驗，隨著對手的動，相應隨著彼屈我伸，彼伸我就屈，既不要脫節，更不可抵抗。且莫主觀妄自伸縮。如彼動作有力，我也可有力，然我力必須走在前頭。彼如不用力，我也必須不用力，但我的指導意識卻須在彼的前頭，方無後顧之憂。

要無時不集中精神「聽勁」，「知人」。彼挨著我何處，我的神意就要用在何處。只有「不丟」「不頂」才能有條件把握彼的動向情況（知人）。如此訓練下去，可能有一年半載的時間，身手便可能逐漸形成習慣。這全憑的是用意為主，而不是使勁，才能有此效果。體驗日久，便能具有「我能制人，人不能制我」的能力。

二曰身靈

身體的反應，動作如滯澀，則行動便不能從心所欲，所以定要身靈。出手不可有呆像，與彼相接，只要人一挨我皮毛，我的意念就應想到彼的骨裏。兩手支撐，應一氣

貫串，如左側覺重，左側立即虛勢虛勁，隨腰身的轉動，右側身手相應同時向前，「走即是黏」。如右側覺重，同樣隨腰身轉動，右側虛而左側當同時向前。

「氣（*也即腰*）如車輪，周身俱要一致相隨而動。如有沒相隨而動的部位，必影響全身散亂不整，必不得力，達不到預期效果，「其病於腰腿求之」（*即在腰腿方面找原因*）。先要做到以意指揮行動，隨人動而動，不可主觀妄動，久之，身始能從心意而動。雖說「由己」，實際仍是「從人」而動，「由己」必滯而不靈，能「從人」始有轉換的主動權。

真能「從人」，手上須能聽勁、知人，動作應對才能有恰如其分的分寸，秤彼勁之大小，分釐不錯，量彼來之長短，毫髮不差；前進後退，恰如其分，如此練習，技藝之精，必與日俱進。

三曰氣斂

「氣勢散漫，便無含蓄，身易散亂」。要注意「氣勢」一詞與「氣」是不同的概念。「散亂」即形不整，勁也不整。勁整則相對力厚。但「務要使氣斂入脊骨」（「氣勢」的反映，動作「含胸拔背」，然非用力），又要配合腹式呼吸；姿勢合時配合吸，開時配合呼，合、開也即是「蓄」「發」。

呼吸對身體的屈伸開合有一定的影響，如吸時有自然上提的能動作用，也就利於我將人擎起；呼時則有身勢自然下沉的能動作用，也利於將人發放出去。這是以意運（行）氣，而非以力使氣（*以力使氣為硬力，影響上述氣勢的發揮*）。

四曰勁整

能「周身一家」（動作協調完整），勁才能完整，不用力而力自強。運用時尤須分清虛實。發勁時須有根源：勁從腳跟踩蹬地面發出，貫注至腰脊，由脊彈出，施於手指。

蓄發時尤須精神高度集中，聽勁知人，最好能於彼力將發未發之際，我勁即接入彼勁，正好不先不後，如皮毛之著火，如泉水之湧出。曲中求直，蓄而後發，應手奏效，此即借力打人、「四兩撥千斤」之巧。

五曰神聚

掌握了以上四者的要求後，總歸還需有神聚的條件。神是全面的總指揮，能使所有勁法因素統一起來，專注一方。所謂「煉氣化神」，氣勢騰挪，神能貫注，則虛實開合配合得當。邊左虛邊右實，邊右虛邊左實，則走黏相濟。

須知，虛並非全然無力，必寓騰挪氣勢；實並非全然占煞，精神貫注方能無虞。

動作的關鍵，全賴胸中、腰間統御變化，掌臂不可孤立運動。須能順人之勢，借人之力，勁（氣）則須以脊為主而發。氣力怎樣才能由脊而發？先使氣向下鬆沉：意由兩肩收斂入脊骨，注於腰椎，這就是氣之由上而下，與動作的「合」配合一致。氣再由腰椎迴環而上運至脊骨，輸入兩膊，形於手指，這就是氣之由下而上，與動作的「開」配合一致。

合也即是收；開也即是放。能認識掌握了開合、收放的規律，也就悟出陰陽相濟的規律。到此地步，就能練一

天就有一天的提高，最後能提高到「從心所欲」的水準，則無往而不利。

｜注釋｜

〔1〕序言始作於丁卯同治六年（1867年）。首句作「太極拳始自張三豐」，這是沿用趙堡鎮及一般傳說（當時還沒有陳家溝前人創拳之說）。這裏主動改為「不知始自何人」，證明作者不輕信傳聞，知之為知之、不知為不知的求實態度。

〔2〕指王宗岳的《太極拳論》。由此不難看出，作者對王宗岳的崇拜是心悅誠服的，所以，武李能取得太極拳新成就，與其研究《太極拳論》是分不開的。

〔3〕作者認為陳家溝太極拳是王宗岳太極拳的繼續，此說仍無實質性依據。

陳家溝原為炮捶、十三勢。尤其他不知長興的太極拳並非是陳王廷原傳套路形式。

〔4〕「楊君」即指楊式太極拳的奠基人楊福魁〔字祿禪、露禪（蟬），1799——1872年〕。從學於陳家溝的陳長興，是太極拳中興的鉅子。太極拳之所以名噪一時，與楊氏自身的武功及其對太極拳的改革和傳播是分不開的，故其門人尊之為「一代宗師」。

〔5〕「比較」不是求教，下句的「彼不肯輕易授人，僅得其大概」是實情。禹襄與祿禪是友誼而非師徒關係，「得其大概」是理之常情。

後來，武氏應祿禪之聘，任班侯的習文家庭老師。因而班侯的太極拳在繼承家學的基礎上，經祿禪的授意，又

得到了禹襄的指點。

〔6〕陳青萍（即清平）精太極拳，乃聞之於楊祿禪。趙堡鎮人說，青萍的拳藝及聲望不在陳長興之下。看來祿禪對青萍的評價也很高。

細審祿禪所授全佑拳架，更大的可能是楊班侯的傳授（現在被稱為吳式太極拳），在一定程度上，與武式拳架有著密切的內在聯繫，可能也是受青萍革新套路的啟發與影響的結果。

〔7〕「研究月餘」是實，月餘即「神乎技矣」恐未必。「而精妙始得」，當首先是在理論上受到教益，以及獲得某些傳統理法資料等等。

〔8〕在他贈給郝為真的抄本中，注為「光緒辛巳仲秋念六日」，是他自藏本的次年。

〔9〕武李師徒對心、意、氣等技法因素做了深刻的探索和研究，尤其是李亦畬，據說他的視力欠佳，故在意、氣及以靜制動方面下了很大的功夫，取得了極豐富的實踐經驗，故其論述至為中肯和精闢，為太極拳的技法補充了新鮮血液。

心靜，主要表現在精神集中，無雜念干擾，以保障動作，以客觀知覺反映為依據，不臆測，不盲動。

〔10〕從「隨人所動，隨屈就伸」，可知其訣主要針對打手而言。這兩句的實質，即讓人先動，我隨之後動，這樣就能知人，而不被人知我。然而，屈伸也當有一定之規，不然隨人屈伸，也會產生盲目性，仍是處於無有定向的狀態。

所謂定向，即是目標。失去目標的隨人，猶如盲人騎

瞎馬、黑夜臨深潭一樣。「從人」又要善於「由己」。

〔11〕「無自伸縮」是為了「不丟不頂」，動則有據，能知人而不被人知。

莫誤作任何時候都「無自伸縮」，須知「從人」本是為了「由己」，被動是為了爭取把握主動，不然怎會有勝利可言。

〔12〕「彼有力我亦有力，我力在先」。這種技法原則，是武、李的經驗所得，亦即「對」字訣的方式方法，區別於王宗岳所說的「左重則左虛，右重則右杳」「人剛我柔謂之走」的技法原則。然而，「彼有力我亦有力」，不但要以「我力在先」為前提，更要「打」中寓「化」，不頂不抗，所謂「認定準頭而去也」，實際也是我意在先的結果。

〔13〕「彼無力我亦無力，我意仍在先」。我意在先，不是說我先進攻，而是說我能以意封鎖對手的一切行動，彼何時來，我就能何時打擊。

〔14〕「挨何處，心要用在何處」，目的在於「向不丟不頂中討消息」。「討消息」就是「知人」。「挨何處，心要用在何處」，是說被挨處是注意的重點，切不可顧此失彼。

意要無時不兼顧全體，更要顧及對方。拳中的用意，只在無意有意，有意無意之間，才是「真意」。死盯住一點，必為人所乘，這也是屬於「丟」字的範疇。

〔15〕這兩句是總綱，失去用意不用力的原則，便會誤入歧途。所謂「彼有力我亦有力」，也要在這一原則的前提下去發揮作用。故「我亦有力」與「彼有力」的力不

同，是身力而非硬力。

〔16〕「呆像」是指身手滯澀、不能及時變換的現象。產生呆像的原因很多，總的說來，是不懂勁的反映，也是用力和沒有做到「氣遍身軀不少滯」的表現。

〔17〕這兩句是王宗岳「左重則左虛，右重則右杳」技法的發展和充實。「虛」「杳」謂「走」；「而右已去」「而左已去」中的「去」字即是「黏」。

其中的「已」字，有同時並舉之意，與「走即是黏」的要求一致。也體現了「人剛我柔謂之走，我順人背為之黏」的技法原則。

〔18〕掌握分寸的能力，要在懂勁後才能逐步培養出來。全賴知覺能力的提高和實踐經驗的積累，不能光靠口傳秘授。太極拳之勝人，這是至為關鍵的一大要素。

〔19〕斂氣的基本原則為開呼合吸，外與含胸拔背相表裏，在技法上則與蓄發相結合，又須用意不用力。走架子時，原則上如此而已。

〔20〕勁整除神意因素外，形體的節節貫串極為重要。「勁起於腳跟」即「蹬之於足」「注於腰間」即鬆腰塌勁，氣沉丹田；「形於手指」即氣貫四梢，用意不用力，「發於脊」即以脊骨的彈力作為發放的重要動力。故說用「身力」打人，難在用意不用力。

〔21〕這是發勁的火候和時機，決定於聽勁和懂勁的程度。打彼勁之「將發未發之際」。即打彼意動之時，所謂「打悶勁」也。「如皮燃火，如泉湧出」者，喻發勁之突如其來，打人不見形也。進則迅雷不及掩耳，蓋無時無處不走黏相濟，靠所謂「進固是進，退中隱有進機」，得

機必得勢。

〔22〕此謂發放的方式方法。「曲中求直」者，即「蓄而後發」的形式要求。四肢必先屈而後能伸，屈即是蓄勁，伸即是發勁，故曲蓄是條件，而伸發才是目的。至關重要的是能合又要能開，能屈能伸，其中關鍵在於陰陽相濟。由神意到形體，總須屈中寓伸，合中寓開，蓄中寓發，才能隨心所欲，應手奏效。

〔23〕神無形無象，反映於外者雙目。「神聚則一氣鼓鑄」，故又稱「神氣」。神意是一切行動的總指揮，心靜神聚，動作才能協調完整，有的放矢。

〔24〕虛實主要關乎神意，又要陰陽相濟。虛實與柔剛有著密切的內在聯繫，偏實占煞，滯而不靈，過虛飄浮，華而不實。

虛實賴走黏而致用，走黏憑虛實而成事。

〔25〕合開、蓄發，行氣之道，講得極為具體清晰，但要謹忌以氣使力。神形要一致，內外成一家，不外心靜意誠，氣斂神聚，往復摺疊，進退轉合。

〔26〕合為收、為吸、為虛、為柔、為引、為蓄、為陰，又要能陰陽相濟。唯此理明之不難，行之不易。蓋因「心知」未必「身知」，非「身知」不能勝人。

〔27〕罔（ㄨㄤ），無、沒有。

二十一、撒放密訣

李亦畬

|按|

此訣是李亦畬自謂是自己的經驗總結，標題的「撒放」二字，是此訣的核心，可以說是「引進落空合即出」技法的具體化。欲要對此訣有深刻瞭解，還須認真研究作者的《五字訣》及《走架打手行功要言》兩篇文章，才能更好地發掘此訣的神髓和奧妙。訣中雖未明言「意氣」二字，實際巧妙就在意誠、氣斂、神聚和勁整。

|原文|

擎：擎起彼身借彼力（中有靈字）[1]。

引：引到身前勁始蓄（中有斂字）[2]。

鬆：鬆開我勁勿使屈（中有靜字）[3]。

放：放時腰腳認端的（中有整字）[4]。

|譯文|

所謂「撒放」，就是將人黏擊出去的一種特定的方式。四字訣，即走黏過程的四個環節。

擎：須借彼來勢來力的慣性，用手接住彼身。所謂「擎起彼身」，非真將彼身擎起來，而是承接之意。務要

動作輕靈，故注一「靈」字。

引：接住彼身之後，緊隨之就要將彼勢力「引進落空」。「引到身前」是彼落空的條件，同時要做好後續動作的準備，也即是「蓄勁」。蓄勁的形式所謂「曲中求直」，肢體宜收縮，故注一「斂」字。

鬆：是對蓄勁的要求，形雖曲屈，但曲屈是為舒伸更能得機得勢，最忌滯澀，能靜而後能鬆，故注一「靜」字。

放：放也叫「發」，即發勁擊人。勁起於腳，主宰於腰，形於手指。務要認真使全身的發勁因素集中一處，所謂「貫注一方」，才能形整勁整，故注一「整」字。

｜注釋｜

〔1〕「擎」字切莫誤解為要把人擎起來。「擎起彼身」者，以神氣與掤勁接彼之來也。擎是形象化語言，喻接人來勁來勢、猶如籃球運動的接球一般，球傳來多猛、多快，都要用手迎接擎住。「借彼力」之法，是技法的靈魂，即順彼來勢、來力而擎之，如此則不丟、不頂，也不必用力。順勢借力而擎之，這是接手、接物，準，穩而又不必使力的基本規律。故說「中有靈字」。靈就靈在借彼運動慣牲，我不用力。其中也寓「黏」字訣和圓運動形式的準備。

〔2〕「引」是引進，有掩護退卻之意，目的在於令彼落空。「引」是繼「擎」而後的連續動作。以武派的說法，「擎」即是「起」；「引」即是「承」，其中也寓「連」字訣。「引」即是「走」，「走」時一定要連著對

手，不然就達不到「引進」的預期效果。「到身前」是「引」和「蓄」的標準。

　　將彼身引到我身前，我是「合」，是「蓄」，為撒放奠定前提條件，而對手由於越界而落空，失去了自控能力，形成「我順人背」、絕對有利於我的形勢。「引」要知彼；「蓄」要知己。蓄勁在斂神，也離不開斂氣、斂形，所以說「中有斂字」。能斂方能引、能蓄也。

　　〔3〕「鬆開我勁勿使屈」，是由走轉黏的環節，故武派稱此為「轉」。這是上承「引」法的轉折，至為關鍵，關係到下一步發放的成敗。所以，既要「鬆開我勁」保證轉換的靈、活、快，又要「黏」住對手，保證發放必中，強調「中有靜字」者，因「轉」易失誤，非神意集中不可。

　　〔4〕「放時腰腳認端的」，是撒放的要領和本訣的最後目的。發放的效果，在於前面三個字訣的順利實現，尤賴發勁的方法正確。「腰腳認端的」就是身力、合力，也叫整勁，故說「引進落空合即出」，這裏也寓「隨」字訣。引進落空後，常「隨」對手的驚退而打之，亦順勢借力之法，又叫「打回勁」。

二十二、敷字訣

李啟軒

| 按 |

李承綸，（字啟軒(1835——1899年），李亦畬之長弟。光緒乙亥（1875 年）恩科舉人。敷字訣由來，文中已說明。其解乃是作者表述個人認識。單字訣，內涵最深，很難全面理解，更不是片言隻語能解釋透徹，常是隨認識者技術水準的不斷提高而不斷深化。

| 原文 |

敷，所謂一言以蔽之也。有人不習此技，而獲聞此訣者，無心而白於余。始而不解，及詳味之，乃知。敷者，包括周匝[1]，人不知我，我獨知人，氣雖尚在自己骨裏，而意恰在彼皮裏膜外之間，所謂「氣未到而意已吞也」[2]。妙絕，妙絕！

| 譯文 |

敷字訣就這一個字，真是「一言以蔽之」了。有一位不練太極拳的人，聽到這敷字訣後，無意中對我說了。開始，我也對這個字莫名其妙，後經仔細思考，得出如下認識：「敷」的含義，即在與人打手時，一接手，就用神意

氣勢將彼「包括周匝」起來一般。如此，人不能知我的意
圖，而我有條件知人行動。我的氣雖然尚在自己的骨內，
但我的意識卻已透入對手的皮裏膜外一般，正所謂「氣未
到而意已吞」也，真是妙極了。

| 注釋 |

〔1〕形似如此，以神意為主，切忌以力拘人，勁宜
曲中寓直，掙裹相兼，橫豎皆備，剛柔相濟，無意有意，
氣斂神聚，靜中寓動，無限靈機，立如平準，一觸即發，
以逸待勞，勢如張網待雀。

〔2〕此皆神意之為用，關鍵在動靜。意靜神明，以
手為媒介，彼之一舉一動，觸之即知，了然於胸，以我周
身一家之勢，有的放矢之法，破彼盲動，豈能不似玩物手
上。綜觀數字訣的實質，妙在用意不用力，但必須以規範
的姿勢動作為媒介，否則，神意將無所寄託。

二十三、武式太極拳身法要領

| 按 |

武式太極拳的身法要領,是武禹襄、李亦畬的經驗總結,其中的「護肫」「騰挪」「閃戰」等概念,為一般太極拳要領所無,雖屬一家之言,但值得借鑑和研究。

| 原文 |

涵胸、拔背、裹襠[1]、護肫[2]提頂[3]、吊襠[4]、騰挪[5]、閃戰[6]。

| 譯文 |

略。「涵胸」等前述拳譜已有概念,請參見前譜譯文,其餘要領概念請參閱本譜注釋部分。

| 注釋 |

〔1〕「裹襠」,謂兩股有裹勁,使襠口有圓撐之意,有利於下肢的穩固和靈活,便於氣沉丹田。裹襠須與扣膝(膝尖微向裹合)相對應,使下肢形成開合相寓的意勁,切忌夾襠。

〔2〕「護肫」,肋脅有微向內收斂的意勁,也稱「束肋」,與沉肩、墜肘相互配合,使肘不離肋,手不離心,含有蓄勢待發之勢。

〔3〕即「頂頭懸」也，又作「虛領（靈）頂勁」。

〔4〕「吊襠」，即提肛斂臀，有利於虛胸實腹，氣沉丹田，對步法、身法有促進作用。

〔5〕「騰挪」，這裏不是指跳躍，而是指氣勢，是下肢步法靜中寓動的心法。如虛步步式，虛腿必有騰挪欲動的氣勢；而實腿也不是絕對站煞，與吊襠斂臀相結合，要有前催的意勁。又好像被壓抑的彈簧、張滿的弓、伏身撲鼠的貓，都是靜中寓動、騰挪內含的典型實例，可從中領會其精神實質。

〔6〕「閃戰」，是武氏太極拳技法的專有術語，與閃展的意義不同。閃喻快，或喻躲閃之快。在技法中「閃」不可作逃避退卻理解。「閃」乃是指閃開對手進攻的實力，故「閃」可作轉身解。閃戰，即「左重則左虛而右已去，右重則右杳而左已去」之法，也叫「偏沉則隨」。閃戰應與左顧右盼相結合。

二十四、手足論

| 按 |

此論見於郝為真家藏秘本太極拳譜，當為郝為真集形意拳訣。

郝和，字為真或維楨(1849──1920年)，河北永年人。師從李亦畬，武氏太極拳第三代傳人。育四子，皆習拳，以次子文桂成就最著。《約言》是太極拳的技法總則，概括《手足論》諸要領技法實質。凡移植旁門技法，非有所改革不能適應太極拳技法的要求。

郝為真晚年，曾一度病困京師，孫祿堂聞知，立即親迎郝住到自己家中，以長者之禮待之，並為延醫調治。郝病癒，二人進行武術交流，郝遂以武式太極拳授孫，以示紀念。先師李公玉琳，為孫得意門人，對此知之頗詳。《手足論》不見於武（禹襄）、李（亦畬）拳譜，而「起鑽落翻」等句，皆形意拳基本技法原則，故此訣顯係郝、孫技術交流的產物。「約言」當為郝為真概括之語。因太極拳技法必須以「捨己從人」為前提，才能有的放矢。形意拳技法則不需要完全如此。

| 原文 |

手足論

手要毒，眼要奸，腳踏中門襠中鑽[1]。

眼有鑑察之精，手有撥轉之能，腳有行體之功〔2〕。

兩肘不離肋，兩手不離心〔3〕。乘其無備而攻之，出其不意而去之〔4〕。腳起而鑽，腳落而翻〔5〕。不鑽不翻，以寸為先〔6〕。

肩要催肘，肘要催手；腰要催胯，胯要催膝，膝要催足〔7〕。其深察之。

約言

順人之勢，借人之力，接人之勁，待人之巧〔8〕。

| **譯文** |

《手足論》原來講的是形意拳的運動方式方法，有些原則也適用於太極拳。如其中的「起鑽」「落翻」，與太極拳起落時的纏法形式和作用相同。末段中所用的「催」與「促」同義，與太極拳技法運動要求「節節貫串」的原則作用相同。

《約言》當為郝為真先生所加，在於為了說明吸取其他拳種拳術的經驗，不能生搬硬套，要食而轉化。借用《手足論》的經驗，必須以「順人之勢，借人之力」的原則為準繩，方符合「捨己從人」的技法原則。又要堅持「以意行氣」的原則，毫不著力，才能體現「接人之勁，待人之巧」的技法特點。這與「形意拳」技法、勁法有一定的區別。

| **注釋** |

〔1〕這是指向對手襠中插步進身攻擊的方式，是形意拳攻擊的基本方式。「手要毒」「眼要奸」，雖說這種

訣要不為形意拳所專有，但形意拳發著特別強調眼到手到，腳（前腳）到手到，「毒」喻準、狠。用於太極拳技法要有所區別。

〔2〕這是強調眼、手、足在技法中的主要功能。眼用於觀敵；手有撥轉之能，主要表現為起鑽落翻，不是指用硬力撥攔；身軀之進退，全仗下肢的進退。故說「有不得機得勢，身便散亂，其病必於腰腿求之」。合起來就構成眼到、腳到，身到、手也到的整體攻法法則。

太極拳技法運動，原則上雖也如此，但須捨己從人，順勢借力。

〔3〕肘不離肋便於出手和發勁，手不離心嚴於守，利於攻。唯太極拳的肘不離肋與形意拳有所區別，強調肘肋不可夾緊，要鬆開，並要求圓轉靈活。

〔4〕「攻」與「去」同義，都指打人。唯在實際應用上，太極和形意對這兩句話原則不同，即太極拳技法強調沾連黏隨，不可憑空打人。

〔5〕「腳起」指進步之始，「鑽」指手法的外旋，具有橫勁效果。「腳落」指步與身達到目標而落地，手上配合進擊，前臂裏旋，使掌心向前擊打，即是「落翻」，具有縱勁效果。起鑽落翻即手腳齊到的形意拳整勁的攻擊方式。

太極拳則強調進步的腳跟不落地，不可向前移動軀幹，手不隨腳同到，而是隨躬膝進身的同時發手。因太極拳強調以弱勝強，以黏連聽勁為行動的依據，絕不涉險，時時處處留有轉換餘地。「起鑽落翻」是纏絲勁的組成部分。

〔6〕「寸」指寸勁，即短促的爆發力。寸勁打人，突如其來，不易覺察，防不勝防。這兩句是說如用不上起鑽落翻的方式時，可以寸勁攻之。用寸勁法，身上要有功夫，方見效果。

太極拳推手，在「打來勁」時常用寸勁。

〔7〕這幾句話說的是具體的節節貫串之法。「催」即促，由根而梢逐節促進，形成周身一家的整體運動，達到勁整力厚的目的。

〔8〕「約言」即概而言之、質而言之的意思。就是說，上述各要領要訣在實用時，都要以順勢借力，對待巧妙，用意不用力為前提，不可原封不動地抄襲搬用。這可說是吸收新營養的一條標準和規律，不然，太極拳技法便會名存實亡，成為雜亂無章的東西。

二十五、全力法

| 按 |

這段文字的中心思想是說明整勁的形成方式方法。前六句也是吸收形意拳訣的，後兩句取自《五字經》（見後文詳述）技法要領。

在內家拳派中，經驗多相一致，可以相互吸收補充，唯忌食而不化。

| 原文 |

前足奪後足，後足占前蹤。前後成一直，五行主力攻[1]。打人如親嘴[2]，手到身要擁。左右一面占，單臂克雙功[3]。

| 譯文 |

也即求「勁整」的方式方法，內容仍屬形意拳的訣要，如「五行主力攻」，與太極拳勁法不同。如「打人如親嘴，手到身要擁。左右一面占，單臂克雙功」。的勁法形式和方式，與太極拳的勁法形式和方式無原則差別。

| 注釋 |

〔1〕說的仍是跟步法。「五行」喻東西南北中，又謂金、木、水、火、土。形意拳以五行拳為基礎訓練，故

也叫「五行拳」。「五行主力攻」，即是說五行拳要以力勝，這與太極拳「用意不用力」的技法原則大相逕庭。但形意拳訓練也分明勁、暗勁、化勁三步功夫。

〔2〕「打人如親嘴」，喻我身距對手之近，即步到身也到；也喻向彼襠插步之深。打人時，進身遠，有以身逼人之勢，利於攻擊。

「手到身要擁」說的是發手時身手之間的關係，即以身體、步伐向前運動的力量注於手指，導於彼身，形成整勁打人。

〔3〕「左右一面占」，謂選擇對手一側打之。「單臂克雙攻」，謂對手以兩手攻我，我當以單手、一側還擊，便可破彼來勢。

前四句講步法，後四句講身法與手法，應用時，須身、手、步、眼合而為一，以神意為統帥，方能協調完整。

二十六、八門五步說

郝月如

| 按 |

郝文桂，字月如(1877── 1935年），河北省永年人。是郝為真次子，郝氏太極拳的主要繼承人。雖自幼習拳，但藝不及其父。遺著有《太極拳圖解》稿本。

《八門》《五步》原作兩文，我們把它合二為一，對八門、五步作了多方面的解釋，在不少技法上，提出了一些具體要領，很有參考價值。然對「十三勢」所屬八卦、方位、竅位、臟腑等論述卻不必十分認真。

| 原文 |

入門手法，所屬臟腑及經絡竅位

八字：掤、捋、擠、按、採、挒、肘、靠；**八卦**：坎、離、震、兌、乾、坤、艮、巽[1]；

方位：北、南、東、西、西北、西南、東北、東南；

竅位：會陰、祖竅、夾脊、膻中、性宮、肺俞、丹田、肩井、玉枕；

臟腑：腎、心、肝、肺、大腸、脾、胃、膽。

掤：屬坎，正北方，屬水，分佈人身竅位為會陰[2]，屬腎經。其姿勢：手臂在身前，由下向上為掤手。

練功時，以意引氣，由下丹田（臍下三寸處）隨手之上掤而上行至上丹田（即印堂）[3]。古人稱之為抽坎補離，使心、腎的二經之氣相通，水火既濟。

　　掤：屬離，正南方，屬火，竅位為祖竅[4]，屬心經。其姿勢：兩手臂前伸，而往回收叫掤手[5]。練功時，意守於祖竅而回吸，手自然而掤回身前。可調整心經所屬之臟腑機能。

　　擠：屬震，正東方，屬木；竅位為夾脊[6]，屬肝經。其姿勢：手臂（主要是右手）手心向裏，手指朝外，另一手（左手）附於此手腕旁，由懷前向外推出。當推出時，前一手臂成半圓形為擠手。練功時，意在夾脊[7]，用意引氣，向對方擠出；左手自然隨之而擠出。可調整肝經所屬之臟腑機能。

　　按：屬兌，正西方，屬金，竅位為膻中[8]，屬肺經。其姿勢：兩手心向下，由上而向下按為按手。練功時：意在膻中，以意引氣向丹田沉降，手亦隨之向下按[9]。以肺經之氣，補腎經之氣，以金生水。

　　採：屬乾，為西北方，屬金，竅位是性宮[10]及肺俞[11]兩處，屬大腸經。其姿勢：以手回抓為採。練功時：意移性宮，以意引氣，由性宮向肺俞穴吸，並直下湧泉[12]，手自隨之而抓[13]。可調整大腸經而補腎經，以金生水。

　　挒：屬坤，為西南方，屬土，竅位為丹田[14]，屬脾。其姿勢：抓住而擰為[15]。練功時，意守丹田，以意引氣，由丹田經兩肋上走性宮，可補肺金之氣，以土生金。

肘：屬艮，東北方，屬土，竅位為肩井[16]，屬胃經。其姿勢：用肘向外靠射[17]。練功時，先蓄勁，即意移之丹田，以意行氣，由丹田向湧泉沉氣[18]。當肘要向外射時，再以意引氣由湧泉上升，經尾閭，分由兩肋上引，經肩井、耳後高骨處到泥丸宮[19]為止，遂即外射[20]。可調整胃經機能，並降心經之火。

靠：屬巽，東南方，屬木，竅位為玉枕[21]，屬肝經。其姿勢：以自己身體之有關部位貼靠對方之身，使之不能得力。無論用膀、肘、肩、胯、膝等部位均可靠之。練功時，以意引氣，由湧泉上至尾閭經玉枕等小周天路線[22]而轉，其勁主要由向外靠的部位發出。可調整肝膽經之機能。

五行步法，也叫五步法，所屬臟腑及經路竅位：

五字：進、退、顧、盼、定；五行：水、火、金、木、土；

竅位：會陰、祖竅、膻中、夾脊、中丹田；

臟腑：腎、心、肺、肝、脾。

進：是向前邁步。其竅位在會陰，腎經，屬水。當邁步時，意守會陰[23]，以氣促向前進。

退：是向後退步。其竅位在祖竅，心經，屬火。當退步時，意在祖竅[24]，引氣促身後退。

顧盼：顧是左顧，盼是右盼。所謂左顧右盼，不是向左右看，而是以意引氣，分別著力於膻中，催身而轉動。反之，如果有人從右邊打來，即向右轉。轉身時，以意引氣，著力於夾脊，催身而轉動[25]。

定：是中定，就是站立不動（步不動，臂不一定；有

時可能暫時不動，其實仍有小動而不易看出）。竅位在中丹田，脾經，屬土。練功時，重點意守丹田，並配合手臂動作而行氣[26]。

｜譯文｜

本文原係白話文，且對八門五步的概念做了詳細的解說，故不需再作譯文。唯其中又增加了「竅位」「臟腑」兩項，值得分析。

竅位，特別是「祖竅」，這是摘自「坐功」的一個重要穴位。坐功認為，「玄關」與「祖竅」相表裏，精神集中於此，能鎖住心猿意馬，是入靜的一種手段。練拳的神意恰與之相反。尤其是推手時，既要知己，又要知人，既不可垂臉，更不敢入靜。

文中對「捋」的解說：「練功時，意守於『祖竅』而回吸，手自然捋回身前。可調整心經所屬的臟腑機能。」中醫學依據經絡學說，進行辨證施治，然太極拳技法運動與用藥有著本質的區別。實踐證明，捋法如真把神意集中於「祖竅」，別說推手必為人乘，即練拳也必神形各不相干，不可能雙手會不自覺地「自然而捋回身前」。

再如擠法，竅位作「夾脊」，掤進在「會陰」，擠進就在「夾脊」；「五步」中的進，也說「其竅位在『會陰』」。武式太極拳原有「進在會陰，退在夾脊」的經驗總結。捋的手法「可調整心經所屬之臟腑機能」。就這麼簡單的上肢運動，就能直接起到調整臟腑機能的作用，怕是找不出科學依據吧！即使如此，若捋擠連用推進，走黏陰陽相濟時，轉換環節的動作，意從會陰當如何過渡到夾

脊？轉換環節的手法動作，又該調整哪些臟腑機能呢？

上述簡單分析，主要是為了提醒讀者，對竅位、臟腑的內容，參考即可，切莫傚傚。

｜注釋｜

〔1〕「文王八卦」，與「伏羲八卦」方位有所不同，本文取前列「十三勢」說。

〔2〕會陰穴在氣海之底、兩陰之間，為任脈起點。

〔3〕掤手，意氣由下丹田引發，上行至上丹田，乃調動神意，非手之高也。

〔4〕祖竅穴位於兩眉之間，或指印堂穴。

〔5〕講八法，不講先發、後發是大缺點。八法的運用，非有前提條件不可。捋、掤如此，其他各法也莫不如此。捋手只說「兩手臂前伸，而往回收」，是難以理解的，「前伸」「回收」不但都是特定條件下的動作，而且伸、收都各有其一定的方法，否則，對手也不會甘心聽我擺佈。

除此之外，本文所作的八法之解，僅涉及手法，未及身法、步法，並非不需要身、步的配合。所謂「意守祖竅而回吸」，神氣意勁，全身內外上下莫不需要配合一致，所謂「一動無有不動」「合則俱合，開則俱開」也。

〔6〕夾脊穴有兩種認識，一說在背部胸七椎下，往內通心（道教多用此說）。中醫針灸學則認為其穴應在背部胸椎兩側的肌肉隆起部位，左右對稱。

〔7〕「意在夾脊」。因擠須先蓄後發，先要氣斂入脊骨，而後借步法與腰身的彈力發出，故夾脊是用意的重

點部位，並非別的地方不用意。然「擠」的重點應為進，故應與「掤」在會陰一致。

〔8〕膻中穴位於兩乳之間，屬任脈。

〔9〕此「按」法也。按法要藉助含胸及坐勢沉氣，故意的重點在膻中。氣沉丹田，為氣之下行，蓄而待發之勢。

〔10〕性宮說法不一，在此處謂百會穴（頭頂）。

〔11〕肺俞（同腧俞）位於背脊胸第四椎骨上部。

〔12〕湧泉穴在兩足掌中心點凹陷處。

〔13〕採作回抓，抓即捋（此處讀ㄌㄩˋ）義，切忌死把。採時意氣由性宮而肺俞而湧泉，由上而下，一氣貫串。採雖用手抓握，而勁由身發也。

〔14〕此丹田指中丹田，位於胸骨劍突下，也有認為是膻中穴的。本文把丹田分為上中下三處，即印堂、臍下及心膈間。

〔15〕「抓住而摔為捌」的說法，即通常摔胳膊的動作，是否有當，姑存一家之言，須忌死把。

〔16〕肩井穴位於肩部斜方肌凹陷處。

〔17〕這是說的頂肘用法。

〔18〕此氣之下行、為蓄勁。

〔19〕泥丸宮位於兩眉之間，道家稱為上丹田。

〔20〕發勁頂肘，借氣之上行。

〔21〕玉枕穴位於耳後入髮二寸處，亦即枕骨兩側。

〔22〕所謂「小周天路線」即前任後督二脈的循環。靠法或向前靠，或向兩側靠。左右靠法應藉助摔腰變臉。

〔23〕進步時意守會陰，能使上下相隨。僅謂「邁

步」不夠確切，尤須以舒鬆膝胯為條件。

〔24〕退步時意守祖竅，用意回吸，能保證退步時立身中正，與意守夾脊的經驗相同。退步最忌突臀俯身。

〔25〕對左顧右盼的解說似有牽強，其一，題稱五步法，而顧盼卻只說轉身；其二，左轉身「著力於膻中；右轉身則著力於夾脊」，沒有說明為什麼左右轉的著力點不同。顧盼的作用在於引領轉體動作，故顧盼當為同義概念。顧盼又可配合步法的變化，特別是四隅的步法。

從某種意義上講：進退屬四正手所需的四正步法；顧盼當屬四隅手所需的四隅步法，這樣才能與八法相適應。確切說，顧盼也是眼法，只是在技法中，沒有單純眼的顧盼，它必然要與轉身和移步相結合。當然，它更是一定手法的需要。手法又要藉助腰身、步法去完成，也就是說不同的手法，腰身的著力點不同，與當時的步式、受打擊的部位及使用的部位都有一定的關係。不同的情況，有不同的著力點。實際上，顧盼更主要的作用是作為腰御四肢的要領和條件。

〔26〕這裏說的中定僅是從靜止的一個側面來講的。故要求氣沉丹田，先把自己安排妥帖，以靜待動，這也是後發先至的需要。實際上，在運動時的中定，也即平衡穩定更為要緊。

二十七、操手十五法

郝月如

| 按 |

　　武術的技法訓練，俗稱「操手」，這裏指推手訓練。所述十五法，係作者親身體驗、行之有效的經驗總結，句句切要，極少抽象概念，更無浮誇之詞，對指導推手訓練，是極為難得的簡明參考資料。但其中部分內容僅為局部經驗，不可視為理法原則。

| 原文 |

　　（一）以手指敵人中心，手不能用，肩肘指之，肩肘不能用，意指之[1]。

　　（二）遇剛則柔，而剛要緊在其後[2]。

　　（三）進手時要用螺旋力，靜動不離沾連黏隨、追風趕月之意[3]。

　　（四）彼螺旋，我亦螺旋而進之；進時須墊步[4]。

　　（五）不得已而退時，須用己手掩護敵手，整身而退為安，所謂「雀躍」也[5]。

　　（六）兩手用力要平均，如抱球狀，不可此手有力，彼手無力[6]。

　　（七）如甲手先失敗時，則須換乙手為佳[7]。

（八）敵手出來時，不必懼也，只須順其勢，借其力而擊之[8]。

（九）順敵勁之梢節，直取敵之中節，進至敵之根節要緊[9]。

（十）動手時，務以周身成一家為要，不可用局部力[10]。

（十一）敵人取我之中節時，須用全體變中以應之[11]。

（十二）手不得到敵之根節時不可發，周身圓動力打去[12]。

（十三）全身動作，時時以圓圈為主，然而越小越佳[13]。

（十四）手腕要靈活，如蛇吸食之狀[14]。

（十五）腰間要靈活，如蛇纏物之狀[15]。

｜譯文｜

操手即推手訓練。

（一）出手先以手對著對手身體中間位置，如手被撥開，隨即轉用肩肘對著彼身中心，肩肘再被撥開，便改用意識對著彼身中心，如此我能一貫維持中正穩定（此僅是順勢走化）。

（二）人剛我柔謂之走，「而剛要緊在其後」（此語不確切，為什麼剛要緊在其後，「緊」要緊到什麼程度，「剛」又要剛到什麼程度）。

（三）「進手」時要用「螺旋力」即「纏法纏勁」，退手亦可用。動靜都要以沾連黏隨為條件。如追風趕月一

般。

（四）彼用螺旋，我也以螺旋方式而進擊。彼此必須反方向螺旋始可黏，順螺旋則能破解對方的纏勁。進時宜配合向前墊步，要根據對方來勢而定。

（五）受制於人不得不退時，也須與彼手沾連著整身後撤，保持重心穩定。「所謂雀躍也」。「雀躍」比喻雙足一起跳動的動作，是失去主動後撤的條件，以跳挽救被擊向後倒地的措施（是退步不及時造成的）。

（六）兩手的勁要平均，「不可一手有力，另一手無力」。這當是以靜待動的「合勢」狀態，令對手找不到明顯的可乘之機。在技法對待過程，雙手必須有虛實、輕重之分。

（七）在技法對待過程中，一手失利，須及時換用另手為主力，確保平衡穩定。

（八）敵手打來，不要恐懼，只需順其勢，借其運動慣性而擊之（或用採、引進或反擊）。

（九）「順敵勁之梢節，直取敵之中節，進至敵之根節要緊」。「梢」「中」「根」節，即指手、前臂、上臂部位。根節能直接影響其重心的穩定，是制勝的要害。

（十）技法應對，須有「周身一家」的知己功夫，形整則勁整。只用局部力不但力弱，且最易被人引空。

（十一）如敵攻擊我中節時，須急轉身體，錯開彼手，同時換用相應的部位與彼沾連。

（十二）我手不及敵之根節，不可妄發，易為人所乘，或周身轉動著前欺，得勢後再擊之。

（十三）技法動作，須時時以全身的圓軌跡為基本運

動形式。而圓軌跡越小越妙，因幅度小則速度相對快，也不宜為對手所發覺。

（十四）手腕必須靈活，如蛇吸食之狀。因對待敵人多用手，而變轉的靈活卻在腕。採捌抓拿都在腕。

（十五）腰部必須靈活，如蛇纏物之狀。腰既是全身的主宰，而技法變轉，猶賴腰御四肢，才能形整勁整，所謂「運化在腰」。

｜注釋｜

〔1〕此法也叫作「守中土法」，自己能守住中土，重心穩定便有了保證，對手從正面進攻也就無懈可乘，而我隨時可以出擊。「指敵人中心」，以彼脊柱為準，也就是將我的力點始終對準敵身的正中。而在更換步法招式用以指敵的部位時，必須被動中求主動，以確保我中土不離位，從技法上講就是上文談到的「連環」進擊法則。以「意指之」是指敵我尚未接觸，或出現彼此脫節（即「斷」）時或雖未斷而被引離中土時，皆須靠神意守住中土，而後再圖身形守住中土，用隅手應敵者，即身形失中土時的補救法也。

〔2〕柔喻走、喻蓄，剛喻黏、喻發。「剛緊隨其後」，即「走即是黏」「蓄而後發」也。剛柔的理論規律如此，但在實際競技中情況千變萬化，不可守死規矩，正如拳經云「拳有定式，而無定法」，切忌紙上談兵。技術水準是決定因素。但須知，剛勁非謂硬力。

〔3〕「螺旋力」即上肢在出入、伸縮時，同時要配合手、臂、身的轉動，使所產生的力有橫豎兩種或三種運

動方向。對手若以直勁相拒，便會防不勝防。蓋一動之中，有兩三種錯綜勁力，便能產生化中寓打、打中寓化的作用，但其條件必須具備粘連沾隨的功夫。只有在和對手接搭之後，螺旋力才能發揮作用。螺旋力和螺紋及滾軸的運動原理和作用相似。陳式太極拳又叫纏絲勁，形意、八卦又叫起鑽落翻，皆有異曲同工之妙。

〔4〕「彼螺旋，我亦螺旋而進之」。此為以螺旋破螺旋之法。螺旋對螺旋，既能相破，又能相成。一般規律，相順宜相成，相逆宜相破」。「進時須墊步」，是以我的步和身助手摧人也。「墊步」一般謂進前腳，多是向對方襠中插步。墊步與否，當視具體情況而定，原地發勁也是常有的。

〔5〕「不得已而退時」，因疏於防守，己為人所乘。在此情況下，要當機立斷，主動撤退，並於退中伺機反擊。「退時」，須用己手掩蓋敵手，即為反擊準備必要的條件。所謂「掩護敵手」即「反控制」，切忌消極退卻、逃避。「整身而退」是敗中取勝的必要條件，身不散亂，才有轉換的餘地。「雀躍者」，雖為整身而退的表現，卻失去了轉化的可能，僅是縮小失敗的程度而已。因雀不會走，只會跳。當被擊中時，宜隨勢跳躍，以免受到嚴重打擊或被擊倒。「整身而退」，非只雀躍一種形式，如套路中的「倒捲肱」退步，也是整身而退的另一種典型方式。

〔6〕「兩手用力要平均」，是特指正常的防禦狀態。如此，何手感到壓力增加，就能知道對手從哪裏進攻，我即可針對性地採取有效措施，這與「偏沉則隨」的

原則是一樣的。若我上手就一輕一重，對手便能摸清我的虛實，進攻就有了針對性的目標（假手、詐誘除外），但走黏時兩手不宜平均用勁。

〔7〕這一條可能有語病，或詞不達意。一手失敗，須換另手，任何拳種的技法莫不如此，非太極拳獨有。分析其用意，可能指當我進攻時，如先出之手被人截擊，急繼之以另手攻擊，則對手自然就會放鬆對我先手之截。

但有兩種可能出現的情形：一是我被截擊的手尚有主動，我重心未受影響，故比較容易地換另手攻擊，再一種情形就比較難以對付，即我先出的手失利，同時影響到重心的穩定，瀕臨失敗的邊緣，換另手攻擊的可能性就微乎其微了。

當此時，宜用隅手去補救。再是我取守勢時，也有可能出現先手失利的情形。當然，失利情況不嚴重時，宜急換另手繼續走化或引進，若到非「雀躍」不可的程度再欲換手，心有餘而力不足矣。

由此推論，作者的原意可能是說，在走黏時，先手只要出現失利的情況，不可因循或冒險堅持，要主動換用另手為主反擊或走化，以防用著過老，為人所乘。

〔8〕順勢借力之法，難在接手，「不必懼」，不能光靠精神，非藝高不能膽大。

〔9〕人的軀幹和四肢皆分三節，文中的梢節、中節、根節皆指上肢面言，即腕（手），肘（前臂）、肩（上臂）。由梢節而中節而根節，步步深入，構成有把握的攻勢。擊人除擊人身（軀幹）外，以彼上肢根節為宜，此兩處易實，也宜牽動彼重心，成功率高。打人一般不打

彼梢節和中節（指上肢言），容易落空，故說「打實不打虛」。打彼軀幹最好，但不易得之。

〔10〕「周身一家」，即前面說的「整身」運動。形整則勁整，無散亂之病，靈活善變，無懈可擊。用「局部力」，易於偏失，且勁散不整。

〔11〕這裏的「中節」指肘部，「取」指攻擊。「全體」即「周身」「整身」。「變中以應之」可從兩方面領會：一是說於變化之中反擊之，二是說將全體變為中定之勢（被制之肘收回，手則移於正中）而反擊，實際就是說不要用被制的肘局部力去應付，而須以周身的轉動去走化，去反擊。

此節文字可視為第十節的實例說明。

〔12〕這一節的內容，可視為是第九節的補充，「不得到敵之根節時，不可發」，是「不打無把握之仗」的意思。太極拳擊人，應發必中，不可妄發，妄發易為人乘，這是以弱勝強不可忽視的原則。「周身圓動力打去」是指發勁的方式方法。「周身圓動力」即指由周身發出的、帶有螺旋的整勁，這種勁不僅沉重，且打中寓化，使對手防不勝防。

〔13〕「全身運動，時時以圓圈為主」，是太極拳技法最突出的特點，更具體地說，「全身運動」當以球圓形式（即立體圓）為主，手上則表現為圓或弧。圈「越小越佳」，指技法效果而言，圈小則圈的圓周軌跡亦小，其運動方向變化就相應較快，使對手捉摸不定，也就難以應付，另一方面，自己的運動幅度小，容易保證重心的穩定，發手也就會相對地加快。然而，這種圓的大小，並非

純靠意志的支配，更主要的是靠功力深厚。走黏「不即不離」方為輕靈，但訓練時姿勢，圓圈總宜由大而小，所謂「先求開展，後求緊湊」也。

〔14〕「手腕要靈活」，腕活，手的動作才能靈活。靈活決定於梢節的用意不用力和氣貫四梢。靈活要與輕浮嚴格區別開來，要能剛柔相濟。還有個認識問題必須解決，即太極拳技法的放發，以腰腿（或說腳）發力為主，「形於手指」，切不可用手或上肢局部發力。再進一步要求，發勁以神意為指揮，以氣為動力，以身為驅使，無意發力而發力，無意打人而打人。思想上形成了這樣的意，手上才會不用力，變得靈活多變。

〔15〕「腰間要靈活」是「周身」能靈活的總樞，故稱「主宰於腰」「變化在腰」「命意源頭在腰隙」。技法主要由手法、步法和身法三大要素去完成，而身法又主要依賴於腰的變化。故腰的靈活性欠缺，就會影響到技法效果和技法的發揮。

二十八、八法

｜按｜

此文見於郝為真孫輩所藏抄本中，當為其子輩所撰。文字通俗易懂，對「八法」的解說具有廣泛的代表性，多為經驗之談，但也有一定片面性。

｜原文｜

掤：向上托起的意思。在搭手時，逆著對方的勁承而向上，使對方之勁不得下降[1]。如用之得法，可將對方掀起。

将：在打手時，對方向我擠，則我可向後下方将[2]。如用之得法，可引對方向前傾倒。

擠：是以手臂擠對方，使之無法動彈，然後將對方擠出去[3]。

按：凡遇對方擠時，隨即含胸拔背，鬆腰下沉，用手下按，以破彼前擠之勢[4]。

採：不管對方之力怎樣攻，均可採而化解，然後擇其弱面攻之[5]。

挒：凡是轉移對方之力而進攻其身者，都叫做挒勢[6]。因敵由側方攻之，則必能以小力取勝。

肘：用肘攻，必須曲使方能奏效。太極拳用此法甚多[7]。

靠：用靠必須接近敵身，但須在時機合適時用之，不可輕用[8]。

｜譯文｜

掤：

用單臂或雙臂向上托起之意。推手時，「逆著」對手的來力，「承而向上」「使對方的勁不得下降」。「用之得法」，能將彼身「掀起」。所謂「用之得法」，即恃巧不恃力。所謂「逆著」彼力，但不是頑抗，而是將彼力引使向下，而後沿由下而前而上的弧軌跡，貼著彼身向上前方將彼雙臂和軀幹托起。

捋：

趁彼進擠而捋之。例而言之，凡來勢來力有運動慣性，皆可順勢借力而回捋，此即「用之得法」。捋法作用之一即「引進」，效果好，能使彼身前傾欲倒。

擠：

「以手臂擠對方，使之無法動彈」，同樣也需先引進對方身手，趁機將手臂貼附與彼身或上臂外側，用另一手前擠。

按：

以按破擠也是例而言之。也需順勢借力按之，彼才會「不知我」。雖說「用手下按」，實為「含胸拔背、鬆腰下沉」的勢力作用「形於手指」。用之得當，能使彼身前傾、失重。按又多與前推結合。

採：

文中無採法的具體解說，但確定是對方先攻。一般都

認為採是採彼腕部，也或認為用雙手，既可作為引進技法，也可直接將彼身拋出。

捌：

文中的捌法，凡轉移彼之來力而進攻其身者，都為勢。此概念不夠確切。武式拳家認為抓而擰之為　，也或認為，引彼腕臂向其自身上方迴環纏繞之法。至今尚無統一的技法定義。

肘：

文中定義：「肘攻」「曲使」。一般肘法多如此，唯太極拳肘法必須在與人挨近時始可用。

靠：

文中只提出「靠必須接近彼身」，多用肩、背或胸靠。所謂「時機合適」，也即先引到身邊而後靠擊。

｜注釋｜

〔1〕掤是用於破彼下壓之力，故稱「使對方之勁不得下降」。這是指對手壓我臂之前節實際單純的下壓力量，沒有多大的威脅性，我用掤手，是乘虛而入。說確切些，不能正逆其力，「承而向上」，要向前上方掤起，才能謂用之得法。

正逆為頂抗，沒有化勁。掤須掤彼硬力，若對方遇掤即柔走，掤手即不可繼續。

〔2〕以捋破擠，例而言之，非捋只能破擠，擠亦非捋不能破也。凡對方伸手擊我，我能與彼手臂相接，皆可順勢引捋。捋實者，能使「對方向前傾倒」，也為轉化成其他手法提供前提條件。

〔3〕這裏所說的擠法形式是對的，可惜沒有講明擠手的前提，好似擠是主動攻擊。擠手仍要順勢借力，亦即先順人來勢將臂圓屈，咬住對手，而後或乘對方歪斜或回逃之勢，緊跟擠出。擠手可擠彼正面，也可擠其側面，但自己一定要守住「中土」。

〔4〕這是推手方式中常用的以按破擠法。按法不只限於用手，腕、前臂皆可用。用手按時，手切不可用硬力，否則，彼即使被按空，我手不輕靈，也會坐失良機。按手忌凸臀，又要防止把對手引到自己身上。挒、採也當注意這個問題。按又要防彼掤法。

〔5〕採手必須順勢借力而為之，不是無條件的主動抓挒。採又須用身力，不可手臂孤立用力。採法，一般是採彼手腕。

〔6〕採、挒二法，各家說法頗不一致，本文解說很值得借鑑。「轉移對方之力而進攻其身者」，概括性很強，先化而後打，符合「捨己從人」「走即是黏，黏即是走」的技法原則。

但「因敵由側方攻之……」一語，似畫蛇添足。

〔7〕這裏的肘法是指頂肘而言。頂肘要順勢借力，借彼來力而屈，化彼來力而後頂。宜配合顧盼而用之。在技法中，手、肘、肩、背要能連使，即人撥開我手，我繼之以肘攻之；撥開我肘，我繼之以肩、背。然這樣的肘法常常不能落到實處，但它表現了技法的嚴密性，毫不給對手以可乘之機，能為我的反擊創造有利條件。在沾連黏隨的情況下很難頂肘。

〔8〕「不可輕用」是指不可盲動或主觀用靠法。靠

尤其需要順勢，如果乘對手對我採、挒、捋時，緊隨其勁而靠之。採、挒又可破靠法，關鍵在於何者先發，何者後發。要掌握後發先至的技術，這是技法的神髓。

採、挒、肘、靠是四隅手法。四隅手法的應用原則：補救四正手法失勢、失利。故隅手的一個共同特點是手動步也動。用步的變換位置，恢復我的重心穩定，同時引彼落空失勢。所以，談隅手手法而不結合應有的步法，是片面性的解釋。

四隅步法能破四正手法，但也須後發，在失勢時用之，尤易令對手上當。

又須知，技法中的正隅是相對的正隅，不是絕對的正隅：四正失利而變四隅，變四隅而後，仍是四正，故有採、挒、肘、靠也就是掤、捋、擠、按之說。

二十九、太極拳走架打手白話歌

｜按｜

此歌從內容判斷，為武氏太極拳傳人所作，唯不知出自何人之手。由郝為真後輩傳出。作者文化水準不高，但其中有些技術要領頗為可取。

｜原文｜

太極之拳技法精，妙處全憑常用功。站立周身要中正，按定身法做得成。鬆肩沉肘須下勢[1]，裹襠護肫在前胸；提頂吊襠[2]上承意，涵胸拔背自然能。初學走架逐日練，虛實開合得分清[3]。兩手從腰間拿起，前手拿到與臉平；後手護心在胸前，虛靈頂勁身居中[4]；全身下勢須坐腿[5]，一動一靜陰陽明。兩膊支撐從腰動，身成一家無散形[6]。上下相連活無滯，二人再練推手功。彼此進退跟隨勁[7]，無窮變化在腰中[8]；手尖莫把腳尖過，內有彈勁發人輕[9]。四正四隅全是意[10]，不丟不頂隨著行；捨己從人樞紐動[11]，引進落空神妙靈；發人全使腳根勁，主宰在腰兩膊騰[12]；不先不後技術明，不知不覺藝成功[13]。

｜譯文｜

此文為白話文，不再附譯文，可參見注釋。

｜注釋｜

〔1〕武氏太極拳譜中的「下勢」，不是指單鞭下勢的仆腿姿勢，而是指氣勢下沉。

〔2〕「提頂吊襠」，即虛領頂勁及提肛斂臀。

〔3〕武氏太極拳對虛實、開合的技法有獨到見解。

〔4〕這四句所描繪的動作和姿勢，是武系太極拳的「保門勢」，其形與楊式太極拳的「提手上勢」相似。武氏太極拳套路一開頭先做此勢。

〔5〕「全身下勢須坐腿」「坐腿」即曲蹲的意思，故「下勢」之義也就不言而喻。

〔6〕「兩膊支撐從腰動」的「從」字與「隨」字同義，即以身帶手的運動方式，也是周身一家的基本要領。

〔7〕「彼此進退跟隨勁」，即人進我退，人退我進，既要沾連不斷，又要無過無不及。

這種跟隨勁是太極拳技法的紐帶，非經相當訓練，是不能做到恰如其分的。

〔8〕腰的主要變化，不外轉側和蓄發。切忌以手代腰。偏沉則隨，作用在腰，蓄而後發，主要變化也在腰。

〔9〕「手尖莫把足尖過」，關鍵在屈肘。武式太極拳的姿勢緊湊，要求伸手不超過前腳足尖為度。這樣宜於維護重心平衡，防止被對手輕易牽引採持，而且手離身近，宜「引進」和發放，故曰「內有彈勁發人輕」。即所謂「臂曲蓄而有力」也。然而，手離身太近，如反應不快，也有不利的一面，易為人封死。這裏有個技術水準高低的條件問題。要經過訓練，一般規律是先從開展入手，

所謂「先開展而後緊湊」。

〔10〕「四正四隅全是意」，就是說，拳中的正隅是相對的，不一定與空間方位相一致，不論開始處於什麼方向，都認為是「正」。在此基礎上向斜角變化即為「隅」，又稱「隅手」。

〔11〕「隨著行」即是「從人」。「樞紐動」即是轉腰。

〔12〕這兩句是發勁的要領，「去人」即是發、放。「腳跟勁」即發勁時要蹬之於足，勁起於後足腳跟，繼而塌腰，手臂隨之擲放。此即「節節貫串」。如有錯，則勁不能整矣。

〔13〕「不先不後」指引勁和發放，在接定彼勁時，必須做到恰當，無過無不及，這就是「技術明」的標誌。「不知不覺」是心意的狀態，即我在受到進攻時，做出的反應猶如「不知不覺」一樣敏銳，這是「藝成功」的標誌。因為在打手時，思維反應沒有動作反應快，故曰「有意無意是真意」。

三十、太極拳譜釋義歌訣一

｜按｜

《太極拳譜》共集歌訣七首，每歌後有釋文若干。釋文又多係各抄本載文，有的還有標題可見，可見釋文原係主文，歌訣為集編者概括而成。

據姚馥春、姜容樵編著的《太極拳講義・太極拳譜釋義》中說，「拳譜為清初王宗岳所著，惟遞嬗至今，其中不無訛錯，故市井所傳之太極拳論，多有令人不解之語。余與姚馥春，得抄本於湯君士林」「較世所傳者多三分之一」。又說：「以上原文，相傳為王宗岳著。余與姚君馥春得乾隆時之抄本，復得光緒初年之木版書，與近世所傳者大同小異，其理與法則一耳。」

顯然，認為此譜的作者為王宗岳，僅是「相傳」，並無實質性根據。所說「乾隆時抄本」之語，不知又根據什麼。唯此譜之內容，確有部分與眾不同者，且文字比較樸實。以此推測，此本有可能較其他抄本為早。至於說「復得光緒初年之木版書，與近世所傳者大同小異」，此事估計不是無中生有。由此可以這樣認為，木版本所載「與近世所傳者，大同小異」的許多譜訣、文章，其作者當更早於光緒年代，其口授時間就會更早、更久。這些線索，雖不能說明什麼具體問題，但對判斷某些文章譜訣的源出，則頗具參考價值。

　　《太極拳譜》的七首歌訣，唯《十三勢歌訣六》不是四句格式，而代之以《十三勢行功歌》原有的形式，僅加上了「十三勢」的標題。原因何在，不得而知，給人的感覺好像是說「十三勢」是此譜原有的名稱。

　　從《太極拳譜釋義》中的歌訣六、七，我們可以看出這樣幾個問題：首先，《太極拳譜》不但有八卦、五行的具體十三勢，更有《十三勢歌訣六》的標題。是太極拳即十三勢呢，還是拳譜的收集者集多拳種的譜訣於一冊呢？其次，譜訣作者，既說是王宗岳，又說是「三豐祖師」，是人云亦云呢？還是太極拳為王氏所創，十三勢為三豐祖師所傳呢？恐怕正因為如此，有人就公然說「王宗岳是張三豐的入室弟子」。再次，王宗岳太極拳的基本技法，概括為「走」與「黏」二字。十三勢拳，分明它的技法是「歌訣五」中的「十三勢」，而「歌訣六」中卻又出來一個「二十字訣」，還獨立標題。

　　按照中國武術的習慣，各門各派的拳法，都各有自己的固定基本技法，而且法訣都極其精煉，決不會既有「十三字訣」又有「二十字訣」同時並存的現象。還有，歌訣之後又出現標題，如《十三勢》《二十字訣》《十三勢行功心解》等，這只能說明，歌訣（指四句者）不是原文，「釋文」也不是為歌訣而作，而是「釋文」創作在先，歌訣成文在後。如果說此譜確於乾隆年間集成，那麼，如《十三總勢說略》《研手法二》《十三勢行功要解・心解》等文，至遲也當出自乾隆年間人之手了，這也就否定了傳說中的乾隆以後的作者。

　　從此譜內容的混雜情況看，我們有理由質疑，「太極

拳譜」這個名稱，究竟是不是此譜彙編的作者原來的命名。就此文的內容來看，歷史上的「太極拳」的確是「旁門甚多」。

| 原文 |

順項貫頂兩膀鬆，束烈下氣把襠撐[1]；胃音[2]開勁兩捶爭，五趾抓地上彎弓。

虛靈頂勁，氣沉丹田，兩脂鬆，然後窒[3]。（此句對應歌訣第一句）

提頂吊襠，心中力量。（此句對應歌訣第二句）

開合按勢懷中抱，七星勢視如車輪，柔而不剛[4]。彼不動，己不動；彼微動，而己意已動[5]。（此句對應歌訣第三句）

由腳而腿，由腿而身，練如一氣。如轉鶻之鳥，如貓擒鼠[6]。發勁如弓發矢，正其四體[7]。步履要輕隨，步步要滑齊[8]。（此句對應歌訣第四句）

| 譯文 |

頸部豎直，不可有力，有上頂的意識，為的是領起脊柱。鬆腹，使腹部自然呼吸，則氣蓄於丹田（臍下三寸處）。（脂、窒為錯字，詳見注釋）

與此對應，既要提頂（「虛靈頂勁」的同義語），又要吊襠（也叫「提肛」，即肛門內縮，與「氣沉丹田」相應），但力不在外形，而在意氣。兩肩兩膀鬆開，則手法運動才能靈活。

開合、按勢（兩個具體招勢），雙手在身前，形式如

抱；七星勢（具體招勢）看著類似車輪的轉動，其勁須柔軟，忌用硬力。

對手不動，我不先動，對手微（也作「一」）動，而己意已動（也作「我先動」）（因原句有語病，故後人多作改動，本文即其一例。原意為：只要感到對方稍有動的反應，我應急隨之而動，甚或直接攻擊，要能出其不意，攻其無備）。勁起於後腳，伸於膝，貫穿腰身，須一氣呵成，聯貫而動，才能形整勁整，勢如飛翔的鷹隼，又像貓撲鼠的氣勢。當發勁之時，勢如張弓放箭一般，先需將肢體的姿勢擺正確，步應輕隨，不可重濁，如需連續進步，步步應與身法配合一致。「滑齊」者，腳步不宜抬高的意思。

｜注釋｜

〔1〕束烈（原文如此）可能是「束肋」的音誤。趙堡鎮拳和武式拳有「束肋」「護肫」的要領，疑即此語之誤。「下氣」是氣沉丹田的同義語，束肋、撐襠下勢是條件。撐襠必須與「吊襠」相結合。

〔2〕胃音（原文如此）也疑為音誤。「音」或為陰，指背部。「兩捶爭」的爭字宜為掙。

〔3〕窒當為「靈」字之誤，腈當為「膀」之誤，這一段當為歌訣前兩句概括的內容。「釋義」將窒字解作「折實之謂也」。

〔4〕這一段與歌訣第三句義近。從內容分析，似乎說的是一種具體架式。

〔5〕這幾句與其他抄本僅末句稍異。他本多作「己

先動」。「而己意已動」雖文字不如「己先動」工整，但文義通順。比「彼微（一）動，己先動」的先字恰當。「己意已動」者，侵人之意已動也。意動則身動、勁隨，雖後發必先至。如此重要的技法原則，歌訣竟無概括，水準可見一斑。

〔6〕「如轉鶻之鳥，如貓撲鼠」，這兩句也是樸實無華，不如「勢如搏兔之鶻，神如撲鼠之貓」那麼對仗工整，證明前者很可能就是後者的原型，後者是經過學拳的文人加工潤色而成的。舊文人的毛病，常是以文傷義。仔細分析起來，其實「轉鶻之鳥」前面加上一個「勢」字；「如貓撲鼠」前面加一「神」字，無疑有畫蛇添足之嫌，一個「勢」字，一個「神」字，大大侷限了原句的內涵。比如，難道「搏兔之鶻」的「神」，「撲鼠之貓」的「勢」，就不值得借鑑？何況「轉鶻之鳥」「如貓撲鼠」的含義更廣泛得多。

前句「練如一氣」的「如」字，當是「為」字之誤。後面的「擒」字當為撲之誤。

〔7〕「動」應為「勁」字之誤。「發勁如弓發矢，正其四體」，這句話的中心思想，顯然不在於用「弓發矢」形容「發勁」，而是以引弓發矢時的「正其四體」，來要求自己「發勁」時先把身體姿勢安排好。「蓄勁如張弓，發勁如放箭」，則是「發勁如弓發矢」的衍演。

〔8〕這兩句，是對步法的要求，其中「滑齊」二字令人費解。

三十一、太極拳譜釋義歌訣二

｜按｜

這篇文章的歌訣與《研手法》（二）僅首句「步」與「動」一字之差，但文章的結構卻不相同。此文除個別字句外，與蔣發傳文結構是一致的，這說明，這種結構早在明萬曆年間即已存在。《研手法》（二）無疑出自不同抄本的「太極拳譜」，而非蔣發所傳。同為「太極拳譜」，原文卻又出現兩種不同結構，何者為原貌，只能是其中之一。就內容分析，《研手法》（二）的結構更為合理。因原文與歌訣順序恰相對應，唯結尾的「總之，周身節節貫串……」一語，置於「凡此皆是意，不在外面」的虛實論之後欠通。此文明顯前後有兩個獨立的主題：前半部分講的是基本運動方式方法，屬知己功夫，後半部分講的是虛實在技法應用中的作用和規律，側重在知人功夫。因而有理由認為，此文原為兩篇獨立的短文，由於原無標題，在並列的情況下，就被後人誤為是一篇文章了。

按寫作慣例，帶有「總之」的結語，自然置於文章之末，但根據文義判斷，這個結語並不包括虛實論，故它應列在第一部分之末，與首句「尤須貫串」及「無使有斷續處」相呼應。

此外，虛實論是以比喻結尾，其中「加以挫之（**此文作『折』字不通**）之力」的前面，都用了「掀起」一詞。

不論對「植物」或「物」而言，用挫之之力掀起，難以理解。他本「掀」字作「拔」字，可能因字形相似造成傳抄筆誤。

技法中有挫揉法，即以挫的虛實變化撼動對手重心，使其步法失去定力，而後順勢借力，輕易獲勝。

| 原文 |

舉動輕靈神內斂，莫教斷續一氣研。

左宜右有虛實處，意上寓下後天還。

一舉動，周身俱要輕靈，尤須貫串，氣宜鼓蕩，神宜內斂。（此句對應歌訣第一句。）

無使有凸凹處，無使有斷續處。其根在腳，發於腿，主宰於腰，形於手指。由腳而腿而腰總須完整一氣，向前退後乃得機得勢。有不得機得勢處，身便散亂，其病必於腰腿求之。（此句對應歌訣第二句）

上下、前後、左右皆然。凡此皆是意，不在外面。有上即有下，有前即有後，有左即有右。如意要向上，即寓下意。譬之，將植物掀起，而加以挫折之力，俟其根自斷，損壞之速乃無疑。（此句對應歌訣第四句）

虛實要分清楚，一處自有一處虛實，處處總此一虛實。周身節節貫串，無令絲毫間斷耳！（此句對應歌訣第三句）

| 譯文 |

參見《研手法》（二）。

三十二、太極拳譜釋義歌訣三

| 原文 |

拿住丹田練內功，哼哈二氣妙無窮。

動分靜合屈伸就，緩應急隨理貫通。

「拿住丹田之氣，練住元形，能打哼哈二氣力」[1]（此句對應歌訣前兩句。以下接王宗岳《太極拳論》，由開頭至「然非用力之久，不能豁然貫通焉」[2]。但無標題），即：

太極者，無極而生，陰陽之母也。動之則分，靜之則合；無過不及，隨屈就伸。（此句對應歌訣第三句）

人剛我柔謂之走，我順人背謂之粘。動急則急應，動緩則緩隨。雖變化萬端，而理唯一貫。由著熟而漸悟懂勁，由懂勁而階及神明。然非用力之久，不能豁然貫通焉。（此句對應歌訣第四句）

| 譯文 |

此語概括的是一種發力的方式：發勁之前先需將丹田氣蓄足，全身上下形成一個整體，而後全力以赴，發勁擊人。在擊人的同時，自己呼氣發聲，以免憋氣，還有震懾對手的作用。所謂「哼」，即以鼻呼氣時所發之音；「哈」即張口吐氣而所發之音。區別於現在我們應用的鼻呼鼻吸方式（出自不同門派太極拳的技法）。

「太極者，無極而生……不能豁然貫通焉」一段即不加標題的《太極拳論》，參見《太極拳論》譯文。

｜注釋｜

〔1〕這是歌訣前兩句的解釋。其中「哼哈二氣」皆發自丹田。哼、哈二字，乃指發勁時所發的聲音性質和表現方式。發聲有助於發勁，但與《太極拳論》的勁法原則截然不同。

〔2〕這是歌訣後兩句的「解釋」，實為概括。

三十三、太極拳譜釋義歌訣四

｜按｜

從《太極拳論》，尤其是從這個「評語」來看，更可證明，歌訣是後人加上去的。雖把標題和「是為論」三字刪去，但「評語」的第二字，就仍然用了「論」字。再從「先賢不肯妄傳」中的「先賢」二字，便可肯定，「評語」的作者即歌訣的作者，《論》出自王宗岳之手。

如若說此「評語」也是王宗岳所加，那豈不是自我表揚，而「先賢」又指何人？形成文章，流傳於世，是「不肯妄傳」嗎？這一評語也有列於「十三勢行功歌」之後者，無疑是與歌的「若不向此推求去，枉費工夫貽嘆息」相呼應。很明顯，歌訣概括的內容，沒有抓住原論的核心與實質。

｜原文｜

忽隱忽現進則長，一羽不加至道藏。

手慢手快皆非似[1]，四兩撥千運化良。

下接王宗岳《太極拳論》的後半部分，但無最後「是為論」三字。中間除個別有爭議的字而外，缺失了「虛靈頂勁，氣沉丹田」兩句，或許是因為開頭用了「拿住丹田練內功」，故意刪去這兩句，也有可能漏抄（最後還加有評語一句）。

即：不偏不倚，忽隱忽現。左重則左虛，右重則右杳；仰之則彌高，俯之則彌深，進之則愈長，退之則愈促。（此句對應歌訣第一句）

一羽不能加，蠅蟲不能落，人不知我，我獨知人。英雄所向無敵，蓋皆由此而及也。（此句對應歌訣第二句）

斯技，旁門甚多，雖勢有區別，概不外乎壯欺弱、慢讓快耳。有力打無力，手慢讓手快，是皆先天自然之能，非關學力而有為也。（此句對應歌訣第三句）

察「四兩撥千斤」之句，顯非力勝，觀耄耋能禦眾之形，快何能為。立如平準，活似車輪，偏沉則隨，雙重則滯。每見數年純功，不能運化者，率皆自為人制，雙重之病未悟耳。欲避此病，須知陰陽。黏即是走，走即是黏。陽不離陰，陰不離陽。陰陽相濟，方為懂勁。懂勁後，愈練愈精，默識揣摩，漸至從心所欲。本是捨己從人，多誤捨近求遠。所謂差之毫釐，謬之千里，學者不可不詳辨焉。（此句對應歌訣第四句）

此論句句切要，並無一字陪襯，非有夙慧之人，未能悟也。先賢不肯妄傳，非獨擇人，亦恐枉費功夫也（評語）。

｜譯文｜

「不偏不倚，忽隱忽現……學者不可不詳辨焉」即《太極拳論》後半段，參見《太極拳論》譯文。

｜評語譯文｜

這篇論文句句切中要害，沒有一句敷衍陪襯（的

話）。然而，如果沒有一定的天賦，是領悟不透的。前輩
之所以不願意隨便傳人，也是怕白白枉費了工夫。

｜注釋｜

〔1〕「似」字宜為「是」字之誤。不論作「似」還
是「是」，都與原論意義有所差別。原著的重點在於求得
走、黏「陰陽相濟」。

三十四、太極拳譜釋義歌訣五

│原文│

捆捋擠按四正方，採挒肘靠斜角成。

乾坤震兌乃八卦，進退顧盼定五行。

長拳者，如長江大河，滔滔不絕也。

│譯文│

捆捋擠按是指八卦中的東、南、西、北四個正方，採挒肘靠是指東北、東南、西南、西北四個斜角。乾坎艮震巽離坤兌是指八卦，前進後退左顧右盼和中定是指五行。（此四句譯文當與下文「十三勢」參考閱讀）

所謂長拳，就是因為演練的時候，需要勢勢一氣聯貫，如長江大河之水流滔滔不斷。

三十五、太極拳譜釋義十三勢
（原有標題）

| 按 |

此文最後這個說明中的「以上」兩字，不知是指
「歌」還是「解」，也不知是指拳譜全部內容，還是僅指
歌訣五。開始說全譜為王宗岳所著，這裏又說是「三豐祖
師所著」，看來也只是人云亦云。

前面已經談過，這個註腳原來附在何處，人們至今也
弄不清，放在這裏，仍然令人難以理解。但這裏沒有「原
注云」三字，也可能就是「原注云」的出處。但「以上」
的歌成文，並無一處言及「三豐」及「延年益壽」的練拳
目標。

| 原文 |

十三勢者，掤、捋、擠、按、採、挒、肘、靠，此八
卦也；進步、退步、左顧、右盼、中定，此五行也，合而
言之曰十三勢。掤、捋、擠、按即坎離震兌四正方也；
採、挒、肘、靠即乾坤艮巽四斜角也，進退顧盼定即水火
木金土也。

姜容樵在做完對「十三勢」的「釋義」之後，又作了
以下論斷：以上係三豐祖師所著，欲天下豪傑，延年益
壽，不徒作技藝之末也。

| 譯文 |

　　所謂十三勢，即指八種技法，分列於八卦的八個方位；五步分列於五行的方位。僅是因手、步的數加起來正好是十三，就叫作「十三勢」。（無疑，這裏的「勢」字，非指招勢而言）

三十六、太極拳譜釋義十三勢歌訣六

| 按 |

歌訣原文即本書第六篇《十三勢行功歌》。

| 原文 |

十三總勢莫輕視，命意源頭在腰隙。
變轉虛實須留意，氣遍身軀不稍滯。
靜中觸動動猶靜，因敵變化示神奇。
勢勢存心揆用意，得來不覺費功夫。
刻刻留意在腰間，腹內鬆淨氣騰然。
尾閭正中神貫頂，滿身輕利頂頭懸。
仔細留心向推求，屈伸開合聽自由。
入門引路須口授，功夫無息法自休。
若言體用何為準，意氣君來骨肉臣。
詳推用意終何在？益壽延年不老春。
歌兮歌兮百四十，字字真切意無遺。
若不向此推求去，枉費功夫貽嘆息。

　　氣貼背後，斂入脊骨。靜動[1]，全身意在蓄神，不在氣，在氣則滯。

　　內三合與外三合[2]。

| 譯文 |

本文前半部分即《十三勢行功歌》，譯文參見《十三勢行功歌》。

「氣貼背後」一段譯文：

氣向後背收斂，再納入脊骨（這是蓄勢蓄勁姿勢動作反映出來的一種感覺）。或靜或動，全身的意念應放在蓄神上，不可放在使氣上，使氣動作必然滯澀失靈（意主要用在行氣上，還是用在蓄神上，是兩種不同的要求，卻也無原則性的錯誤，皆可參考）。

心與意合、意與氣合、氣與力合，謂之「內三合」（心字也或作「神」字）。手與足合、肘與膝合、肩與胯合，謂之「外三合」（此處的「合」字即上下相對之意）。（此論也可叫「六合」，非太極拳所獨有，如形意拳最重「六合」）

| 注釋 |

〔1〕「全身意在蓄神」的前面，加上「靜動」二字作主語，這樣使神、意的作用對象具體而確切（在本書第九篇「解曰」中無此二字）。

〔2〕內三合、外三合，共為六合。這種要領，在形意拳中非常強調，在太極拳中，這樣提法頗少見。從這裏我們可以看到太極拳演化歷史的蛛絲馬跡。內三合：心與意合、意與氣合、氣與力合。外三合：肩與胯合、肘與膝合、手與足合。六合俱備，則形整、勁整矣。

三十七、太極拳譜釋義

二十字訣[1]

| 原文 |

披閃擔搓歉，黏隨拘擎扳，軟掤摟摧掩，撮墜續齊攤。

骨節相對，開勁攀梢為陽，合披坑窯相照，分陽陰之意。開合引進落空，分寬窄老嫩，入筍不入筍，有擎靈之意[2]。

斤對斤，兩對兩，不丟不頂，五指緊聚，六節表正，七節要合，八節要扣，九節要長，十節要活，十一節要靜，十二節抓地[3]。

三尖相照：上照鼻尖，中照手尖，下照足尖。能顧元氣，不跑不滯，妙令其熟，牢牢心記[4]。

能以手望槍，不動如山，動如雷霆。數十年功夫，皆言無敵，果然信乎。高打高顧，低打低應；進打進乘，退打退跟，緊緊相隨，升降未定；沾黏不脫，拳打立根[5]。

| 譯文 |

此二十字訣不知出自何拳，與「內家拳」技法甚為近似。技法內涵不應勉強解說。

骨節應對直才力強。開勁時，展至末梢為陽；合勁時，收到身前為陰，此即以陰陽喻開合之意。開合及引進落空技法，有寬窄老嫩、分寸火候的差別，還有「入筍不入筍」控制程度的要求，做得標準時，便有將人輕靈提起（腳步失去定力）的作用。「筍」字，當為「榫」字之誤。

與人對待，彼此的勁力需一致，如斤兩相對，則不丟不頂，一貫相隨。五指並齊是掌的一種形式。十二節抓地謂腳趾向下扣地，以加強定力。中間六、七、八、九、十、十一用以表示肢體的部位。表正，合、扣、長、活，要靜，即是這些部位的形態或要求。如「長」是肩的要求，也可作腰的要求。如「活」，既可做腰的要求，也可做腕、肘的要求。

三尖相照，照即對準之意。三尖謂鼻子尖、前手的食指尖、前足的足尖（其實這是一種特定的招勢姿勢，如楊式太極拳的「提手上勢」。形意拳的「三體式」，更強調這種標準），具有神形合一的作用。形成習慣定型，才能便利從心。

能以手對著對手的槍尖，也靜如山岳，即後發制人的原則。動則如雷霆之猛烈（這又不像是太極拳）。下苦工練習數十年，都說是達到了無敵手的水準，可信否？人由高處打來，我即向高處承接，人從低處打來，我即向低處接待；彼承我退而進擊，我亦隨其勢而退應，總之，要能緊緊相隨，不論手法忽升忽降，總須沾黏不離，故要步如生根般穩定。才能適應身法、手法的需要。

｜注釋｜

〔1〕二十字訣中與「十三勢」訣相同者，僅掤、摟（即将）、擠三字。此外「黏」「隨」二字，可能是後來「黏連沾隨」四字訣的原型。關於這二十字訣的解，可參閱本書的《五字經》篇。

〔2〕骨節貫串，動作靈活。開勁宛如扳挽梢節，至於極點則為陽。合勁又似披入坑窯，與陽相照是為陰。陰陽之義，由斯分焉。開合、牽引、進退、起落，使敵處處空虛，唯分尺，寸暢反，工夫久暫。至練神還虛，乃能式法完備，放手中的。老：即用力過久，滯澀忒甚，出手無著。嫩：即其弊則未得入訣竅，或不得人之竅判之。然須有虛靈之意，其庶幾焉。

〔3〕敵發一斤力，我用一斤力應之，敵發一兩力，我亦一兩力隨之，方能相等，而非對抗。乃試其勁，黏隨之意。既無雙重之弊，自然不丟不頂。虎口要圓，拇指分領，四指彎曲，如抓圓球，即緊聚也。梢節、中節、根節俱要安舒中正，尤須處處相合。足扣、髖扣、掌扣、肩扣；手、足、臂、腕均要引長，並非一發無餘之長，實鬆肩沉肘之謂也。雖四肢百骸靈活，然仍須動中求靜，雖靜猶動。呼吸、動作，自無魯莽滅裂之弊。進前退後之步法，皆極輕靈，其意又似抓地（五指緊聚：柳葉掌形，陳式太極拳至今又如此）。

〔4〕演式時，手尖、鼻尖、足尖，式式相照，方能顧住元氣。元氣不散，無債張疾走之害，亦無滯澀停頓之虞。妙在功純，切要牢記。

（「顧住元氣」之顧，疑為固字音誤。「三尖相照」，順勢虛步的要領，指前手、前足及鼻準，三點成一線。形意拳以三體式為基礎，故強調這一要領。太極拳中的「提手上勢」——指虛步勢者，「倒捲肱」等虛步勢也當如此。掤、捋、擠、按則不在此限）。

〔5〕能以手望槍，並非以空手敵長槍，繫手可槍用，巍立不動，穩如泰山。動則迅雷不及掩耳，忌閉目，如此練習數十年，遇敵交手，當者無不披靡。敵由上方襲我，我趁其來勁而迎化之，亦顧上之意也。敵由下方襲我，我由下方以應之。敵進我乘，敵退我跟。上下相隨，前後緊追，一味綿綿不斷。立根者，手足須有樁法也（「高打高顧，低打低應」，非消極招架抗拒也；「顧」也是打，「應」也是打，與後句的「進打進乘，退打退跟」一樣，「乘」是打，「跟」也是打。然非硬打硬拚，乃是打中寓化）。

以上〔2〕——〔5〕注釋內容，除括弧內的文字為筆者所加，其餘乃摘錄《太極拳講義》的作者釋文，僅供參考。《太極拳論》說：「斯技旁門甚多。」當為實情。

三十八、太極拳譜釋義十三勢行功心解（原有標題）

｜原文｜

本文即本書第八篇《十三勢行功心解》的前半部分，即：

以心行氣，務令沉著，乃能收斂入骨；以氣運身，務令順遂，乃能便利從心。精神能提得起，則無遲重之虞，所謂「頂頭懸」也；意氣須換得靈，乃有圓活之妙，所謂「變轉虛實」也。發勁須沉著鬆靜，專注一方；立身須中正安舒，支撐八面。行氣如九曲珠，無微不到；運勁如百煉鋼，何堅不摧。

形如搏兔之鶻，神如撲鼠之貓。靜如山岳，動若江河。蓄勁如張弓，發勁如放箭。曲中求直，蓄而後發。力由脊發，步隨身換。收即是放，放即是收，斷而復連。往復須有摺疊，進退須有轉換。

｜譯文｜

參見《十三勢行功心解》譯文。

三十九、太極拳譜釋義歌訣七

｜原文｜

極柔即剛極虛靈，運若抽絲處處明，開展緊湊乃縝密，待機而動如貓行。

（下附《十三勢行功心解》的後半部分。再接本書的《解曰》《又曰》兩文內容[1]）

極柔軟然後極堅剛；能呼吸然後能靈活。氣宜直養而無害，勁宜曲蓄而有餘。心為令，氣為旗，腰為纛（ㄉㄠ）。先求開展，後求緊湊，乃可臻於縝密矣。

又曰：先在心，後在身。鬆腹，氣斂入骨，神舒體靜，刻刻存心，切記一動無有不動，一靜無有不靜；動牽往來，氣貼背。斂入脊骨。內固精神，外示安逸。邁步如貓行，運勁如抽絲。全身意，在蓄神，不在氣。在氣則滯。有氣者無力；無氣者純剛。氣如車輪，腰如車軸。藕斷絲亦連。

｜譯文｜

參見《十三勢行功心解》《解曰》及《又曰》譯文。

「又曰：先在心，後在身……藕斷絲亦連」這一段的內容，與本書所載《解曰》的內容基本相同，只是在「一靜無有不靜」之後，缺失了「視靜猶動，視動猶靜」兩句，結尾處僅有本書所載《又曰》中的「似鬆非鬆，將展

未展；勁斷意不斷」，而沒有「彼不動，己不動，彼微動，己先動」四句。可能因為《歌訣一》中有了類似的內容。最後增加了一句「藕斷絲亦連」，這是作為「勁斷意不斷」的形象比喻。

|注釋|

〔1〕這兩段文字，代以「又曰」開頭，比原《解曰》內容僅少「要靜」二字；再直接連結《又曰》中的後半部分（即刪去「彼不動……」等四句），最後則多「藕斷絲亦連」一句。在原文之後，加上「又曰」二字，似說「又曰」的內容，是原文作者追加的補充，但這種可能性極小。

四十、「三十七」心會論

｜按｜

此文見於宋遠橋緒記的《宋氏家傳太極功》抄本。或說此本最初是由袁世凱幕僚宋書銘傳出。宋自稱為遠橋後代，善推手術。當時北京的一些太極拳名家，如吳鑑泉、紀子修、劉彩臣等人，皆無與匹敵，紛紛拜門請益。由此可證，宋氏的推手術必有獨到之處。其家傳太極功名曰「三十七」，因三十七勢而名。

據遠橋緒記的《宋氏家傳太極功源流支派論》說：「自余而上溯，始得太極功者，授業於唐於觀子許宣平也。至余為十四代焉。」「所傳太極功名三十七，又名『長拳』者，所謂滔滔無間也。」

宋氏太極功三十七勢名稱有；雲手、彎弓射雁、揮琵琶、進搬攔、簸箕勢，鳳凰展翅，雀起尾，單鞭、上提手、倒攆猴頭、摟膝拗步、肘下捶、轉身蹬腳、上步栽捶、斜飛勢、翻身搬攔、玉女穿梭、高探馬、單擺蓮、上跨虎、攬雀尾、山通背、海底珍珠、彈指擺蓮、轉身、指點捶、金雞獨立、泰山生氣、拋身捶、野馬分鬃、如封似閉、左右分腳、掛樹踢腳、推碾、二起腳、抱虎推山、十字擺蓮。其訓練方法，要求「一勢練完，再練一勢」，「只要一一將勢用成，自然三十七勢皆化為相繼不斷矣」。

《宋氏家傳太極功》抄本中共載有九篇歌訣，除本書按正文收錄的《心會論》《周身大用論》《八字歌》《十六關要論》及《授秘歌》外，尚有《無極歌》《太極歌》《四性歸原歌》和《功用歌》四篇，附文在後，僅供參考。

| 原文 |

腰脊為第一之主宰[1]，猴頭為第二之主宰[2]，心地為第三之主宰[3]。

丹田為第一之賓輔[4]，掌指為第二之賓輔[5]，足掌為第三之賓輔[6]。

附：宋氏家傳太極功原文

1. 無極歌

無形無象無紛拏，一片神行至道誇。參透虛無根蒂固，渾渾沌沌樂無涯。

2. 太極歌

太極原生無極中，混元一氣感斯通。先天逆運隨機變，萬象包羅易理中。

3. 四性歸原歌

世人不知己之性，何能得知人之性？物性亦如人之性，至如天地亦此性。

我賴天地以存身，天地賴我以致局。若能先求知我性，天地授我偏獨靈。

4. 功用歌

輕靈活潑求懂勁，陰陽既濟無滯病。若得四兩撥千斤，開合鼓蕩主宰定。

| 譯文 |

　　腰和脊骨（要求變換在腰）對整體運動的主宰作用是第一位的，喉頭（要求頭容正直、虛領頂勁）對整體運動的主宰作用是第二位的，中丹田（要求含胸拔背）對整體運動的主宰作用是第三位的。下丹田（要求氣沉丹田，鬆胸實腹）對整體運動的輔助作用是第一位的；掌指（要求掌指隨心意而動）對整體運動的輔助作用是第二位的，足掌（要求腳下隨心意而動，根在於腳，勁發於腿）對整體運動的輔助作用是第三位的。

| 注釋 |

　　〔1〕「腰脊為第一主宰」者，與「腰為主宰」的意義差不多。稱「第一」者，謂全身動靜之總樞紐也，故說「命意源頭」「變換在腰」；「腰如車軸」……皆謂腰脊之主宰作用也。發力的重要部位也在腰脊；姿勢上的俯仰歪斜，其病也在腰。

　　〔2〕「猴頭」應為喉骨，指頸前喉頭突出之骨，俗稱「喉骨」。下頦裏收，此骨不顯，即達到「頭頂懸」的要求，此骨外突，必是弛項，不符合虛領頂勁要求。頭頂懸與斂臀提肛，有引申脊柱的作用，保證姿勢中正不偏，是「立如平準」的條件，故視為第二主宰。

　　〔3〕「心地」又稱中丹田，是軀幹伸縮變化的主要部位，故曰變換在胸。其要領為含胸拔背，含胸有利於氣之下行，氣沉丹田（臍下）；拔背有利於氣之上行，所謂「氣斂於背」。以上三個主宰，雖有主次之分，又要配合

一致，共同保證軀幹的中正安舒，蓄發得勢。

〔4〕這裏說的丹田是指臍下三「寸」處，又稱下丹田，籠統說即臍下部位。腹呼吸的最深處，俗謂丹田氣，就是指氣由此處發出。

第一賓輔者，即主宰的最重要輔助部位。下丹田是氣的源泉，氣沉丹田，則下實上虛，能使姿勢沉實穩定；太極拳發勁必須調動丹田氣，所謂「用丹田氣發力其力足」。走化的主要方法，就是軀幹的轉動，除第一主宰外，丹田（上、中、下）是領轉的主要部位。

〔5〕掌指為第二賓輔者，掌指直接表達目的，「走」也好，「黏」也好，手不能隨便變化，應隨心意的變化而動。又要藉助腰腿的功能而發揮走黏作用。手既不能妄自伸縮，也不能任意使力。它像是件工具，必須有人去使用，而後才能發揮走黏作用，這就是手只能是賓輔，而不能作為主宰的原因。故拳訣只說「形於手指」。

〔6〕足掌即指腳底，不僅指掌趾部。下肢既是軀幹的運載工具，又要步隨身換，聽命於腰的統率。太極拳的發勁、攻擊，主要靠腰腿的作用，故說用腰腿打人，而不說用手打人。雖說「勁發於腳」，或說發於腳根，它畢竟是腰身的助手，故也只能稱賓輔。

以上三個賓輔的特點，很明顯，它們是在打手應用上起輔助作用。那麼，作者劃分主宰、賓輔的標準也就不言而喻，他是把重心穩定擺在第一位，首先保證自己不失敗，而後再考慮勝人。這是正確的以弱勝強、以柔克剛的技法原則。另外，宰、輔皆指身體的各運動部位而言，不是否定神意的統帥作用。

四十一、「三十七」周身大用論

｜按｜

這首大用論，也是《宋氏家傳太極功》抄本的載文之一，與上篇「心會論」，表裏相照，上篇是形體身手的要領，本文則是內在運動因素的闡述，二者相輔相成，不可偏廢。「三要」，包括神、心、意、氣四字。

｜原文｜

一要心性與意靜[1]，自然無處不輕靈；
二要通體氣流行[2]，一定繼續不能停；
三要猴頭永不拋[3]，問盡天下眾英豪；
如問大用緣何用？表裏精粗無不到[4]。

｜譯文｜

一要求「精神與意識都要思無雜念」，高度集中，如此則全身無不輕靈。

二要求元氣周流全身，一定不能停頓。（氣流周身的條件在於精神肌肉不緊張，不用力。其作用正在於為了全身「自然無處不輕靈」）

三要求喉頭骨不外突，才能做到「虛領頂勁」「立身中正」。這是身法的基本要求，憑此便能「問盡天下眾英豪」。（此語有誇張性和片面性）

如問大用緣何用（「大用」當指「問盡天下眾英豪」的技術吧）？

即是要求全身內外的技術因素都能充分發揮其應有的作用。（這種結論給人的印象，可謂是言之無物）

｜注釋｜

〔1〕這一句是心意的要求，心靜則定性；意靜則神清。然後集中於動作輕靈，是為之用，使心，意自有所歸。這一點與坐功不同，是動中求靜。換言之，只允許與運動有關的神經興奮、活躍，使其他無關的神經處於相對抑制、鬆弛的狀態。

〔2〕這句是對氣的要求，義同「氣遍身軀不少滯」，不可有斷有續。

〔3〕即虛領頂勁，提起精神。神貴聚結，能凝神定性，動作自無遲重之虞。

〔4〕「大用」即指打手應用。表裏者，身形及神意等外、內各運動因素。「精粗無不到」者，即要求這些運動因素能夠互相配合，各盡其能，技法才能充分得到發揮。題為「周身大用」，蓋技法要求「一動無有不動，一靜無有不靜」，內外諸運動因素共同發揮作用。此賴神意統帥，故「宰」「輔」之說，雖係外在運動因素，其用也賴神意。「心會」者，即心領神會也，不在外面。

四十二、八字歌

｜按｜

這首歌也載於《宋氏家傳太極功》抄本，內容與《打手歌》不無相似之處，唯增加了四隅法。由此可以這樣認為，它的成文時間要比《打手歌》晚很多。此文的結構欠佳，邏輯性也不強。

｜原文｜

掤捋擠按世間稀，十個藝人十不知[1]。
若能輕靈並堅硬[2]，粘連黏隨俱無疑[3]。
採挒肘靠更出奇，行之不用費心思[4]；
果能粘黏連隨字[5]，得其環中不支離[6]。

｜譯文｜

本文的優點，在於明確提出「輕靈並堅硬」「粘連黏隨」「環」（圓運動形式）為八法應用的前提條件。粘連黏隨及圓運動形式是八法不可缺少的輔助條件，也是知己知彼功夫訓練的目標之一。知己首先做到「周身一家」的整體運動，知人需在推手訓練中訓練出「聽勁」的能力。真能知人，須在「懂勁」（摸清走黏轉換的基本運動規律）之後。

「粘連黏隨」是聽勁知人的條件；圓運動形式利於技

法走黏陰陽相濟；而「輕靈」與「堅硬」是勁力的表現。非輕靈技法變化不能靈活及時，但也需在「懂勁」之後能知輕靈之根由。「堅硬」則為直力，不適應粘連黏隨及圓運動的需要，應避忌為好。

　　但本文作者對「堅硬」的認識有所不同，把堅硬視為是制勝的決定因素。

│注釋│

　　〔1〕「十不知」有人改作「九不知」。改動的動機可以理解，「十不知」不僅有誇海口之嫌，且連自己也否定了。「九不知」就是「唯我獨尊」，口氣也不小。

　　作者的原意是指旁門而言，和王宗岳說的「斯技旁門甚多，雖勢有區別，蓋不外壯欺弱，慢讓快耳」是異曲同工，都屬過頭話。

　　十也好，九也好，俱無實際意義，不外表明「我法無人識」。實質在於能運用「捨己從人」的原則。

　　〔2〕堅硬不可理解為硬力。全句說的是「剛柔相濟」的要求。

　　〔3〕「粘連黏隨」是把粘讀（音ㄓㄢ，同沾）把黏讀（音ㄋㄧㄢ）。舊時，粘也作黏的簡體字，這兩字音義皆可通用。把四句總起來說，就是要求運用上四法時，須以「勁」的剛柔相濟及「形」體的粘連黏隨為條件。

　　〔4〕「行之不用費心思」，不是否定心意的作用，而是強調順來勢為之，不用「捨近求遠」。也有隨勢、主動因敵變化，不頂不滯之意。實指「神明」的表現。

　　〔5〕同樣要求以此四字為技法條件，不可空走。因

四隅手須移步，移步時不能控制人，移步後也就無從反擊，甚至反為人所乘。「字」或作「意」。

〔6〕「環中」者，圓運動形式也。「不支離者」，「周身一家」、粘連黏隨之謂也。這是太極拳技法的兩個不可缺少的條件。把這四句綜合起來，就是說，應用四隅法時要隨機而變，不可遲疑；既須粘連黏隨，又要一圓循環圓活完整。不可因移步而身形散亂。

文中諸要領，俱是技法的普遍要求，不受正隅的侷限。若硬性分割開來，四正要剛柔相濟，四隅要因勢變化和靈活完整，不免有削足適履之憾。

四十三、十六關要論

| 按 |

　　十六關要說，不只是太極拳有，其他拳種也有。太極拳的《十六關要論》見於不同抄本，文字間各本稍有差異。中心思想是闡釋整勁的要領及十六個有關因素的相互配合作用。

　　它不但涉及手眼身步，更涉及到心意神氣各個方面，概括得很全面，我們這裏選摘了兩則，以供對照。從兩文的內容看，基本一致，但結構順序卻大不相同。可能原來屬口頭流傳的訣要，在不同人整理成文時，產生了不同的結構順序。

　　但從用法來說，內外要一致，每一舉動，十六關要須同時發揮作用，文章中雖有主次，先後之差，應用時並無截然的界限可分，故在文章中，何在先、何居後，並不應影響各個關要的合作共濟之關係。這裏選列的正文，是常見的傳文。附錄為《宋氏家傳太極功》的載文。

| 原文 |

　　蹬之於足，行之於腿，縱之於膝[1]，活潑於腰，靈通於背，神通於頂[2]，流行於氣，運之於掌，通之於指，斂之於髓[3]，達之於神，凝之於耳，息之於鼻，呼吸往來於口[4]，渾噩一身，全體發之於毛[5]。

附：宋氏家傳太極功原文

活潑於腰，靈機於頂，神通於背[6]；不使氣，流行於氣[7]；行之於腿，蹬之於足，運之於掌，充之於指[8]；斂之於髓，達之於神；凝之於耳，息之於鼻，呼吸往來於口；縱之於膝[9]，渾噩一身，全體發之於毛。

| 譯文 |

「蹬之於足」也即「其根在腳」，力之根源。「行之於腿」也即「發於腿」。「縱之於膝」，即搶步或發勁宜配合膝關節的縱勁。

「活潑於腰」謂「腰御四肢」的作用。「靈通於背」即蓄發勁須「氣斂入脊骨」。「神通於頂」即「虛靈頂勁」「頂頭懸」的作用。

「流行於氣，運之於掌，通之於指」即「以意行氣」「形於手指」。掌指切忌孤立用力，「由腳而腿而腰總須完整一氣」，勁貫掌指。

「斂之於髓」即「氣貼背」「斂入脊骨」，但忌用力為之。故說「達之於神」，即精神專注，不用拙力。「凝之於耳」則聰，靜是前提條件。

「息之於鼻，呼吸往來於口」，深腹式呼吸的作用。「渾噩一身」，即「周身一家」的要求，形整勁整也。「全體發之於毛」，謂勁出於「以意行氣」或說「皮毛要攻」，雖全身內外一動無有不動，但勁卻似出於毛髮，虛靈至極。

附文見於不同版本，雖結構不同，內容則基本一致。說明「十六關要訣」的運作，無一定之順序，須同時而

作，一動之中，莫不具備。

|注釋|

〔1〕這三項謂下肢動作，是指發勁的作用及要領。「蹬之於足」，勁起於腳，有行體之功。「行之於腿」，步法也。「縱之於膝」，謂膝部的作用在於縱躍，並能使身手抑揚動盪。

〔2〕此三項講身法也。腰為身法變化的總樞，非活潑不能通靈。背脊是蓄發的重點部位，非一氣貫串，便不能蓄即是發，不留不滯，又要提起全副精神，故曰神通於頂。「頂頭懸」才能振起精神。

〔3〕此四項皆指氣言，「流行於氣」，謂「氣遍身軀不少滯」也。又要貫於四梢，方能為用，也證明遍及全身，故稱「運之於掌，通之於指」。「斂之於髓」，蓄勁也，即「氣斂入脊骨」。

〔4〕此四句既指耳目口鼻，又皆以氣言。「達之於神」者，練氣化神；以神領氣。神表現於外者，目也，眼神眼法也。「凝之於耳」，關乎神氣也。非神聚、意靜，氣斂，耳不能聰也。

呼吸於鼻，但要舌抵上齶，使口腔擴張，以利呼吸及津液的分泌，故稱「呼吸往來於口」。

〔5〕「渾噩一身」即內外周身成一家也。就是說各關要皆要配合一致，相互作用，不能各行其是，不要受敘述順序的侷限。「全體發之於毛」謂用氣不用力，氣貫毫髮也。渾噩渾厚完整的樣子。

〔6〕這是把身法列在首位，以「活潑於腰」作開

頭，可能是根據「腰為主宰」設想的。

〔7〕增加了「不使氣」三字，即不以力使氣，要以神意領氣，使之流遍全身。

〔8〕此言四肢。可能是根據「充之手指」一句是指氣言，故將四肢動作統置於「氣」後，意在說明四肢動作的動力皆為「氣」，不在力。

〔9〕四肢運動，唯把「縱之於膝」列於「全體發之於毛」前，可能是認為縱膝主要為發勁（即「縱」不作消極的進步解，而是作為發勁時的步伐配合動作解），是針對「發之於毛」的「發」字「配套」來的。

四十四、授秘歌

| 按 |

據宋遠橋拳譜記載，此歌為明代、江南俞蓮舟受「夫子李」所傳，其太極功名曰「先天拳」（長拳）。

歌詞多為道家術語，括弧裏的注釋，不知為何人所加，卻也得體。

歌之主旨，偏重養生方面，對太極拳技法訓練也是重要的輔助手段。

| 原文 |

「先天拳」「長拳」歌訣

無形無象（忘其有己）[1]；全身透空（內外如一）[2]；

忘物自然（隨心所欲）；西山懸磬（海闊天空）；

虎吼猿啼（鍛鍊陰精）；泉清水靜（心死神活）[3]；

翻江播海[4]（元氣流動）；盡性立命（神定氣足）。

| 譯文 |

請參見注釋。

| 注釋 |

〔1〕對技法來說，即「拳無拳，意無意，無意之中是真意」。是不露聲色也。

〔2〕對技法而言，要內外俱虛靈。

〔3〕有的本作「水清河靜」。心死者，摒除雜念；神活者，精神集中。

〔4〕播海，有的本也作「鬧海」。

四十五、十三勢行功訣

| 按 |

此文作者未知。乃是對前述「八法」「五步」的用法概括。從文字上分析，成文時間不會很遠，其中某些觀點，僅是一家之言，卻也不無參考價值。

對十三勢法的闡述，文章甚多，可以相互對照，有分析、有批判地繼承。

另外，此文和接下來本書收錄的《十三字用功訣》《八字法訣》《虛實訣》《亂環訣》《陰陽訣》《十八在訣》《五字經訣》及未作為正文收錄的《全體大用訣》（附於此文後，僅供讀者參考）皆曾載於《太極拳九訣八十一式註解》一書中（人民體育出版社 1958 年出版）。

在該書中，此文名為《十三字行功訣》，且在開頭有「十三字：掤、捋、擠、按、採、挒、肘、靠、進、退、顧、盼、定」一句話，應是對十三字的解釋，也呼應了標題《十三字行功訣》這「十三字」的內涵。

由此來看，此文最早的標題或為《十三字行功訣》而非《十三勢行功訣》。說明十三字僅是太極拳的技法，而不是以此十三字命名的「十三勢」拳法。當然，也有可能《十三勢行功訣》題目中的十三勢，原意就是指十三種技法而不是拳名。

《太極拳九訣八十一式註解》作者吳孟俠（1906——

1977 年）曾在序言中寫道：三十年前（註：按作者吳孟俠所署時間推算約是1927 年），從牛師連元學習太極拳。牛師係太極拳名家楊班侯的高足，得楊氏秘傳太極拳九訣。牛師把這九個訣轉授給我（註：據吳孟俠學生齊德居在《太極拳體用論據》一書介紹，吳的岳父李壽泉係當時天津「玉泉山」汽水公司經理，與牛連元是八拜之交，故當牛得知吳習太極拳後，遂將牛隨楊班侯所習的 81 式大功架太極拳和太極拳九訣等傳於吳），珍藏多年，不肯輕易告人。

1940 年在昆明經金一明先生介紹與同道吳志青先生相識時，一談傾心，曾告訴他三個訣，即「十三字行功訣」「八字法訣」和「虛實訣」，後於 1943 年刊入其再版的《太極拳正宗》一書。吳志青先生在這本書中稱讚這些訣說：「一字有一字之用，一句有一句之法，字字珠璣，句句錦繡。」

吳孟俠學生齊德居在其所著《太極拳體用論據》一書中又公佈了《三環九轉訣》，並稱其與《亂環訣》合為「亂環訣雙訣」。

另外，據傳吳孟俠所傳楊班侯太極拳訣中尚有一個《輕重分勝負五字訣》，其與《五字經訣》合為「五字雙訣」。該訣與本書所輯載的《五字經》極為相似，後面論述《五字經》時還將詳述。

所謂的楊班侯太極拳九訣在吳孟俠的著作出版之前很早就已經在其他太極拳派系中有所流傳。除了吳孟俠在其書中的論述之外，尚無其他確鑿的證據表明這些拳訣係楊班侯所作。倘若拳訣係楊家祖傳或得於其他途徑，那麼楊

少侯、楊澄甫及其弟子中何以未曾言及？故對這些拳訣的作者和出處仍有待進一步探尋。

　　從這些拳訣的文字上分析，語言較為通俗易懂，且多係一家之言，甚至某些觀點和《太極拳論》及太極拳的理法相左，筆者懷疑拳訣應為近代人所作並借鑑了如形意拳等其他拳術的理法。但拳訣大部分觀點皆為經驗之談，對練習拳架和打手還是具有很好的啟發作用和指導意義的，可與其他闡述十三勢法的文章相互對照，有分析、有批判地加以學習借鑑。

| 原文 |

掤手兩臂要圓撐[1]，動靜虛實任意攻[2]。

搭手捋開擠掌使[3]，敵欲還著勢難逞[4]。

按手用著似傾倒[5]，二把採住不放鬆[6]。

來手凶猛挒手用[7]，肘靠隨時任意行[8]。

進退反側應機走[9]，何怕敵人藝業精。

遇敵上前迫近打，顧住三前盼七星[10]。

敵人逼近來打我，閃開正中定橫中[11]。

太極十三勢中法[12]，精意揣摩妙更生。

中附：楊班侯傳本《全體大用訣》

太極拳法妙無窮，掤捋擠按雀尾生。

斜走單鞭胸膛占，回身提手把著封。

海底撈月亮翅變，挑打軟肋不容情。

摟膝拗步斜中找，手揮琵琶穿化精。

貼身逼近橫肘上，護中反打又稱雄。

進步搬攔肋下使，如封似閉護正中。

十字手法變不盡，抱虎歸山採挒成。
肘底看捶護中手，退行三把倒捲肱。
墜身退走扳挒勁，斜飛著法用不空。
海底針要躬身就，扇通臂上托架功。
撇身捶打閃化式，橫身前進著法成。
腕中反有閉拿法，雲手三進臂上攻。
高探馬上攔手刺，左右分腳手要封。
轉身蹬腳腹上占，進步栽捶迎面衝。
反身白蛇吐信變，採住敵手取雙瞳。
右蹬腳上軟肋端，左右披身伏虎精。
上打正胸肋下用，雙峰貫耳著法靈。
左蹬腳踢右蹬式，回身蹬腳膝骨迎。
野馬分鬃攻腋下，玉女穿梭四角封。
搖化單臂托肘上，左右用法一般同。
單鞭下式順峰入，金雞獨立占上風。
提膝上打致命處，下傷二足難留情。
十字腿法軟骨斷，指襠捶下靠為鋒。
上步七星架手式，退步跨虎閃正中。
轉身擺蓮護腿進，彎弓射虎挑打胸。
如封似閉顧盼定，太極合手式完成。
全體大用意為主，體鬆氣固神要凝。

譯文

掤勢的形式要求兩臂撐圓（或謂之「雙抨」，也可用
單手臂掤），用時需與動靜、虛實相結合。

一般接手之後便隨對方的進勢而回将，又可借得勢的

引進作為前擠的條件，運用得當能使對方無還手之機。

按法應用得當，能引使對方身體出現前傾之勢。採法為雙手握緊拉拽（尚無統一認識和標準）。

如果對方來勢凶猛，可用捌勢破之。肘法、靠法可以隨時任意使用（既無方式、更無條件，說明對此二法尚無實質性的認識），能進退反側因敵變換，則防禦嚴謹，對手技藝雖精也難以得手。在我有機會進攻時，必須以眼神為先導。若是對手先攻進來，僅靠手法難以應對時，可急向側方移動身體變換身位，並從側面反擊。

十三勢法有無窮變化，勢勢有法，法法有用，必須切磋琢磨下工夫，才可以得到它的妙用，只有精心揣摩，刻苦實踐才能懂勁而階及神明。

｜注釋｜

〔1〕掤手即掤法，因著術又稱手法。掤有單手掤、雙手掤之別。「臂圓撐」而有力，仍須力由脊發。太極拳技法以掤勁為基礎。掤勁與掤手有別，它遍佈全身，姿勢宜圓，故又叫圓掤勁。

所謂「挨我何處，何處接應」，即以掤勁「接應」也。掤手時所用之勁也稱掤勁。

〔2〕「動靜虛實」是「任意攻」的條件。十三式法作為太極拳技法使用，不論哪一勢，都須理解為後發制人，都是有依據、有針對性的應對，而不可理解為主動進攻，這一點非常重要。

〔3〕「搭手」即接手。「捋開擠掌使」，是以捋手為擠手創造條件。楊式太極拳「攬雀尾」中的捋擠即取這

種方式。當然，捋手並非不能獨立使用。

〔4〕這是指捋擠技法應用得十分恰當得體的技擊效果。「八法」並非僅憑著勢制勝，更有施為之法。捋手，不可理解為拉拽，《打手歌》謂之「引進」。前人說；引之使來，不敢不進。可證其法絕妙。

〔5〕按法是引進之法，最宜與前推（也有稱按者）相結合。按時常與坐身結合，為了退即是進，上身忌後仰，故似有前傾之勢。然切忌凸臀。非斂臀塌腰不能發之。所謂「氣貼背，斂入脊骨」。

〔6〕「二把」即指兩手。「採」即隅手的採法。「不放鬆」三字值得研究，按捋、採（也叫大捋）都是順勢借力而為之，非指硬力。太極拳任何技法，都禁忌死把抓握。捋、採的最大差別在於，捋是以搭於人肘上的手為主；採則以搭人腕上的手為主，故採也可單手為之。

〔7〕我身閃轉不及，用挒手補救。一般說來，採向我一側牽引；挒向對手一側牽引，能迴旋彼採勢，而後攻之。推手時多用於破彼擠靠。

〔8〕「手」「肘」「靠」可連用，所謂「拳打三節不見形」。

〔9〕這句說的是進退步，「應機走」三字是神髓，即因敵變而變化。但這不是進退的獨有特性，乃是十三法的一般規律。

〔10〕這兩句話說的是我襲人（包括進攻和反擊），「顧往三前盼七星」是觀敵之法。「三前」指我身、手、足之前。「七星」指肩、肘、手、胯、膝、足及頭七處，此處當指對手的七星。

　　這種觀敵法是有的，但作為十三勢法的顧盼，這樣解就欠妥。《十三勢》中說得十分明確，顧盼即為左顧、右盼，不是前者，更何況五行明確指步法而言。

　　〔11〕這兩句指人襲我。「閃開正中定橫中」是說隨隅而中正。所謂「閃開」切不可誤為消極逃避，乃是轉側走化、引進落空之義。此時若不能定橫中，即得機而不得勢，也就難以實現「合即出」的預期效果。或雖閃開正中定橫中，如沒有主動引進落空，也是徒勞。也可理解為對手的正中、橫中。

　　〔12〕「太極十三勢中法」，是把這「十三勢」作為太極拳的技法理解，而不認為是拳名。實際上，太極與十三之數沒有必然關聯。另在楊班侯傳本中，本句作「太極十三字中法」，更能說明十三字僅是指掤捋擠按等十三種技法而非拳名。

四十六、十三字用功訣

| 按 |

此文作者未知，亦為楊班侯傳本九訣之一。從內容看，與上文觀點基本一致，即使不是出自一人之手，也當為一派之言。

題作「十三字」，而不言「十三勢」，有否定此十三字為拳種名稱之意。

| 原文 |

逢手遇掤莫入盤，粘沾不離得著難[1]。
閉掤要上採挒法，二把得實急無緩[2]。
按[3]定四正隅方變，觸手即占先上先。
捋擠二法趁機使[4]，肘靠攻在腳跟前[5]。
遇機得勢進退走[6]，三前七星顧盼間[7]。
周身實力意中定[8]，聽探順化神氣關[9]。
見實不上得攻手[10]，何日功夫是體全。
操練不按體中用[11]，修到終期藝難精。

| 譯文 |

在與人打手時，如果遇對方的掤勁功夫很深，僅使用粘（黏）沾的聽勁功夫，就不容易占據主動。此時不可急於進攻，雙方肢體沾粘不離很難有可乘之機。應對掤勢掤

勁，就要用採挒的手法。如果對方已經被我以採挒的技法
控制住，就要急忙向後帶或趁機使用其他手法，使對方來
不及反應變化。

按法在得機得勢時，也可主動向隅手轉換，有出其不
意、攻其無備的功效。

捋法可以作為擠法的前提條件，一氣貫串而用。肘與
靠在技法上屬於貼身短打範疇，必先將對方身體引到我身
前才方便使用，切忌「捨近求遠」。

進退步的應用，必須與眼法的顧盼相互配合。全身的
勁在意不在外形，知己知彼必須藉助「聽勁」而知人。必
要時也可用「問勁」之法誘敵反應，再順其來勢，或走化
或黏擊，全憑神氣為用。黏擊宜打實不打虛，具體方式可
靈活掌握。

如遇實而不知及時黏擊，說明對懂勁的認識還有差
距。訓練雖屬成法，但必須從中體悟出技法的基本規律。
這才是訓練的根本目標，否則，訓練雖久，也難有高水準
的成就。

｜注釋｜

〔1〕這裏說的掤，從意義上分析非是掤手，乃是廣
義的掤勁。掤勁是防禦的基礎勁法，因其圓滿無缺，轉動
靈活，便於沾連黏隨，使對手無懈可擊，故曰遇掤不可強
攻。強攻易為人乘。

〔2〕這是說破掤法用採挒，而採挒是雙手得實，急
緩皆可。採挒固能破掤手，其實它的用途頗為廣泛。上文
言採用雙把，這裏又把挒法也加進去，更為不妥。如果說

採用雙手，只要不用死把，還有情可說。挒的方向與採不同，挒是向對手一側迴旋，若用雙手為之，自己也成背勢。

〔3〕按字當指按法，為四正手法之一。「隅方變」是說四正手失敗，當以隅手補救。隅手之所以能占先，必須借人攻勢；又須自身走得積極主動，能沾連黏隨者，方有先可占。

〔4〕「捋擠二法趁機使」的「趁機」，當為順勢借力，或謂捨己從人，這是太極拳技法的普遍原則，非僅捋擠二法。根據前文分析，這句話的作者原意是說，「擠法要趁捋法而用」。

〔5〕「肘靠攻在腳跟前」的意思是說，肘靠在敵我挨近時使用。「腳跟前」是方言，即腳前，喻近。肘靠須順勢借力施為，切忌主觀使用。

〔6〕進退當有依據，不是主觀盲動。所謂「遇機得勢」，即進退之依據。進退步也。要「上下相隨」，必須手腳一致，故進退皆為手的需要。一言以蔽之，手若不能控制對手，步的進退同樣失去依據。

〔7〕見《十三勢行功訣》註解〔10〕。

〔8〕中定之法至為重要。切不可把中定誤解為下肢有力，能與人抗頂。中定的實質是重心的穩定。定勢時有這個問題，運動起來同樣有這個問題。要無時不中定，才能隨遇而安。中定是身法的核心，也是技法的前提。中定要意、形兼備。

〔9〕聽彼之勁（即感知），即是知彼；探，即是問勁；順是順彼之勢；化是化彼之力。此四者彼此關連，全

賴神氣為用，不在力。

〔10〕此即「打實不打虛」之謂。

〔11〕這裏說的體用，即指套路訓練及打手訓練和應用。要相互印證，相互促進，切忌練是練，用是用，各不相干。

四十七、八字法訣

| 按 |

此處兩文作者未知，亦為楊班侯傳本九訣之一，按標題而論，應以闡述八法為主。

附文為陳青萍係傳人流傳的版本，因對隅手用法未作具體分析，故不列入主文，僅錄供參考。

| 原文 |

三換兩捋一擠按[1]，搭手遇掤莫讓先[2]；
柔中有剛攻不破，剛中無柔不為堅[3]。
避人攻守要採挒，力在驚彈走螺旋[4]；
逞勢進去貼身肘，肩胯膝打靠為先[5]。
附：趙堡鎮陳青萍係傳人流傳版本
三換二捋一擠按，搭手遇掤莫讓先；
柔中有剛攻不破，剛中無柔不為堅。
避人攻守五行體[6]，七星八卦用力先[7]；
妙在全憑能借力。引進落空奧無邊[8]。

| 譯文 |

三換兩捋一擠按。原說的是「老三著」的訓練形式。搭手後，人以掤勁對待，雖不易攻入，但仍應爭取主動。勁柔中寓剛彼難得逞，若單純用硬力反而易被人利用。防

禦彼的進攻，要用採、挒技法。例而言之，反擊時可用震彈方式的寸勁，也可用「螺旋」轉動的纏勁纏法。如能趁機挨近彼身，即可用肘法進擊，或是用肩胯膝靠打。

趙堡文本中的「避人攻守」當以五步的變化應對。所謂「借力」，即利用彼勁的運動慣性，易於四兩撥千斤。「引進落空」之法，易使人失去平衡，是反擊制勝的最佳條件。

│注釋│

〔1〕是指推手的一種方式方法。這就表明，這裏所言的八法，皆限於訓練範疇。換言之，是八法之間的對抗與轉化，非實際競技的自由搏擊。

〔2〕此處的掤字，不是八法中的掤手，而是指搭手所需的一種基礎勁法和身形，八法賴此進行走黏轉化。「遇掤莫讓先」不是要求以力抗拒，而是我的意氣要占先，自己不給人以絲毫可乘之機，而對手只要略有疏漏，我能以迅雷不及掩耳之勢而擊之。這要有知己知彼的功夫。

〔3〕「柔中有剛」才能剛柔相濟，善於變換。「剛中無柔」是硬力、直力。太極拳技法的特點，就是以柔克剛，善於破彼硬力、直力。故視硬力、直力為無力，也就是不為堅的意思。太極拳所需的剛，是「極柔軟，而後能極堅剛」，亦即剛柔相濟。

以上四句，包括掤、挒、擠、按四手，但未對各字都作具體分析，僅指明這些手法皆在推手的過程中體現出來。總的要求為勁法的剛柔相濟。

〔4〕「避人攻守要採挒」中的攻守二字，「攻」當指對手攻我，「守」可指我的反應。就是說，當對手進攻我時，應當以攻（即採挒）為守。若攻、守二字皆謂對手，即是說採挒之法，既能用於破彼攻勢，又可破彼守勢，不外順勢借力而已，但與前面的四手不無矛盾。「力在驚彈走螺旋」，是採挒時用勁的方式方法，有人對採挒的理解是猛挒，故用「驚」字。「彈」指抖彈勁，多用於發放。用於挒法欠妥。「螺旋」指臂部的轉動，此處謂採挒時用的纏勁或擰轉動作。

〔5〕肘靠只宜貼身順勢而用，「趁勢進去」是肘靠的前提條件。肩、胯、膝以及胸、背部位，在一定條件下皆可靠打。「靠打一陰返一陽」。

以上四句，是總括四隅手法的要領。唯「驚彈」「螺旋」的運用頗為廣泛，不可拘泥於採挒二法。且「驚彈」之法也應該排斥「硬力」。

〔6〕本文前四句與主文同，後四句全異。這一句僅以「五行體」三字代替了「要採挒」。「五行體」即進、退、顧、盼、定五步法。此五步法包括正隅，若與「避人攻守」相對應，是合情合理的，但不能明顯表明是隅手而不是正手。

正文的「採挒」二字與「避人攻守」相對照，也有類似的缺欠，沒有突出「要採挒」的必然性。難道除採挒而外，四正手就無「避人攻守」的方法和作用？實質是四正手失勢，不得不以隅法挽救也。

〔7〕這裏的「八卦」和前句的「五行」都包括正隅，不能被理解成專指隅法，否則，與標題的「八法」脫

節。「用力先」三字費解。

〔8〕這兩句是說的太極拳技法的基本原則，也是包括正隅手在內，非專指隅法。故附文在邏輯思維方面，也存在一定的不足之處。虛實也要陰陽相濟，以神意主宰其間。

四十八、虛實訣

| 按 |

本文作者未知，亦為楊班侯傳本九訣之一。太極拳技法的實質就是「虛實」二字。

虛實的靈魂在於變化。全身無處不虛實，又要聯絡一氣。與人打手，仍是虛實對待，人虛我實，人實我虛，趁虛而入，又要打實不打虛。

| 原文 |

虛虛實實神會中，虛實實虛手行功[1]。
練拳不諳虛實理，枉費功夫終無成。
虛守實發掌中竅，中實不發藝難精[2]。
虛實自有虛實在，實實虛虛攻不空[3]。

| 譯文 |

虛實變化在心意不在力，也不在外形。忽實忽虛、忽虛忽實要因敵變化，尤其是上肢的虛實更是重點。練習拳法如不認識和掌握虛實變化的基本規律，可以說是枉費工夫，必無所成。

走化引進時宜虛，黏擊宜實，手上須把握這種竅要。如果問實之後，不知或不能及時發放制勝，這仍是不懂勁的反映。與人對待，彼此虛實變化，定要因敵變化，聽勁

知人，不允許有絲毫臆測妄斷。只有如此，人不能擊中我，而我擊人則一擊必中。

（須知：虛實之功，得之不易，要經過長期的實踐實驗才能掌握。）

｜注釋｜

〔1〕此謂虛實變化，既關係到神意，也關係到手上聽勁的能力。虛實變化要以對手的虛實為依據；不是步子亂挪，身手亂動。

〔2〕「虛守」即是「走」，「實發」即是「黏」。虛為走、為柔、為合、為收、為蓄，實為黏、為剛、為開、為放、為發，即是陰陽。然而必須打實不打虛。不打虛者，不只是因為對手力弱，而主要是因為對手沒有被控制住，強打之，便有落空的危險。見實必打者，知對手失去轉化條件，問實再打，不是非要打對手的頂抗，而是打彼滯澀。

〔3〕虛實變化，在於陰陽相濟，打人不可捕風捉影，接手不可給人以可乘之機。人打我，要敢於接手，要空彼來勁，但我手不可走空。「實實虛虛攻不空」用語不夠貼切，有語病。

四十九、亂環訣

｜按｜

此文作者未知，亦為楊班侯傳本九訣之一。另傳此文僅為「亂環訣雙訣」之一，尚有《三環九轉訣》一文，內容與此文相仿，附於文後，供讀者參考。

文中的「環」字即圓，又叫圈，是太極拳運動的基本形式。「亂環」者，即指圓運動的複雜化，一環套一環，連綿不斷，如長江大河、滔滔不絕。

「環」之所以亂，蓋因敵變化而變化，對手怎樣動，我即怎樣應；彼不停，我也不停，彼不斷，我也不斷。遇「斷」則打，遇「丟」也打。

｜原文｜

亂環法術最難通，上下隨合妙無窮[1]。
陷敵深入亂環內，四兩千斤著法成[2]。
手腳齊進橫豎找，掌中亂環落不空[3]。
欲知環中法何在？發落點對即成功[4]。

附：三環九轉訣
太極三環九轉功，環環盤在手掌中。
掌中亂環無定式，點發點落擠虛空。
練拳不在點上用，枉費工夫終無成。

七星轉環腰腹主，八十一轉亂環終。

| 譯文 |

註：環，原作圈或圓，是技法走黏的基本運動形式。因圓運動軌跡，有自然循環的特點，易於走黏陰陽相濟。本文稱為「亂環」者，無非是說環無規格和數量的限制，而非環無規律。

亂環術法很難認識和掌握，運用時須藉助「周身一家」的基本功，才能做到「上下隨合」，一氣貫串。競技時，能將對手引入我的圓運動軌跡之中，便可用四兩撥千斤之巧，形成「我順人背」之勢，便易黏而勝之。及時手腳齊進，配合圓運動形式，或橫豎相濟的勁法，找準其弱點，所謂「中實不發藝難精」，一擊必中，也就是「發落點對即成功」。

（圓運動軌跡自身具有虛實變化的內在條件，又與纏法並用，故能「四兩撥千斤」。）

| 注釋 |

〔1〕亂環之法，不是難通，而是難精。「上下隨合」者，全身同時皆作圓運動。要周身成一家，不要只是局部動作。周身圓轉，得機便能得勢。策略性手法例外。

〔2〕這是說透過圓形式的運動，以利於將對手引進落空，達到四兩撥千斤的技法效果。「四兩撥千斤」之巧，關鍵在於能否順勢借力，不決定於圈。

〔3〕「手腳齊進」，以求勁整。「橫豎找」為手法及勁路相反相成的規律。妙手能橫不見橫，豎不見豎，無

跡可尋，防不勝防，故說「落不空」。亂環不空，即處處時時能依能黏，不得勢則走，得勢時應手而發。莫只為圓而圓。

〔4〕「發落點對即成功」，成功是取勝，「發」即黏打，或指發放，「落點」指打擊點。「對」，指打擊點取得恰當，打得準確。「落點對」，一般情況下可對準對手的脊骨發勁，也就是把對手的身軀視作圓球，擊其直徑，效果最佳。自己也必須中正。所以，這個「對」字，顯得過於空洞。且「發」字概括不了「黏」的內涵。

五十、陰陽訣

| 按 |

陰陽變化是太極拳技法的基本規律，即相反相成之理。孤陰不生、孤陽不長；陰陽相濟，方為懂勁。各種技法運動因素自身是矛盾的，人我之間更是矛盾著的。技法的實質，就是利用矛盾和調和矛盾，達到只利於我而不利於人的目的。

文中所述諸矛盾因素，乃技法的主要構成成分，非矛盾因素的全部，應舉一反三，以求全面貫通。

本文所論，偏重於「知人」功夫。然不到懂勁、神明水準，是難以隨心所欲的。

| 原文 |

太極陰陽少人修，吞吐開合問剛柔[1]。
正隅收放任君走[2]，動靜變化不須愁[3]。
生剋二法隨著用[4]，閃進全在動中求[5]。
輕重虛實怎的是？重裏顯輕勿稍留[6]。

| 譯文 |

陰陽學說是太極拳技法變化的理論依據，但習拳的人多不在這方面進行研究。「吞吐」「開合」技法的應用，須與勁法剛柔變化相結合。四正、四隅及收放技法，要順

彼來勢來力，相應自由變轉，但須以靜待動為前提。不外
「生剋」，即走黏相互因敵變化。

　　走閃、黏進，都應在不停的技法運動過程中去把握時
機，所謂「從人仍是由己」。若問勁法的輕重、虛實，該
當怎樣掌握才好？「重裏顯輕」才能有轉換的內在條件
（唯「重」字不如「沉」字更恰當）。如此方能不遲不
滯，所謂「氣遍周身不少滯」。

｜注釋｜

　　〔1〕「吞吐」是「開合、蓄發、收放」的一種特定
的方式方法。「問剛柔」是指在吞吐、開合的過程中需要
結合勁力的剛柔變化，方能行之有效。吞、合、蓄、收宜
柔，便於「引進落空合即出」；吐、開、發、放宜剛，擴
大發放效果。

　　〔2〕正隅指正斜方位，收放即引進與反擊，「任君
走」謂掌握因勢變化，隨心所欲。切忌盲動！

　　〔3〕謂只要把握動靜變化的規律及其作用，則不愁
敵強我弱，人剛我柔。能知動靜，就能以逸待勞，後發先
至。二、三兩句不切實際，走黏沒那麼容易，陰陽相濟是
要有條件的。

　　〔4〕走則「生」；黏則「剋」。走為把握主動，黏
則克敵制勝。

　　「二法隨著用」謂連環銜接，一氣呵成。所謂「走即
是黏，黏即是走」也。

　　〔5〕意義同上，「閃」也是「走」「進」即是
「黏」。全在運動中求也是要求閃、進統一於一動之中，

不可有斷有續。

　　〔6〕輕重虛實皆謂勁力的陰陽比例問題。「重裏顯輕」即剛中有柔，「勿稍留」指不可少有滯澀。唯「重裏顯輕」不如輕裏顯重更妙，所謂「極柔軟然後極堅剛」。

五十一、十八在字訣

｜按｜

此文作者未知，流傳於武系太極拳傳人郝為真一支，另如前文所述，也是楊班侯傳本九訣之一。

此文計十八句，每句皆有「在」字，故稱十八「在」字訣。訣有的指用法，有的指要領。前十二句是言「十三勢」中的前十二字訣，不知為什麼不及「定」字訣。後六句是打手的一般技法要領。本文的最大缺點，沒有明確走黏皆須以「捨己從人」為前提條件。

｜原文｜

掤在兩臂，捋在掌中，擠在手背[1]，按在腰攻[2]，採在十指，挒在兩肱[3]，肘在曲使[4]，靠在肩胸[5]；進在雲手，退在轉肱[6]，顧在三前[7]，盼在背鬃；望在有隙[8]，勝在縱橫[9]，滯在雙重，通在輕靈[10]；虛在當守，實在必中[11]。

｜譯文｜

掤法的手法以兩臂為主，掤勁要由兩臂的圓撐來發揮作用。這種支撐力，不僅限於兩臂，應佈滿全身。

捋法的手法主要用掌，捋是破掤擠的手法。左右捋的知覺力全在兩掌之中。

擠的手法形式主要用手背，擠是擊出的手法，在将開對方防禦的掤式之後，隨以擠手進而攻之。擠手要用手或臂，搭在對方的空隙點上擠推之。若兩手合用，當以在裏側的掌發力為宜。

按是用兩手推出之式。攻擊對方的力量，要以腰、腿為源頭。

採是用手掌及手指抓實，要用十指之力。（認識不統一）

挒式是使對方的全臂橫向或向對方的方向打去。發力的部位在於兩臂，是用雙手擰的方式。

肘是運用肘發力擊對方，不論進攻與反擊，均要屈回前臂，以肘尖頂撞或橫擊。

前靠要用胸，側靠、後靠可用肩，後靠還可用背。

雲手是向對方進擊的手法之一。進步常配合手法雲撥動作。（但不是只能如此）

倒轉肱可在閃避對方來勢和防守時使用，是退而後反擊的方法之一。

顧是照顧和防護的意思。就是與對方接手時，先要把自己的眼前、手前、腳前三方面照顧好，以免被對方擊中。（註：這是另一種認識，一般皆解作「左顧」。「十三勢」原解為「步」位）

「盼在背鬃」實為後盼，是原地轉身的需要，即占據圓心的方式方法。

望在有隙，應是定在有隙，就是要找對方的空隙。在與對方交手時得到機會便立即發放，先發制人。這個「定」字即指發勁時步法的定力。知人借聽勁，不能僅用

眼望。

取勝的技法運動規律在於縱橫相濟，拳法就方向而言，勁不外縱橫，即以我的縱勁破對方的橫勁即可勝利，但是要注意縱橫是相對而言的。

（註：唯太極拳走黏陰陽相濟的方式，普遍的認識為「一圓循環」。）

滯的原因在於雙重。雙重是兩方以力對抗，形成以力爭勝的局面，自然力大者勝，這樣便失去太極拳的本意，不能閃轉騰挪的靈活變化。故要避免雙重。

靈通在於手法的輕巧，也就是用單重可以使對方重力失掉頂抗的能力。

（註：「雙重」為《太極拳論》中對病手所作的概括，意即敵我兩力相頂求勝的方法。經驗表明，對待雙手同時用力的進攻方式，只須一側手臂輕輕一撥，對方必失去平衡而傾斜）

這裏的虛是在與對方交手時，在不得機會進攻的時候，或彼虛引我時，我應當取防守之勢，才有利於靈活變化。

這裏的實是在與對方交手時，我將彼制實，即可乘機而入，放手進攻。得實即「我順人背」也。

「虛在當守，實在必中」兩句話合起來說的是推手雙方的虛實對待規律。我虛則對方可能乘虛而入，我當以守為主。若對方虛，我則不可妄自進攻，以防有詐，故也宜以守為主。而「實」，當看來自何方。以「實在必中」分析，是謂遇實必中、必衝。所謂「打實不打虛」，遇實不打，坐失良機。當然，打要有一定的打法和策略，不是倚仗力量取勝。（「守」字不如「走」字訣貼切。）

│注釋│

〔1〕以上三句，僅指掤、捋、擠應用的部位，也反映了一定的方法，但各家手法不盡相同，故也屬於一家之言，不必強求一致。如捋法，既可用手施為，也多有用腕或前臂者。擠也如此，手背、腕背、肱背皆可用，關鍵是用手臂的外側，有利於展開。擠時更可配合手臂的內旋運動。

〔2〕「按在腰攻」「攻」指發勁，主要指退按後的前推形式。發勁須借腰力、腳力，不是單純手勁。更主要的在於一圓循環，退即是進，蓄即是發。唯「攻」字若易為「躬」字，則更貼切。不知是否有傳抄之誤。

〔3〕採用十指，挒用兩肱，指與肱相連，一動必俱動，不可理解為是指兩肱的孤立動作。區別處，在於採須先屈肘回收，挒則展肱。此處的「十指」「兩肱」，原意或謂「二把」，但可以理解作左右手皆可採挒。武式挒法解作「搾」。

〔4〕指頂肘用法。肘法的廣義概念，也包括肱的技法，如壓肘、滾肘等。

〔5〕前靠用胸，側靠、後靠可用肩，後靠還可用背，肩也可前靠。故有「靠打一陰反一陽」之說。

〔6〕「進在雲手，退在轉肱」，可從兩方面理解：按此處應以進退為主，然而「雲手」「轉肱」皆為手法。這兩句的語法結構，形成技法上的「上下相隨」。若認為進步全靠雲手，退步全靠轉肱，同樣也講得通。實際手法表示目的，故謂「形於手指」。

　　步法乃手法之助，雲手為走化之能，故緊接著即轉為攻，攻常配合進步。轉肱者，倒纏引進之法，故宜配合坐身（亦為退）或撤步為之。

　　〔7〕「顧在三前」與《十三勢行功訣》《十三字用功訣》同義。「盼在背鬃」則不指觀敵。鬃字如無誤，或引自「野馬分鬃」的勢名。「分鬃」勢是橫勁的典型，所以此處的盼字，即作轉頭（臉）、轉身解。左顧、右盼，可配合步法的變化，也配合變臉轉體，皆以敵勢為據。背鬃有的本也作「七星」，僅是與前文「盼在七星」一致。

　　〔8〕望字與顧盼皆為近義詞，作為術語則各有具體定義，在楊班侯傳本裏作「定」字。望也是觀敵（也叫「審敵」）之法，以有隙可乘為目標。有的本也作「定在有隙」。

　　此文的前半部分，分明是談十三勢法，唯少「定」字訣，故「定」字比「望」字更為合理。以定字為主語，則「有隙」二字也就不是指對手，而是指我，即運動中如出現失誤，當以中定為緩衝，而後再根據對手的情況，有針對性地採取相應措施。

　　這裏的中定，特指靜止不動的情形，但必須靜中寓動，方能隨機轉化。切記，這種中定形式，決不是為了頂抗，而是以靜待動，靜而後有利於聽勁、知人。所以，它實際是為捨己從人的技法原則創造有利的條件。中定不僅用於靜，更主要用於動。

　　說具體些，不論動的形態如何，都須保持重心中正不偏，才能使自身平衡穩定；猶須本著由點而線的運動原則，在一般情況下，不會產生盲目的慣性運動，這樣才能

把握進退的主動權和靈活性。

〔9〕縱橫指勁的運動方向而言。人我之勁，總的說來，不外縱橫，人縱我橫，人橫我縱，縱橫既能相破，又能相成。相破即勝負之分，相成即不分勝負時的膠著狀態。拳法中的縱橫，是相對的縱橫，除上下為縱外，平面的縱橫可以互換，即相對而言。此句在楊班侯傳本中作「中在得橫」，即以我的正面破對手的側面，以我的縱勁破對方的橫勁之意，與「勝在縱橫」含義一致。

〔10〕雙重占煞，滯而不靈，輕靈則善變，意勁動作自然通達。「輕靈」，有的本作「單輕」，與「雙重」相對應。

〔11〕這兩句的虛實，按文義分析，皆謂自己所感受到的對手虛實。換言之。當我攻人時，遇到對手虛引，切不可冒進，當著意於防守對方的反擊。此虛字謂對手的順勢引進，非指彼不自覺的丟手缺欠。若遇對手用實手硬接，我反可放心攻擊，因對手一時不能靈活變化，故訣謂「打實不打虛」。此實字謂病手，不指沉實的活勁，有經驗者，自能判斷無誤。唯「必中」不無偏面性。若虛實皆謂自己，其解則義不同，即當守時宜虛，擊必中時可實。此虛實二字，皆謂技法所需的勁法氣勢，不是無原則的虛實，不是病手。

五十二、五字經訣

| 按 |

此文每句的第一字為訣，後四字為解。訣為二十字，即姜容樵等人所得乾隆時太極拳抄本中的《十三勢歌訣·二十字訣》。

解與姜氏《太極拳譜釋義》中所作的註解內容一致。姜氏的註解，皆引經據典，故本文的解語，很可能即以姜注為依據，概括成歌訣形式。如此分析不差的話，此文雖不知何人所作，但其成文時間必晚於姜注時間。

不論此二十字訣原屬何拳訣要，既汲取為太極拳所用，自當從太極拳技法原則去理解。

| 原文 |

披從側方入[1]；閃展無全空[2]；

擔化對方力[3]；搓磨試其功[4]；

歉含力蓄使[5]；黏沾不離宗[6]；

隨進隨退走[7]；拘意莫放鬆[8]；

拿閉敵血脈[9]；扳挒順勢封[10]；

軟非用拙力[11]；掤臂要圓撐[12]；

摟進圓活力[13]；摧堅戳敵鋒[14]；

掩護敵猛入[15]；撮點致命攻[16]；

墜走牽挒勢[17]；繼續勿失空[18]；

擠他虛實現[19]；攤開即成功[20]。

| 譯文 |

從略，請參考注釋。

| 注釋 |

〔1〕我從側方入，乃避彼從正面來。「披」既有側入之意，也有斜身之意，如披靡之披，拳勢中有「披身伏虎」「披身捶」之法。

但必須與立身中正要求一致。

〔2〕「無全空」指閃展時，應當對敵手有所控制，所謂「走即是黏」。

〔3〕擔化者，承托彼力而化之，所謂「如水負舟行」之法也。這只是從太極拳技法的理解。但也可直接用作黏擊。

〔4〕「搓」此處是技法，即所謂「欲將物掀起，必先加以挫之力」。

有問勁和撼動對手重心的作用。

〔5〕「歉」是形容「捨己從人」「以虛待實」「以柔克剛」「蓄而後發」的技法狀態。亦即不恃力頂抗。

〔6〕「不離宗」即謂黏沾的目的是克敵制勝，要立足於一個「打」字。

〔7〕「隨」當以黏、沾、連為前提，要周身一家，進則整身而進，退則整身而退。能隨則無丟頂之病，但須知界限和分寸，所謂「無過不及」。

〔8〕将、採、挒等手法皆屬「拘」字的範疇。「意

莫放鬆」是強調「拘」法必須重意不重力。「勾手」也是
「拘」。

〔9〕區別於拿人反關節的拿法。指拿穴。

〔10〕扳（ㄅㄢ）是在順勢逼住對手的前提下，以我為
軸心轉體，將彼扳挽移位或跌撲、是利用離心力原理將對
手甩出去。扳跌技法則異。

〔11〕「軟」雖不用拙力，卻也不是全然無力，乃是
剛柔相濟，與柔義同。

〔12〕即四正手的掤法。

〔13〕即四正手的挒法。摟即挒。

〔14〕「摧」是衝擊，即克彼硬力。「戳敵鋒」即先
以化勁撥之彼力鋒、梢節。

所謂「牽一髮而動全身」也。

〔15〕對待硬力的攻擊，應以化勁接之。「掩護」不
是阻攔遮架，屬順勢引進，也包括控制手法，以期退而後
能進。

〔16〕「撮」是並指戳點之法，銳而力重，故當以要
害部位為打擊目標，如眼、喉等處。

〔17〕「墜」是向下或向後沉勢沉勁，以破彼牽挽動
作。時機必須把握準，後發先至，又要以身力為主。此即
以其人之道，還治其人之身的辦法。蓋人之牽挽我，與我
牽挽人有同樣效果。「墜」有反牽挽作用，在於墜走弧
線，具化勁，能破彼直力。打手忌用力死把抓握，道理就
在這裏。

〔18〕此訣也有作「續」字者。繼續義近似。有停才
能繼。

「失空」指丟手或斷勁，故靜中要寓動，才能保證不丟不斷。可與墜字聯繫起來理解。

〔19〕「擠」也是四正手法之一。擠宜順勢趁虛而入，但要擠實而後發，才能擊之必中。

〔20〕「攤」形容兩手向前抖彈之形，含有毫不用力之意，可與「擠」字聯繫起來理解。當擠實而後，雙手前抖，人即可被彈出去，如攤開雙手之易。

五十三、五字經

｜按｜

此文由郝為真後輩傳出，或為其前輩遺著，也有可能是郝為真或是其子郝月如所作。此文也載於楊班侯傳本中，與九訣之一的《輕重分勝負五字訣》極為相似，僅有數言之差。

在楊班侯傳本裏，《輕重分勝負五字訣》和《五字經訣》並稱為「五字經雙訣」，此文內容多取自《二十字訣》《五字經訣》，還有包含形意拳的技法原則。語言通俗易懂，皆為經驗之談，對練習打手具有啟發和指導作用。另附《輕重分勝負五字訣》於後，僅供參考。

｜原文｜

雙重行不通，單重道成功。
單雙皆非是，勝在掌握中[1]。
在意不在力，走重不走輕。
輕重終何在？蓄意始可行[2]。
遇力得相牽，千斤四兩成[3]。
遇橫單重守，斜角成方形[4]。
踩定中門位，前足奪後踵。
後足從前印，放手即成功[5]。
趁勢側方入，成功本無情[6]。

輾轉急要快，力定在腰中[7]。
捨直取橫過，得橫便正中。
去留隨意走，變化何為窮[8]。
貪謙皆非是，丟捨難成名[9]。
武術無善作，含形誰知情[10]。
情同形異理，方為武道宏。
術中陽陽道，妙在五言中[11]。

附：楊班侯傳本《輕重分勝負五字訣》

雙重行不通，單輕反成功。
單雙發宜快，勝在掌握中。
在意不在力，走重不走空。
重輕終何在，蓄意似貓行。
隔方得相牽，千斤四兩成。
遇橫單重守，斜角成方形。
踩定中門位，前足奪後踵。
後足從前印，放手便成功。
趁勢側方入，成功本無情。
展轉急要快，力定在腰中。
捨直取橫進，得橫變正中。
生剋隨機走，變化何為窮。
貪歉皆非是，丟捨難成名。
武術無善作，含形誰知情。
情同形異理，方為武道宏。
術中陰陽道，妙蘊五言中。
君問意何在，道成自然明。

｜譯文｜

雙重行不通……勝在掌握中。

「雙重」是彼此都用力相抵的方式方法。恃力取勝，不是「以弱勝強」應使用的技法，故說「行不通」。但如在雙重的情況下，有一方懂得以單重應對，彼必因一側虛而失去平衡，向前傾倒，故說「道成功」。然而，單重、雙重都是使力，對太極拳技法而言，都是不對的。

太極拳勝人，就在掌握之中，不用拙力，所謂「我獨知人，人不知我」「人剛我柔謂之走，我順人背謂之黏」「四兩撥千斤」。

在意不在力……千斤四兩成。

技法必須堅持「用意不用力」的原則。遇重力就隨之走化引進，但如彼力輕，宜另圖別策。輕重當如何區別和對待呢？要憑聽勁知人來決定，有針對性地走或黏。遇到對手用力進攻，也可順勢牽動其梢節，就能轉移其力，即「四兩撥千斤」之巧。

遇橫單重守……放手即成功。

如人以橫勁攻擊於我，當以守為攻。主動向斜方撤步移位，形成新的四正位置。

如我有機會進攻時，可以向對方襠中插步，後足蹬進跟到前足原來的位置，用身力欺住對手，手隨之向前放出，即可成功制勝（這是吸取「形意拳」的步法形式，與太極技法有所不同，故郝為真先生在《手足論》一文中，特作了「約言」數句，以強調借鑒於形意拳的理論用到太極拳中仍要以太極勁法為宗）。

　　趁勢側方入……變化何為窮。

　　機會恰當時，我也可從側面反擊或攻擊於人，出其不意，也極易成功。身法輾轉宜急宜快（唯急、快當以對手的實際情況為依據，所謂「動急則急應，動緩則緩隨」）。但須「腰為主宰」，務使重心穩定。如直取不得機勢，或彼從正面進攻，我不能應對時，可放棄正門向側方轉移，但既經移位，新的位置就成了四正的中心。所以，技法不可固守原地，須因敵變化，要主動因時制宜，具體如何變化是講不盡的。

　　貪謙皆非是……妙在五言中。

　　走黏對待要無過無不及，貪功冒進不可，但當取不取也不是成手。武術也沒什麼神祕的方法，一言以蔽之，走黏不現形於外，對手便無從知我。內情與外形不相一致，令人莫測，這就是武術的高明之處。太極拳技法以陰陽變化為指導思想，上述理法正是這種思想方法的體現。

｜注釋｜

　　〔1〕「雙重則滯」，故稱「行不通」。遇「雙重」時，可以「單重」勝之，故稱「道成功」。「雙重」遇「單重」反擊，一側必失倚扶而偏傾。「單雙皆非是」，是辨證而言，指絕對的、單純的雙重和單重。「勝在掌握中」，指手法須善變，才是真正制勝之道。重是力的表現。

　　〔2〕「在意不在力」即「用意不用力」的技法原則。「走重不走輕」，是指走化時，我手一定要控制對手的勁力，不可抽、閃走空。此處「輕」「重」指來力情

形。意重而非力「重」，意輕而非手「輕」，這是對待的關鍵，故說「蓄意始可行」。

〔3〕即順勢牽引，手不走空。

〔4〕遇橫力宜順勢換步，步雖向隅，而勢仍四正。更適於用「採」「挒」等法。

〔5〕這四句說的是進步擊人的步法要領：「踩定中門位」是說我前腳直向對手的襠中伸進。「前足奪後踵，後足從前印」指的是前腳前衝、後腳蹬勁跟進的步法方式，要求雙腳沿直線向前運動。「放手即成功」「放手」喻發放動作，含有不用力的意思。主要在於上下一致、周身一家，發勁須與進步同時而作，才能不用力而有力。

〔6〕側方進擊必須與來勢來力相錯而行，避其力之主峰，由側乘虛而入，所謂攻其無備也。

〔7〕這兩句也可與上兩句聯繫起來理解，由側方反擊，除必乘來勢來力之外，又須以轉體引彼勁落空，才能形成我順人背的攻勢。「力定在腰中」是輾轉與蓄發的要領，即勢要中定，力從腰脊而發。

〔8〕這四句中的前兩句與「遇橫單重守，斜角成方形」有一定的內在聯繫，前者是對待橫勁的攻擊，這裏說的是對待直（即豎、縱）勁的攻擊所採用的方式方法。其共同點都以轉體為主，都不得丟頂和硬撥。不同點是遇橫通常宜變換步法順勢牽引，遇直力常用「引進落空合即出」的辦法。只要輾轉及時，多不必移步換位，甚至可以錯綜進攻，即「左重左虛則右已去」之法。「捨直取橫過」與此法近似，即以轉身拋掉彼直力之後，緊接著隨轉體之勢橫向擊之。「得橫便正中」也要求在打橫勁之時，

更要注意中定因素，所謂斜中寓正，不然很容易被反作用力彈出。

　　後兩句的意思是說，雖謂遇橫斜走，遇直橫取，便能制勝，然而這只是基本規律，更主要的要靠因敵變化，隨機應變，具體方法千差萬別，無窮無盡。光靠死著術，不知變化者，不為高手。

　　〔9〕「貪」是貪功冒進，只顧攻，不知守，一出問題便不可收拾。「謙」喻知守不知攻，處處被動挨打，不知走即是黏，守即是攻。故說二者都不當。「丟捨」是病手，即手法上總有漏洞；又常失機失勢，沾連黏隨的功夫不夠。

　　〔10〕「含形誰知情」，為技法的神髓。即走黏不顯於外形，使對手從直觀上絲毫摸不到我的動機和目的，也就是「人不知我，我獨知人」，這樣才能穩操勝券。

　　〔11〕「情同形異理」，「異」有的本作「一」，可供參考，「情」即意圖，「形」指動作的形體表現。按一般規律形與意是一致的，有什麼意，便有什麼行動，故打手是要從對方的行動去判斷其意圖。要求情形異理者，兵不厭詐也，「含形誰知情」。最後兩句是說明本文的基本原理，是陰陽相濟及其辨證規律。

五十四、大小太極解

｜按｜

此文曾載於董英傑所著《太極拳釋義》一書中，但是否為其所作，則無從考證。依行文風格，似為近現代拳家之作。

｜原文｜

天地為一大太極，人身為一小太極。人身為太極之體，不可不練太極之拳。本固有之靈而重修之，良有益也。人身如機器，久不磨練而生鏽，生鏽而氣血滯，多生流弊。故人欲鍛鍊身體者，必先練太極最為相宜[1]。太極練法：以心行氣，不用濁力，純任自然；筋骨鮮[2]折曲之苦，皮膚無磋磨之勞[3]。不用力，何能有力？蓋太極練功，沉肩墜肘，氣沉丹田。氣能入丹田，為氣總機關，由此分運四肢百骸，以氣周流全身，意到氣到。練到此地位，其力不可限量矣。先師云：「極柔軟，然後極堅剛」，蓋此意也[4]。

｜譯文｜

天地為大太極，人身為小太極（*此即天人同體論*）。人身既為太極之體，所以不可不練太極拳。因為本著人身固有的良知良能，重新加以鍛鍊，必有更大的好處。人身

也像機器，閒置久了必會生鏽。人身生鏽，就是氣血障礙不能暢通，這也就是疾病的根源。所以，想要鍛鍊身體，選練太極拳最為相宜。

太極拳的訓練方法：以意行氣，不用拙力，純任自然。不像其他拳種，訓練要使筋骨肌膚經受曲折磋磨的痛苦。或問，不用力，又怎能有力呢？要知太極拳練功，要求「沉肩墜肘」「氣沉丹田」。丹田為氣的總樞，能將氣分運全身，無微不至，意到則氣即到。練到這一地步，氣力之大，不可限量（這僅是作者的想像效果）。前輩說「極柔軟，然後極堅剛」是相對而言，非指「力大無窮」。不要忘了，「四兩撥千斤」之巧，「顯非力勝」。

｜注釋｜

〔1〕開頭以天人合一論為論據，證明人「不可不練太極拳」，不免有牽強附會之嫌。唯人不運動，如機器生鏽之喻，此理甚明。太極拳用意不用力，男女、老幼、壯弱者皆易接受，習之百益而無一害，是養生保健的良好手段，有很好的體療效果，猶待進一步提高與利用。

〔2〕鮮，少也。

〔3〕練拳絕不是一點兒「折曲之苦」「磋磨之勞」也沒有，只能說較旁門的基本功訓練要求不那麼高罷了。沒有一定的基本功訓練，技擊將是不可設想的。否則，也就稱不上「動靜雙修」之功。

〔4〕重點強調氣在拳中的作用。「極堅剛」是太極拳勁法的體現，非謂「氣力」的表現。然太極拳勝人，也不能只靠氣的作用，更不是靠「極堅剛」，既賴勁法，又賴技法。

五十五、太極拳之練法

| 按 |

此文也載於董英傑所著《太極拳釋義》一書中。從內容分析，這是晚期太極拳愛好者所總結的一般太極拳運動要領。經驗皆出自前人，但作者能打破一定的門戶之見，兼容並蓄，通俗易懂，說明了只要按此法練習，定有收穫。

然而，這些抽象的要領，內涵非常豐富，如果僅從字面意思去理解，那是很難理解透徹的。要透過個人的長期實踐和經驗總結，才能逐步掌握它，靈活應用它。如僅掌握二手資料，不經過自身的實踐體驗，是不會有自己的真知灼見的。

| 原文 |

不強用力[1]，以心行氣。
步如貓行[2]，上下相隨。
呼吸自然[3]，一線串成。
變換在腰[4]，氣行四肢[5]。
分清虛實，圓轉如意[6]。

| 譯文 |

打拳競技時不要強用力（也不是可以適當用力），要

以意行氣（要與上句對應理解），只要不憋氣就可以了（這是一部分人對現代太極拳的認識。實際上，既然「以意行氣」，就必須毫不用力）。步法如貓之行走，絕對平衡穩定。上指手，下指腳，運動時要上下一致，隨腰而動。呼吸自然（實應為「自如」。因為要與開呼合吸相結合），立如平準又如一線串成，或謂頭頂百會與會陰垂直。腰為主宰，腰御四肢，所謂「周身一家」。以意行氣，要通達四肢末梢。姿勢、動作、技法都要分清虛實，變換才能靈活。圓轉是要求，「如意」是目標，這是對技法運動輕靈的要求。

總之，用心（意識）指揮氣的運行，邁步像貓一樣穩健輕盈，虛實分明，全身上下要聯貫，動則俱動，停則俱停。呼吸要自然平和，動作不可散亂。自始至終要立身中正，保持聯貫。身姿變化的重點和關鍵在於腰部的統御，行氣要分別達到手指尖和腳趾尖。虛實要分辨清楚，不可雙重，身形要圓滿無缺陷，才能轉換靈活，隨心所欲。

上述練法從系統性的角度來看，不過如此而已。顯而易見，作者只是歸納了知己功夫練法的某些要領要求，但沒涉及到知人功夫的練法。

｜注釋｜

〔1〕「不強用力」與「用意不用力」的提法，應當說有一定的差別性。強用力固然不對，但易被理解為「可以適當用力」。不用力是標準，不故意用力而有力是藝低，故意用力則違反太極拳技法規律。當以「用意不用力」為是，但達到這樣的標準，確實不易。

　　然而，不可因掌握困難而在練習時摻雜摻假，那樣，就永無登峰的時日。

　　〔2〕「步如貓行」不只是指慢，更主要是指邁步像貓行時一樣穩健，虛實分明。

　　太極拳之行步，每步俱須有據，不可任意妄發，絕不涉險，且伸屈相寓。具體說，欲邁左足，則重心先移於右足，左足邁時，能屈能伸，左足跟不著地前，重心絲毫不向左足轉移。邁右足也一樣。

　　〔3〕「呼吸自然」，太極拳之呼吸，總歸自如，故曰「能呼吸而後能靈活」。也有心平氣和之意。因只有在身心不緊張、不用力的情況下，呼吸才能使其自如平和。呼吸自然與自然呼吸不同，自然呼吸是指平時生活中的呼吸形式和情形，基本上不受主觀意識的制約。

　　初習拳時，能做到自然呼吸就不錯了。但呼吸在與技法動作相結合時，呼吸方式與自然呼吸就有區別了，基本原則為「開呼合吸」。

　　一般說來，當動作鬆沉或發放時，都應配合呼；當動作收縮或升高及技法合、收、蓄勢時，都應配合吸。吸則氣沉丹田，呼則氣貫四梢。

　　切記，吸呼訓練也是在意不在力的情況下進行的，用力使氣，易出偏差。要求先懂勁而後再研究技法與氣的結合，功久自然水到渠成，不能急於求成。然而必須堅持腹呼吸形式。

　　〔4〕「變換在腰」，並非否定其他變換因素的作用，而是強調腰的統御作用。所謂「主宰在腰」「命意源頭在腰隙」「刻刻留意在腰間」等等，皆是把腰視為全身

運動的總樞。「一線串成」即「立身中正」，是腰馭四肢的主要條件。

〔5〕「氣行四肢」，謂行氣能達指尖、趾尖之意，猶如「以氣運身，無微不到」。行拳時必須能舒鬆自然，絲毫不用拙力，久之習慣成自然，意到氣到，動作綿軟靈活，無滯澀病矣。故「不強用力」的要求，還不能適應「氣行四肢」的要求。

〔6〕「圓轉如意」，既是動作的標準，又是運動的方式。非圓不能轉。身形要圓滿無缺陷，全身的運動軌跡亦是圓。圓轉不僅是為了取得動作的靈活性，也是技法的需要。嚴格說來，圓轉自身也是技法的組成部分。故又要以「分清虛實」為條件。

五十六、太極拳表解

｜按｜

此文不知出自何人之手，載於《開合太極拳譜》中。「開合太極拳」，係孫（祿堂）式太極拳之稱，但此文不是孫老師所作。不只是因孫氏文章皆用文言文，且《開合太極拳學》書中，也不載此文。其所述內容，既有武式太極拳要領，也有其他門派之說，如「川字步」，是吳、武式太極拳慣用步法，為弓步的形式之一。本文也吸收了楊澄甫的《十要》。所以，這篇文章是綜合各家之長，不必視為「開合太極拳」專論。

語言比較通俗易懂，尤其引證部分說得很具體，如動作的「輕」「靈」解，步法的虛實解；「應用」的「走黏」解等，對不同程度的太極拳愛好者，都不無啟發作用。但個別認識，也不無偏面性，甚或誤解。因本文較長，故除後附的注釋之外，對部分內容也在原文中以括號形式進行了簡注。楊式太極拳傳人陳炎林在其所著的《太極拳刀劍桿散手合編》一書中也載有一篇類似的文章，附於本文後並作簡要註解和分析。

｜原文｜

主旨

以心行氣——意到氣亦到。務令沉著，久則內勁增

長。但非格外行氣。（「心」字多作「意」字）

以氣運身——氣動身亦動。氣要順隨，則身能便利從心。

神宜內斂，氣宜鼓蕩——此有不許硬壓丹田之意。足見氣沉丹田，亦當徐徐行之。（註：原文引自《十三總勢說略》。「氣沉丹田」解作「當徐徐行之」不確切，氣有自己的運行規律，須順其自然，故說「氣宜直養而無害」）

氣宜直養而無害——養先天之氣。養氣則順乎自然，故無有窮盡。非運後天之氣，運氣則流弊增大，是有窮盡[1]。（註：以上四者即練拳的「主旨」？值得商榷）

周身宜輕靈

輕——以心意為主。如拳之微微一動，便作一舉想。如無意識續示，即不再進，方謂之真輕。（註：此解為武式拳家的經驗）

靈——如手由低處舉高處，做無數一舉想，而才有隨意變化之妙，方謂之真靈[2]。

心為令——如有主帥發令。心為主帥，身為驅使；精神能提得起，自然舉動輕靈。如手足開時，心意與之俱開；合時，心意與之俱合。內外一氣，渾然無間，則其動猶靜也。即能得到虛靜境界[3]。

氣為旗——如表示其令之旗。又氣如車輪。

腰為纛——如使旗中正不偏。又腰如軸。腰為一身樞紐。腰動則先天之氣如車輪旋轉，氣遍全身而不滯。蓋無處不隨腰運動圓轉。（註：纛是古代軍中指揮士卒隊伍行動的大旗，此處喻「腰御四肢」）

姿勢

總（註：「總」，講的全是動作要求？）

根於腳，發於腿，主宰於腰，形於手指。由腳而腿、而腰、而手，宜上下相隨，完整一氣。其貫串一氣處，所謂「運勁如抽絲，邁步如貓行」，進退自然得機得勢。但用意不用力，始終綿綿不斷，周而復始，循環無窮[4]，如長江大河，滔滔不絕。故太極拳稱「長拳」。若有一處不貫串則斷。斷則舊力已盡，新力未生之際，最易為人所乘，故曰「勿使有凸凹處，無使有斷續處」。有一不動，則必至散亂[5]。如手動而腰腿不動，則手愈有力，身愈散亂。蓋虛實變化，皆由腰轉動，故曰「命意源頭在腰隙」。初學者，宜先求其開展，使腰腿皆動，無微不動。然皆是意，所謂「內外相合，上下相隨」。又謂「一動無有不動，一靜無有不靜」。如是，則於肢腰任何部分，皆無偏重之虞。（註：「偏重」指一味用猛力衝撞，用在此處則不知其定義是什麼才能與上文對應）

別

步法——分虛實。虛步以能隨意起落為度，實步即彎腿而不伸直。如全身皆坐在右腿，則右腿為實，左腿為虛。坐左亦然[6]。如是方能轉換輕靈，毫不費力，否則，邁步重滯，自主不穩。又須做「川字步」，即當兩足前後立時，足直，俱宜向前[7]。

軀幹——含摺疊[8]。即往復所變之虛實，外看雖似未動，其中已有摺疊，有轉換。進退，必須變化步法，故雖退仍是進。

含胸——胸略內涵。涵使氣沉丹田。否則，氣湧胸

際，上重下輕，腳根易浮。

拔背——使氣貼於背，有蓄勢待機之功。

中樞[9]——虛靈頂勁。頭容[10]正直，神貫於頂，謂之頂勁。須有虛靈自然之意。不可用力，名「頂頭懸」。

尾閭中正——頭頂如懸空中，同時宜閉口，舌抵上齶。忌咬牙怒目。尾閭宜正，否則脊柱先受影響，精神亦難於上達。

立身——中正（由於中樞之姿勢正確），安適（由於周身鬆勁），穩如泰山。

鬆靜

兩臂鬆——沉肩。使兩肩鬆開下垂，以為沉氣之助。否則，兩肩端起，氣易上浮，全身皆不得力。

墜肘——使兩肘有向下鬆垂之意，否則肩不能沉，近於外家之斷勁。手指亦宜鬆展，握拳須鬆，庶符全身悉任自然之旨。又手掌表示前推時，手心微有凸意，為引申力勁之助[11]。但勿用力。

腰鬆——腰鬆則氣自下沉，能使兩足有力，下盤穩固。

上下、虛實，有不得力處，全恃腰部轉動合宜，以資補救其感覺靈敏，轉動便利。蹲身時，注意垂臀，忌外突[12]。

全身鬆——全身鬆開方能沉著。因是不致有分毫拙勁留滯，以自束縛，自然輕靈變化，圓轉自如。（註：還須與「以意行氣」「不用力」相表裏）鬆勁總說——周身無處不鬆靜。即在用意而不用力。意之所指，氣即至焉；

氣之所至，身即動焉。如是，則氣血流注全身，略無停滯，所謂「意氣能換得靈，乃有圓活之趣」。

且欲沉著，必須鬆靜，故曰「沉而不浮，靜如山岳；周流不息，動若江河」。

應用

太極拳全用柔勁，具伸縮性，虛實故宜分清，全觀來勢而定。彼實則我虛，彼虛則我實；實者忽虛，虛者忽實，反覆無端。彼不知我，我能知彼，則吾發勁無不勝者。欲探其妙，須明瞭用勁之法：曰粘，曰走。走以化敵；粘則制敵。二者復相為用。粘則不丟，走亦不頂。不丟者，不離；不頂者，不抗。粘勁即走勁[13]，合而用之化勁。走主退，粘主進，進退相濟，不離、不抗方為懂勁。

所謂「彼不動，己不動；彼微動，己先動」。彼屈則我伸，彼伸則我屈，忽隱忽顯，變化莫測。勁之動作，俱作圈形。一圈之中，即含有無數走、粘[14]。不外一順字。我順彼背，故有「四兩撥千斤」之句。

｜譯文｜

此文以白話文寫成，故不需再譯，個別重點可參見注釋。

｜注釋｜

〔1〕這裏的「養氣」「運氣」等概念，都屬專用術語。然而，舊時各門各派，都各行其是，並不統一，故有些概念（詞語），字同義不同，甚至詞義相反。在借鑑各

家舊譜時，這一點需要特別注意，以免誤解誤行。如「養氣」的概念，本文是講「養先天之氣」的方法，也指練氣的手段。而在前面的《太極拳解》《解曰》中，則恰恰相反，認為「養氣者純剛」，這句話是指養後天之氣。本文的「運氣則流弊增大」，指運後天氣，即以力使氣。而有的譜訣裏，也常把它講作運先天之氣。這要在閱讀時，把前後文的意思聯繫起來去理解，切不可以字定義。何取何捨，當以自己所習的拳為準。

〔2〕這一訓練方式，非常有效。因為由點（一舉）集成線（運動軌跡），動作便於動中寓靜，退進相寓，運動慣性就會受到意識的控制，靈在其中矣。

切記：靈不是無目的的亂動，而是具體心意的體現。有什麼樣的心意，就有什麼樣的動作，這才是真靈。在打手時表現為因敵變化，實屬下意識的指揮。

〔3〕這裏對「心為令」的解釋，偏重於知己方面。實際上，平日走架子，動作固要聽命於心意指揮，心意又要與動作相應，每一動，務要目的明確，分寸不差，無過無不及。在打手時，要求更為嚴格，而且心意既要指揮自己，更要指揮對手。尤其在「從人」時，更不可迷失方向，誤入歧途。所以，「心為令」又要以「懂勁」為前提。無「令」，行動有盲目性；錯誤的「令」，更只能招致失敗。不可不慎！唯引語「心為令」在《太極拳解》中不作「主帥」解。原文：「心為令，氣為旗，神為主帥，身為驅使。」

〔4〕周而復始，循環無窮，是太極拳運動的特點，又是其技法的前提條件。在走架子時，要體現出這一特

點，尤其是在勢與勢的銜接時，要呈現圓轉迴環的氣勢，不應直入直出，橫折豎抹。打手的技法變換，必須能周而復始，循環往復，否則必出斷勁無疑。

原文引自《十三總勢說略》，是「周身節節貫串」的方式方法，非謂「姿勢」。

〔5〕貫串與斷是一對矛盾因素，能貫串則不斷；既斷了就必失貫串。斷，關乎形，也關乎意、勁。其中意的貫串和斷是關鍵。而形斷最為普遍，初學拳和推手時幾乎是不可避免的。要克服斷的毛病，就要認真抓住「一動無有不動」的原則，及以腰身帶動四肢的運動方式，久之，心意和動作才能養成周身一家的習慣。

〔6〕這裏所指的步型，即通常所說的虛步式。唯「以能隨意起落為度」的標準欠妥；一般以三七勁為準。「全身皆坐在右腿」，左足偏虛，靈固靈矣，但缺乏定勁。一是全實，一是全虛，只體現在行步過程中。故說「虛非全然無力，實非全然占煞」。

〔7〕川字步是弓步的形式之一，因兩足前後成平行狀，故必須有適當的橫距，太窄了不穩，兩足踏在一直線上更不行。實際上，它是兩足超過肩寬後自然形成的。

〔8〕「摺疊」，說是身法不恰當，實際在胯、膝。上肢曲屈也可謂之摺疊。軀幹要「立如平準」。

〔9〕這裏說的「總樞」，是指精神的總樞。不是指腰——運動的總樞。然與腰的中樞容易混淆。

〔10〕頭容：即頭顧。

〔11〕「手心微有凸意」，也與要求塌腕、坐掌根者義同，皆「為引申力勁之助」。吳式太極拳更提出「轉腕

旋膀」的要求，目的都是一致的。

〔12〕斂臀的要求，馬步、虛步、弓步、仆步皆須注意，否則，皆有發生凸臀的可能。凸臀，則形散，勁不整。還須與「提肛」或說「吊襠」相結合。

〔13〕這是辯證的說法，即黏走要相濟。黏則不丟，走亦不頂，在實踐中，走易丟，黏易頂。但未言及「捨己從人」的戰略原則，又如何能「我獨知人，人不知我」？

〔14〕圈是走與黏的運動形式。如果說圈是由許多點組成的，其中的任何一點，都可以作為走黏的轉化環節，故曰「一圈之中，即含有無數走、黏」。

附：

原載陳炎林《太極拳刀劍桿散手合編》中所載版本

【按】陳炎林，楊式太極拳傳人，是楊健侯高足田兆麟的弟子。其所編著的《楊式太極拳刀劍桿散手合編》於1949年在國光書局出版，據傳該書的內容為田兆麟口述，尤其記錄整理。

從本文也摘錄了楊澄甫《太極拳術十要》的論述判斷，極有可能為作者改寫之作。作者原封不動地引用了「十要」的大部分標題和文句，如不說他是抄襲，也必是對前文極為崇拜的體現。

文章分兩大部分，以示對太極拳體、用的概括，但具體內容卻僅闡釋了一部分技法的基本要求、要領，認識並不全面。顯而易見，本作者主要是想對「應用」部分補充些個人的見解。然而，兩文（即《太極拳表解》及本文）的作者對「應用」一詞的概念，都缺乏全面的理解。故附文（即本文）的作者意把「應用」的小標題全概括成「勁

法」。這是把勁視為「應用」的重心。所謂「應用」，一般僅概括作「用」，也即指技法的實際應用，這也可說是拳的「主旨」。推手訓練，是訓練「用」的形式和手段，而非實用。

綜觀兩文的大部分標題，不無文不對題的嫌疑，或有喧賓奪主的味道。如「姿勢」一節，還分為「總」「別」，而「總」講則是動作。附文的作者，改成「總體要求」和「個別要求」。一般讀者，當如何理解呢？凡此種種，這也是本書對本文不願做直譯的緣故，以免使讀者產生誤解。如第一部分，大標題作「原理」，小標題竟是「（一）主旨、（二）姿勢、（三）鬆淨」等，「原理」何在？難以理解，故後面僅就「應用」部分做簡要分析，以供讀者參考。

｜附文原文｜

一、太極拳原理

（一）太極拳主旨

1. 以心行氣──意到氣亦到，以氣運身──氣動身亦動

以心行氣，以氣運身，自能從心所欲，毫無阻滯。俟後天之力化盡，先天之內勁自然增長，由習慣而成自然，則一切意想力，自能支配生理作用。故曰：「勢勢存心揆用意，得來全不費工夫。」又云：「默識揣摩，漸至從心所欲。」

以心行氣──意到氣亦到。務令沉著，久則內勁增長，但非格外運氣。

以氣運身──氣動身亦動。氣要順遂，則身能便利從心。

2. 心神宜內斂；行氣宜鼓蕩；周身宜輕靈

⑴心神宜內斂

不論在盤架子或推手時，心神必須專一，萬不可心神散亂，否則氣必散漫，益處毫無。因為太極拳的要點，全在一個「靜」字。故曰：「內固精神，外示安逸。」

⑵行氣宜鼓蕩

此有不許硬壓丹田之意。氣之行走，或沉丹田，或貼脊背，均當徐徐行之。

氣以直養而無害：養先天之氣。養氣則順乎自然，故無有窮盡。非運後天之氣，運氣則流弊甚大，是有窮盡。

⑶周身宜輕靈

初學練架子宜慢，方能時時皆有意識引導動作俱進，並且慢則呼吸深長，氣沉丹田，方不致有氣脈僨張之弊。

輕：一切動作，固宜以心意為主，如舉手，雖微微一動，便作一舉，如無意識續示即不再進，方謂真輕。

靈：如手由低處舉高，處處作無數一舉想，而時時有隨意變化之妙，方謂之真靈。

3. 心為令，氣為旗，腰為纛，呼吸與動作協調，眼神宜注視

⑴心為令，氣為旗，腰為纛

心為主帥，身為驅使，精神能提得起，自然舉動輕靈。如手足開時，心意與之俱開，合時心意與之俱合，內外一起，渾然無間，則其動猶靜也（即能到虛靜境界）心為令，如主帥發令。

氣為旗，如表示其令之旗。又氣如車輪。

腰為纛，如使大旗，中正不偏。又腰如車軸。

氣為旗，腰為纛：腰為一身樞紐，腰動則先天之氣如車輪旋轉，氣遍全身而不少滯，因為無處不隨腰運動圓轉。

⑵動作與呼吸

動作時當呼則呼，當吸則吸。呼時先天氣下沉，吸時先天氣上升。故曰：「能呼吸，然後能靈活。」

⑶眼神注視

意之所至，眼神灌之，不然意東視西，有何效用？故曰：「仰之則愈高，俯之則愈深。」

（二）太極拳姿勢

1. 總體要求

太極拳姿勢總體上要做到：根於腳，發於腿，主宰於腰，形於手指。

動作由腳而腿而腰而手，宜上下相隨，完整一氣。其貫串一氣處，所謂：「運勁如抽絲，邁步如貓行。」進退自然得機得勢，但用意不用力，始終綿綿不斷，周而復始，循環無窮，如長江大河滔滔不絕，故太極拳也稱長拳。若有一處不貫串則斷，斷則當舊力已盡，新力未生之際，最易為人所乘，故曰：「無使有凹凸處，無使有斷續處。」有一不動，則必致散亂。故曰：「命意源頭在腰際。」初學者宜先求開展，使腰腿皆動，無微不至，然皆是意，所謂「內外相合，上下相連」。又謂「一動無有不動，一靜無有不靜」，如是則於肢體任何部分，皆無偏重之虞。

2. 個別要求

(1)手法

分虛實：出手能分陰陽虛實，則收發均可奏效，人既不易制己，而己反易使人落空。故曰：「人不知我，我獨知人。」又曰：「陰陽相濟，方為懂勁。」

含摺疊：往復所變之虛實，外看雖似未動，其中已有摺疊。

具圓形：手隨腰腿旋轉，須式式含有圓形，不離太極原則。

(2)步法

分虛實：即虛步、實步要分清。虛步，以能隨意起落為度；實步，即腿彎曲而不伸直。如全身都坐在右腿，則右腿為實，左腿為虛，坐左亦然。如此才能轉換輕靈，毫不費力，否則，邁步重滯，自立不穩。又須做川字步，即當兩腳前後立時，腳尖都宜向前。

有轉換：進退必須變換步法，故雖退仍是進。

(3)軀幹

含胸：胸略內涵，使氣沉丹田，否則，氣擁胸際，上重下輕，腳跟易浮。

拔背：使氣貼於背，有蓄機待勢之功。

坐腕：使內勁穩沉，不致浮飄。

伸指：使內勁發出舒暢，不致滯留。

(4)中樞

虛領頂勁：頭容正直，神貫於頂，謂之頂勁。須有虛靈自然之意，不可用力，又名「頭頂懸」，謂頭頂如懸空中。同時宜閉口，舌抵上齶，忌咬牙怒目。

尾閭中正：尾閭宜中正，否則脊柱受影響，精神也難於上達。

⑸立身

立身應穩如泰山。

中正：由於中樞姿勢的正確。

安舒：由於周身鬆淨。

圓滿：由於精神飽滿，內勁充足。

（三）太極拳鬆淨

鬆淨是太極拳的一個重要原理。周身無處不鬆淨，即在用意而不用力。意之所至，氣即至焉；氣之所至，身即動焉。如此則氣血流注全身，毫無停滯，所謂：「意氣換得靈乃有圓活之趣。」並且欲沉著，必須鬆淨，故曰：「沉而不浮，靜如山岳；周流不息，動若江河。」

1. 兩臂鬆

⑴沉肩：使兩肩鬆開下垂，以為沉氣之助，否則兩肩端起，氣亦隨上，全身皆不得力。

⑵垂肘：使兩肘有往下鬆垂之意，否則肩不能沉，近於外家之斷勁。手指也宜舒展，握拳須鬆，才符合全身悉任自然之旨。又手掌表示前推時，手心微有突意，為引申內勁之助，但勿用力。

2. 腰鬆

腰鬆則氣自下沉，能使兩足有力，下盤穩固。上下肢的虛實變化有不得力處，全靠腰部轉動合宜，以資補救，且感覺靈活，轉動便利。蹲身時注意垂臀，忌外突。

3. 胯鬆

補鬆腰的不足，有時腰雖鬆淨，轉動仍覺不太合宜，

則非同時鬆胯，以資補救不可。

4. 全身鬆

全身鬆開才能沉著，因此才不致有分毫拙勁留滯以自縛，自能輕靈變化，圓轉自如。

二、太極拳應用

（一）太極拳化勁

太極拳全尚外柔內堅之勁，具伸縮性，如鐵似棉，有時堅如鐵，有時柔似棉，其柔虛堅實之分全視來勢而定：彼實則我虛，彼虛則我實，實者忽虛，虛者忽實，反覆無端，彼不知我，我能知彼，使人莫測高深，自然散亂，則我發勁，無不勝敵。欲探其妙，須明瞭化勁之法，曰「粘」曰「走」。走以化敵，粘以制敵，二者交相為用。

1. 粘（黏）勁

即「不丟」。不丟者，不離之謂。交手時，須黏住彼勁，即在沾粘連隨處應付之，不但兩手，須全身各處均能黏住彼勁。我之緩急，但隨彼之緩急而為緩急，自然粘連不斷，感覺彼勁，而收我順人背之效。所謂「動急則急應，動緩則緩隨」也，惟必須兩臂鬆淨，不使有絲毫拙力，方能巧合相隨，否則遇彼勁，便無復活之望，且有力則喜自作主張，難以處處捨己從人。

初學者戒性急，久之用勁自有似鬆非鬆、將展未展之意，自能隨意應用，百無一失。

2. 走勁

即「不頂」。不頂者，不抵抗之謂。與彼粘手時，不論左右手，一覺有重意，與彼粘處即變為虛，鬆一處而偏沉之；稍覺雙重，即速偏沉。因彼之動作必有一方向，吾

但隨其方向而去，不稍抵抗，使彼處處落空，毫不得力，所謂「左重則左虛，右重則右杳」也。初學者非大勁不走，是尚有抵抗之意，若相持不下，則力大者勝，故曰：「偏沉則隨，雙重則滯。」技之精者，感覺異常靈敏，稍觸即知，有「一羽不能加，一蠅不能落」之妙。練不頂法，首在用腰，腰有不足時，方可濟之以胯或以步。

「粘勁」與「走勁」合而用之，則曰「化勁」。走主退，粘主進，進退相濟不離，方為「入門」。進言之，由粘而聽，由聽而懂，由懂而走，由走而化。用走勁能使彼重心傾斜不穩，用粘勁能使彼不能由不穩復歸於穩。因不丟不頂，彼之重心穩定與否，皆由我主之，彼之弱點我皆能知之，總須以靜待動，隨彼之動而動，所謂「彼不動，己不動，彼微動，己先動」。若用純剛之勁，則逆而不順，不順則無由走，不走，則無由化。

（二）太極拳發勁

1. 引勁

由化勁用逆來順受之法，引入轂中，然後從而制之。彼屈則我伸，彼伸則我屈，虛實應付，毫釐不爽，忽隱忽現，變化不測。以勁之動作俱作圓形，一環之中即含有無數走粘，隨機應變，純恃感覺，其要點則不外一「順」字。我順彼背，則彼雖有千斤之力，亦無所用，故有「四兩撥千斤」之句。能引，遂後能拿、能發，故有「引進落空合即出」之句。

2. 拿勁

引後能拿，則人身無主宰，氣難行走。拿人須拿活節，如腕、肘、肩等處。拿之樞紐，全在腰腿；拿之主

使，全在意氣。欲能發人，必先知拿人，不能拿，即不能發，故拿較發為重要。

能引、能拿，隨後能發。發之不佳，多由引之不合，或拿之不準，故引拿與發有莫大關係。而發的機勢、方向、時間，也頗重要。若機勢確當，方向不誤，時間適合，則發人猶如彈丸脫手，無往不利。其法掤、捋、擠、按、採、挒、肘、靠等，式式能發人。其用掌、拳、肘、合腕、肩、腰、胯、膝、腳，處處能擊人。其勁開、合、提、沉、長、截、捲、鑽、冷、斷、寸、分，各勁都能攻人。總之，隨屈就伸，逆來順應，乘人之勢，借人之力，變化無窮。其理則一，得一，則萬事畢。

｜簡析｜

以下對本文的應用部分做一簡要分析：

本文將「應用」概括作「化：黏、走」「發：引、拿」及六種勁法。勁法僅是拳法的組成部分之一。離開拳法、勁法便不能獨立發揮作用。

在「化勁」中說，「化勁之法，曰走曰黏」「走以化敵，黏以制敵」。「彼不知我，我能知人」。「走」「黏」是術語，引自《太極拳論》（下稱《論》）中的「人剛我柔謂之走，我順人背謂之黏」。可見把走黏統稱「化勁」是錯誤的。實際上，若不堅持「捨己從人」的戰略原則，又怎能「彼不知我」。又根據什麼「走」「化」呢？

「黏勁」說是「交手（當指自由散打）時，須黏住彼勁，即在『沾連黏隨』處應付之……黏勁與走勁合而用之則為化勁。走主退，黏主進」。究竟黏勁時用於「制敵」

還是用於「化勁」呢？走與退，黏與進，究竟何者為主導，也值得商榷。

「發勁」說是先要「引進」「引後能拿」。這裏的「引勁」與上面的「化勁」「走勁」是什麼關係？屬走還是屬黏？後面又引用了「四兩撥千斤」及「引進落空合即出」的效果，來證明「引進」的作用。引既有如此效果，還追求「發勁」何用？拿人不是更多此一舉了麼？更不可思議者，既已取法「走」「黏」「拿」「發」，又說發勁之法，「其法掤、捋……肘靠等式式能發……其勁開、合……寸、分都能攻人」。「八法」僅是訓練應用的方式方法之一，也叫「推手」「打手」，既非自由搏擊之法，更非都用於拿發。技法、勁法的實際應用，「有法無法，無法有法」「因敵變化示神奇」即是法。

總之，作者雖比前文又多引用了前人的一些經驗語句，尤其是《論》的戰略性原則——「捨己從人」理法。可惜作者拘泥於己之成見，僅把前人有效的經驗用來證明他強調的幾種勁法的有效性，造成本末倒置的遺憾。連走黏「陰陽相濟」的重要原則也給遺漏了。所列六種勁法，不過是勁法的滄海一粟。有效的勁法，必須適應各自拳法戰略戰術的需要才能使用。以弱勝強的太極拳，不堅持「捨己從人」「走黏陰陽相濟」的原則，不堅持「用意不用力」「四兩撥千斤」的原則，即使其力「有時堅如鐵」，也無濟於事。博採眾長固好，但須食而能化，這是利用二手資料定而不易的原則。《論》曾指出，「本是捨己從人，多誤捨近求遠」。本文無疑彙集了不少前人的寶貴經驗，但如何從中汲取效益，還須讀者自己來加以分析選擇。

五十七、太極拳術十要

楊澄甫口授　　陳微明筆述

| 按 |

楊兆清，字澄甫（1883——1936年），楊健侯之子，楊祿禪之孫。自幼練習家傳太極拳，頗有心得，雖功不及乃祖，但流行的楊式太極拳套路是由他最後定型的。傳人極多，以上海地區為最，山東省國術館也是一個重要支脈。因楊氏曾追隨該館館長李景林多年，受李氏的委託，將其拳架重新修訂為該館基本教材，故該處所傳出的套路動作、風格與其先前所授稍異，與現在推行的《太極拳運動》（「88式」太極拳）相類似。

遺著有《太極拳使用法》及《太極拳體用全書》等書，皆為其門人執筆。

陳微明，字慎先，湖北蘄水人。光緒壬寅年（1902年）舉於鄉。1915 年先拜於形意拳大師孫祿堂門下，習形意、八卦、開合太極諸拳，1917 年又從楊澄甫先生習楊式太極拳，前後達 7 年之久。又因他參與了山東國術館拳架的修訂和傳授工作，受到老師的精心教誨及李景林的個別指導，故深得楊式太極拳的神髓。

於1925年在上海創辦致柔拳社，大力推廣楊式太極拳，並撰寫了《太極拳術》教材。此書後來正式出版。所

著楊式《太極劍》也甚規範，為楊先生晚年之練法。

| 原文 |

1. 虛靈[1]頂勁

頂勁者，頭容正直，神貫於頂也。不可用力，用力則項強，氣血不能通流，須有虛靈自然之意。非有虛靈頂勁，則精神不能提起也。

2. 含胸拔背

含胸者，胸略內涵[2]，使氣沉於丹田也。胸忌挺出，挺出則氣湧胸際，上重下輕，腳根易於浮起。拔背者，氣貼於背也。能含胸則自然能拔背[3]，能拔背則力由脊發，所向無敵也。

3. 鬆腰

腰為一身之主宰。能鬆腰，然後兩足有力，下盤穩固。虛實變化，皆由腰轉動，故曰「命意源頭在腰隙」。有不得力，必於腰腿求之也。

4. 分虛實

太極拳術，以分虛實為第一要義。如全身皆坐在右腿，則右腿為實，左腿為虛，全身坐在左腿，則左腿為實，右腿為虛[4]。虛實能分，而後轉動輕靈，毫不費力；如不能分，則邁步重滯，自立不穩，而易為人所牽動。

5. 沉肩墜肘

沉肩者，肩鬆開下垂也。若不能鬆垂，兩肩端起，則氣亦隨之而上，全身皆不得力矣。墜肘者，肘往下鬆垂之意。肘若懸起，則肩不能沉，放人不遠，近於外家之斷勁矣[5]。

6. 用意不用力

太極拳論云：此全是用意不用力。練太極拳，全身鬆開，不使有分毫之拙勁，以留滯於筋骨血脈之間，以自束縛，然後能輕靈變化，圓轉自如。或疑：不用力何以能長力[6]？

蓋人身之有經絡，如地之有溝洫。溝洫不塞而水流；經絡不閉而氣通。如渾身僵勁充滿經絡，氣血停滯，轉動不靈，牽動一髮而全身動矣。若不用力而用意，意之所至，氣即至焉。如是氣血流注，日日貫輸，周流全身，無時停滯，久久練習，則得真正內勁，即太極拳譜所云：「極柔軟，然後能極堅剛。」太極功夫純熟之人，臂膊如綿裹鐵，分量極沉。練外家拳者，用力則顯有力；不用力時，則甚輕浮。可見其力，乃外勁、浮面之勁也。外家之力，最易引動，故不尚也。

7. 上下相隨

上下相隨者，即太極論中所云：「其根在腳，發於腿，主宰於腰，形於手指。由腳而腿、而腰，總須完整一氣。」手動，足動，眼神亦隨之動，如是方可謂之上下相隨。有一不動，即散亂矣[7]。

8. 內外相合

太極拳所練在神，故云「神為主帥」「身為驅使」。精神能提得起，自然舉動輕靈。架子不外虛實開合。所謂開者，不但手足開，心意亦與之俱開。所謂合者，不但手足合，心意亦與之俱合。能內外合為一氣，則渾然無間矣[8]。

9. 相連不斷

外家拳術，其勁乃後天之勁，故有起有止，有續有斷，舊力已盡，新力未生，此時最易為人所乘。太極用意不用力，自始至終，綿綿不斷，周而復始，循環無窮。原論所謂「如長江大河，滔滔不絕」。又曰「運勁如抽絲」，皆言其貫串一氣也[9]。

10.動中求靜

外家拳術，以跳躍為能，用盡氣力，故練習之後，無不氣喘者。 太極以靜禦動，雖動猶靜。故練架子愈慢愈好。慢則呼吸深長，氣沉丹田，自無血脈僨張之弊。學者細心體會，庶可得其意焉[10]。

┃譯文┃

1. 虛靈頂勁：

頂勁就是要頭和頸椎挺正豎直，把精神關注於頭頂之上意思。不能用力（頂），用力則頸椎就會繃著勁，那麼氣血就不能流通了，必須要有自然空靈的意思。如果沒有虛靈頂勁，那麼精神就不能提起來。

2. 含胸拔背：

含胸就是胸部略微寬鬆（胸部寬鬆自然能夠內含）使氣能夠沉入丹田的意思。胸部切忌用力挺出去，否則的話氣就會聚集在胸部，使上體上面重，下面輕，容易使腳跟浮起，不穩重。

拔背就是氣貼在脊背，能夠做到含胸就自然能夠做到拔背，能夠做到拔背就能夠做到勁力從脊背發出，所向無敵。

3. 鬆腰：

腰是人身體的主宰和核心，能夠做到鬆腰，然後才能做到兩腳沉穩有力，下盤才能穩固。盤架推手的虛實變化都是由腰的轉動主宰和引起的，所以說「用意的源頭在腰隙（肋下胯上部位）」。盤架推手有不得勁、背勢的感覺，一定要從腰腿動做作得是否正確去查找解決。

4. 分虛實：

太極拳把分虛實作為最重要的技法原則。如果整個身體的重量都放在右腿上，那麼右腿就是實腿，左腿是虛腿，反之亦然（此虛實方式僅用於步法步型的虛實，須虛實相濟）。

虛實能夠分得清楚，然後才能做到轉動輕靈自然，絲毫不費力氣；如果不能分清虛實，就會導致步法停滯不順利，自己站立不穩當，就容易被別人牽動。

5. 沉肩墜肘：

沉肩就是肩部鬆開自然下垂的意識。如果不能鬆開下垂，兩肩緊張端起，那麼氣就會隨著聳肩而浮起來，全身的運動就都會彆扭不順當。墜肘就是肘往下鬆開垂落的意思，肘部如果懸起來，那麼肩部就不能放鬆下垂，推手的時候發放對方就打不遠，這樣就接近外家拳的斷勁，而非太極拳的技法了。

6. 用意不用力：

太極拳論上說：「這全是用意不用力。」練太極拳要全身都鬆開，不能有絲毫的笨拙硬力，避免用硬力導致筋骨血脈流通不暢而束縛自己，全身鬆開之後打拳推手才能輕靈運轉，隨心所欲。

那麼不用力怎麼能長力呢？這是因為按照中醫的理論，人體有十二條正經和八條奇經共二十條經絡，這個經絡就好比大地的溝壑，溝壑不阻塞那麼河流就會通行無阻，而經絡不閉塞那麼氣就可以通暢流轉。如果全身上下因為緊張而使僵勁塞滿經絡，就會導致氣血停滯，轉動不靈敏，一個地方不通，就會導致整個身體運轉不暢。如果不用力而用意識去驅使身體，那麼意識所注意到的地方，氣就會流注到那裏，這樣氣血流注，每天流轉遍佈全身，時刻不停，長時間的練習就會產生真正的內勁。這就是太極拳論中說的「柔軟到極致，然後剛硬到極致」。

太極拳功夫純熟的人，胳膊就像棉花裏著鐵一樣外柔內剛，內勁非常大，一交手會讓對方感覺我的胳膊非常沉重。練外家拳的人，對敵用力的時候會顯得很有力氣，而不用力的時候就會很輕浮，可以看出他們的力都是浮在身體表面的勁力。如果不用意識而用力量去打拳對敵，最容易被對方引動，這不是我們所推崇的。

7. 上下相隨：

上下相隨，就是太極拳論裏面說的：手腳動作相呼應，動則俱動，靜則俱靜，保持一致。身、手、步三者要高度統一，相輔相成。即手動腰也動，腳也動，眼神也要跟著動（應該是眼神帶領身體四肢運動），這樣才能叫上下相隨。有一個地方不同時運動，就會造成全身運動的散亂。

8. 內外相合：

太極拳的練習重點在於對精神的訓練，所以說「精神是主帥，身體被精神驅使」。精神能提起來，自然就會舉

動輕柔靈動。拳架的練習不外乎虛實開合，開的時候不但手腳要開，意識也要和手腳同時開（或者說意識指揮手腳並與手腳同時開）；合的時候不但手腳合，意識也要和手腳同時合，能夠使精神、意識、氣、勁力和身體達到內外高度統一，則打拳推手時就能隨心所欲了。

9. 相連不斷：

外家拳的勁力是後天的笨拙硬勁，所以有開始有結束，有連續有中斷，舊的勁力已經到盡頭，新的勁力還沒有發出來，這個時候最容易被對方抓住這個「空檔」對我發起進攻。太極拳講究用意不用力，從開始到結束，勁力綿綿不斷，往復循環沒有盡頭。

太極拳論上說「像長江大河的流水一樣，滔滔不絕，永不停息」，又說「運勁就像蠶抽絲那樣輕柔連綿不斷」，都是說的行氣運勁要前後銜接，連續不斷。

10.動中求靜：

外家拳術崇尚蹦蹦跳跳，而這些動作都會耗費極大的氣力，所以練習之後，都會氣喘吁吁。太極拳是以靜制動的拳術，外形雖然在動，但運動中有相對的靜態，所以練習太極拳要越慢越好。慢了才能使呼吸深長，氣沉丹田，沒有血脈債張的弊端。學者要細心體會，就可以慢慢體會到裏面的深意。

｜注釋｜

〔1〕「虛靈」有些拳譜也作「虛領」。「領」指領項。故有的譜訣又作「豎項」。總之，「頭容正直」是形式，「神貫於項」是目的。儘管各家說法不同，其理則

一。切忌強項。

〔2〕「含胸」又作「涵胸」，當視為同義詞。胸內涵切忌故意用力，唯求胸部寬鬆也。有助於鬆腰和氣沉丹田。

〔3〕「能含胸則自然能拔背」，是把含胸拔背視為一個問題的兩個方面。它必須與弓背、駝背嚴格區分開來，又要與虛領頂勁、提肛斂臀緊密配合，才能體現「身弓」的作用，發勁才能得勢。

〔4〕這裏所示虛實的例子，非指虛步的定式而言。其實，虛實的難處在動勢，比之靜勢更須分清。以弓步的原地進退為例說明：弓步靜勢時，前腿（足）為實，後腿（足）為虛。坐身後，前腿為虛，後腿為實。此理易明，而人多不知在這一變化的過程中，更要注意虛實分明問題。即軀幹由後前移開始時，應以向前腿靠依為主，以向前運動為輔，待至軀幹移於前腿後，再直向前運動。坐身動作，其理同此。尤其是寬弓步的進退身，必須堅持這一原則，才能縱橫相濟，圓轉如意。每見邁步時搖晃不穩，因虛實變換不及時，是其主要原因。

分虛實的再一個重要問題，分虛實以步為例，言之易明，然千萬莫誤解為，只有步法要分虛實。前人的拳論講得好，「一處自有一處虛實，處處總此一虛實」。全身任何部分都有分虛實的問題；而心、意、氣、勁，同樣都存在分虛實的問題。要舉一返三。

〔5〕沉肩墜肘。既是氣沉丹田的需要，更是技法的需要。肩肘鬆垂日久，能使關節韌帶放長，沉實有力。兩肘護肋，伸縮便捷，有利於隨腰轉動，防守嚴密，更便於

隨時發放，故人不知我。臂挺直，失去了變換的靈活性，易為人制。或問：既不可不沉肩墜肘，當手高過頭時又當如何？仍要沉肩墜肘。然則，臂已舉起，如何沉肩墜肘？肩從形式上不能沉，意要沉，故有「鬆肩」之說，臂根要有向外寬鬆的意勁。

墜肘原有稱「垂肘」者。臂不舉則可垂肘，臂舉起則須用意下墜，此即「意上寓下」的原則。切記，越是抬臂舉手，越要注意鬆肩墜肘。

〔6〕不用力何以有力的問題。習太極拳的人非從思想上解決這個問題，便不能自覺地不用力。首先要知道，所謂「不用力而有力」的兩個「力」字概念不同，前面的「力」字指笨力、硬力，或叫僵力、拙力、濁力；後面的「力」字是太極拳的力，一般稱作「勁」或「沉勁」。它不是能扛能抬的那種力，也不同於古代軍事武藝所需的臂力。太極拳的力，是專為太極拳技法服務的力，也就是適應技法「走」「黏」需要的力。這種力的特點是剛柔相濟。形象言之，如綿裏鐵。

太極拳的力不用於頂抗，而是用於收放、蓄發。所以，它的突出特點是柔韌而有彈性；是以心意行氣的結果。從訓練開始就貫徹「用意不用力」的原則，到應用時，仍然貫徹這一原則。太極拳發力，是神、意、氣、形四者的統一，而又「專注一方」的整勁，再藉助「四兩撥千斤」的技法，自能達到不用力而有力的效果。換言之，太極拳所謂「不用力而有力」的力，是指發揮太極拳技法所需要的力，而不是與對手或其他有力氣的人比賽氣力大小的力。因而這種力，只有透過太極拳「用意不用力」這

種特定的訓練方式方法，才能逐步培養出來。

〔7〕上下相隨，是求形整勁整的要領，也是「不用力而有力」的一個重要條件。又必須以神意為指揮，以氣為動力，方能內外相合。上為手，下為足，中為腰身。從總的來說，腰身統御四肢，然不動腳步，腰身也就難以進退。在太極拳技法中，手的作用似乎有些被動，要靠腰腳而後發揮作用，然而，手不表示目的，而腰腳又依據什麼而動呢。所以，上下相隨，身、手、步三者要高度統一，相輔相成，任何一者落後，都會影響到完整性，使身形和意勁散亂。

除此之外，還要注意逆勁，如一手前伸一手同時後拉；推掌時，上邊探肩，而下邊又凸臀；拗勢弓步的形成，顧了向前順肩，就忽略了前腿不自覺地又被向後抽動；或是前腳邁出，腳跟已著地，而腳尖上抗，不及時著地，或是膝部不能及時前屈，或是後腿的腳、膝不能及時跟進等等，也勢必影響到上下相隨的完整性。而且這些影響協調完整卻又不明顯的毛病，又極易被忽視，必須從一開始注意動作的規範化，培養正確的神意，不然，習慣成自然，甚至連事倍功半的效果也得不到。

所以，《太極拳論》中提出了「差之毫釐，謬之千里」的警告。可見訓練必須嚴格，一絲不苟，精益求精，才能有望大成就。

〔8〕內外者，神、意、氣、力與形體也。相合者，高度統一也。為了達到內外統一，先要做到內裏諸運動因素的統一，形體各部位動作的統一。「上下相隨」，主要指「外」合（統一）。神意既指揮氣、力，又統帥形體。

神不只是意志的表現，也是太極拳技法的重要因素。非神聚不能生威；非神聚不能充分調動一切生理機能的積極性；非神聚不能使全部技法所需的內外運動因素高度統一；非神聚，交手時不能形成下意識的條件反射作用；隨心所欲，因敵變化，人不知我，我獨知人。

拳中的「意」不同一般，所謂「有意無意是真意」。在打手過程中，「意」的指揮近於下意識反應，因為思維沒有動作快。在訓練時，姿勢、動作是否正確，運動方向是否合理，勁力的分量、尺寸是否恰當其可……皆賴「意」的正確判斷和指揮。

太極拳的氣、力是一個問題的兩個方面，能行氣才能有力。而氣、力不通過形體的正確姿勢和動作是不能發揮作用的。氣、力必須能全部注於對手身上，絲毫不滯留於己身，才能收到理想的打擊效果。這就是太極拳氣、力的技術標準，也是內外相合的具體體現。

〔9〕「相連不斷」是太極拳特定的技法需要，也就是「知彼」和「走」「黏」的前提條件。相連不斷的技法，需要下一定的工夫，才能訓練出來，概括起來，有「沾連黏隨」四字訣。但技藝未達上乘之時，斷勁也是經常發生的。斷了怎麼辦？要有「斷接之能」，所謂「斷而復連」。關鍵在於「勁斷意不斷，意斷神可接」，故神氣之為用，不可忽視。

平日走架，要以神意為主，用意不用力；每勢動作須一氣貫串，動則俱動，靜則俱靜；邁步如貓行，運勁如抽絲。勢與勢的轉換，勁斷意不斷，迂迴承接，不拐死角，不直出直入，為打手時的「沾連黏隨」奠定基礎。相連不

斷，既需知己的功夫，更需要知人的功夫，非經由推手訓練，不能取得實踐經驗，達到熟練程度。

〔10〕動靜問題，也是太極拳技法的重要內容之一。動中求靜，不僅能使呼吸深長，氣沉丹田，也是提高知覺功能和「知人」的前提條件。然而「捨己從人」的技法，更須以靜馭動。絕對的動，不能欲止即止；絕對的靜，便不能欲動則動，因而動靜也必須陰陽相濟。動中求靜的訓練，首先動時要穩住重心，不偏不倚；運動軌跡，由點連成線，這樣才能克服運動慣性，在任何一點上都能保證進退、走黏的轉換，隨心所欲。

靜中寓動的訓練，主要在心意和氣勢，在重心穩定的基礎上，神氣和姿勢都要寓有躍躍欲動的因素，特別在腰、腳的意勁上，必須寓有欲行又止的氣勢，這樣就能欲動即動，不需現做準備，便能黏依跟得及時。動靜問題，在走架子時不甚明顯，而在打手時就很難掌握，因為有對手的干擾。也正因如此，打手中的動靜要求就更加重要。不透過打手的訓練，就難以取得真知和深切的理解。

五十八、太極拳指明法

| 按 |

此文不知出自何時何人之手，在楊澄甫著《太極拳使用法》中，列於「原譜」部分，即長期流傳的譜訣。此文對各種技法要素做了對比分析，具有樸素的辯證法思想。

太極拳技法，以陰陽相濟為基礎，不論姿勢、動作、意氣，莫不對立統一，要能舉一反三，豁然貫通，認識才能由感性上升到理性，由局部經驗，轉而抓住本質和規律，也才能由懂勁而達到神明程度。然而，千里之行，始於足下，練拳不把基礎功夫訓練紮實，提高便是空談。

| 原文 |

用力不對，不用力不對，綿而有剛對[1]。丟不對，頂不對，不丟不頂對[2]。沾不對，不沾不對，不即不離對[3]。浮不對，重不對，輕靈鬆沉對[4]。膽大不對，膽小不對，膽要壯而心要細對[5]。打人不對，不打人不對，將敵制心服對[6]。

| 譯文 |

此文原為白話，無需再譯。唯內容有必要加以辨析：

「用力不對，不用力不對，綿而有剛對！」從「用力不對」分析，作者說的太極拳，當為以意行氣、不用硬力

的技法方式。但又說「不用力不對」，顯然自我矛盾。結論作「綿而有剛對」，那麼「綿而有剛」是否和「不用力不對」為同義語？

《太極拳論》說「人剛我柔謂之走」，那麼兩個剛字是否同一定義？「斯技旁門甚多，概不外壯欺弱，慢讓快耳」。有主張「以意行氣」者；還有主張「以意使氣」者，所謂「剛柔相濟」；更有主張「以力使氣」者，所謂「無氣純剛」「養氣者純剛」。三種情況是客觀存在，但不可不知其區別。

「沾不對，不沾不對，不即不離對！」沾為滯沾的病手屬禁忌。「不沾不對」的沾為沾黏連隨的沾，有人作粘。「不即不離」是沾勁的規範體現、輕靈的體現。

「膽大不對，膽小不對，膽要壯而心要細對！」「膽大」與「心細」難道不能並存麼？且膽壯與膽大又如何區分？

「打人不對，不打人不對，將人制心服對！」何為「打人」，何為「不打人」？與制人心服的標準又如何區分？「打人」「不打人」

「將人制心服對」，只怕作者也無確切的定義。也或「打人」的原意指「傷人」。

｜注釋｜

〔1〕「用力」指有意識地使肌肉緊張、努力使氣的硬力；「不用力」指故意為鬆而鬆，無技擊意識地虛浮著兩手。在技法上，這兩種情形皆屬於「偏」字病。純剛易折，純柔無主，病在陰陽難以相濟。「綿而有剛」者，意

為統帥，氣行周身，於松沉之中求舒展，不用濁力，動作綿軟，日久內勁自生，剛柔兼備矣。

〔2〕「丟」則斷，包括形斷、意斷、氣斷，勁斷，斷則有隙可乘，同時失去必要的知人條件。「頂」則滯，易被人引進落空。

丟頂是動作盲目性的表現，與技法要求的「人不知我，我獨知人」原則背道而馳。「不丟不頂對」，通固然通，卻沒有道出防止丟頂的辦法。應該說「沾連黏隨對」。能此四字，丟頂之病自然不存矣。

〔3〕「沾」與「黏」有別，黏是技法要素，沾為病手。共同點，都是相互連接，不同點，黏是我控制人，沾是人控制我。黏人過死也為沾。「沾」有人作「粘」。不沾黏便沒有控制對手的勁，叫「丟」。「不即不離對」，對就對在無過無不及。既不占煞，也不漂浮，恰是不丟不頂，卻又不使對手擺脫開我的控制。

〔4〕「浮」是故意擎著勁，肢體不能鬆沉。「重」指用硬力壓人。「浮」「重」與「不用力」「用力」的詞義類似，無實質的差別。故「輕靈鬆沉」與「綿而有剛」的要求也一致，剛即鬆沉，綿則輕靈。

〔5〕膽大、膽小指的是心意，表現為怯敵或滿不在乎等情況。膽怯時，精神先失敗了，技法也就得不到充分發揮。蠻幹，驕敵易失。既要膽壯，又要心細，是打手競技最正確的精神狀態。但是這種精神力量，卻離不開物質基礎，所謂藝高人膽大。若藝不如人，光靠精神支柱也是難以取勝的。

〔6〕打人對與不對的問題，應當說標準是多方面

的，關係到武德、技法、場合等。從武術的歷史作用來講，它主要用於武力爭鬥，打是主要作用。從武德的角度說，應該儘可能地不出現傷亡為好。又要看武鬥的性質，對敵鬥爭和友誼競賽總是有差別的。當然，打有不同打法，制勝的目的則一，所以說「將敵制心服對」。身敗心服是敗，身敗心不服也是敗。

太極拳之所以強調使人心服口服，而不以傷人為能者，一是不願意樹敵；一是技法有此功能。太極拳技法，要求用意不用力，這就能保證勝人不傷人。即練習打手、攻擊時甚至也不做打人之想；人被擊出，猶如風吹落葉，並無疼痛感覺。作為體育和友誼競技比賽，則更不應存行兇鬥狠之心，宜以技巧服人為主。但體育競賽也不能把失敗作為「制人心服」的藉口。

五十九、八法八要

| 按 |

「八要」者，因八句當中各有一要字，也有要領之意，很有參考價值。然僅用二十四字也很難概括全面。可與《八法》等文章互相補充，綜合領會，方能使認識更為深刻全面。

此「八要」論的最大缺點在於沒有明確說明必須皆以「捨己從人」的原則為前提。

| 原文 |

掤要撐[1]，捋要輕[2]，擠要橫[3]，按要攻[4]；
採要實[5]，挒要驚[6]，肘要衝[7]，靠要崩[8]。

| 譯文 |

掤法要有撐的勢和勁。捋法因順勢借力故勁要輕，則人難知防。擠法，與人貼接的腕臂要橫著更能得勢。按法為引進技法，但須一引即攻方能相濟，不為人乘。

「採要實」，實謂切實，非強調用力（但也有主張用力者）。「挒要驚」，驚在突然，或用猛力。也有人認為採要驚，這是用力的太極拳的主張。肘法用勁以促勁為宜（「衝」字也或即是此意）。靠法要用崩彈勁，因肘、靠皆須挨近彼身始可用，故勁法多取「寸勁」方式。

｜注釋｜

〔1〕撑指掤手的臂部應圓撑，利於彈勁的發揮。關鍵在善於沉肩墜肘，以身力進掤或坐掤。

〔2〕捋法的形式甚多，各有所長，在應用時不可受門派侷限，要根據實際情況，擇適當手法用之。從各家套路的動作來看，有用掌、腕、前臂纏捲者，有用掌於對方的腕肘採引者，有捋而後擠者，也有捋而後發放者。總之手要輕是第一要義。然輕不是浮，要黏住對方。技術高手，捋人使進，彼不敢不進。切忌抓握和用力拉拽，而要退中寓進，引中寓黏。

〔3〕「擠要橫」，是指擠的前臂要橫，不是指身形和發勁的方向。「擠」也須撑。發勁要借腰、腳之力，或綿軟發長勁，或剛脆發寸勁，或發勁後仍保持圓撑的形式，或隨擠勢將雙手向前抖開。

〔4〕「按要攻」是把按作為「引進落空」的手段，有向體前下方按者，也有略帶側方下按者。按同樣要輕，不輕不能及時轉入反攻。按之所以強調要攻，因對方易順勢進步撞擊也。

〔5〕「採要實」不是要求用力，而是採人之手要落到實處，不問實不採，所謂打實不打虛。也就是說，不採則已，採必中。

切記，採應用身力。經常與轉體相結合，而後順勢移步，我為軸心，令彼走圓周。

〔6〕「挒要驚」是指一種突然用力拽的方法，與迴旋式的 法不同。採挒二法，至今沒有大家公認的統一概

念。「驚」字概念不明確，是指用力還是指突然？

〔7〕「肘要衝」指順勢進步頂肘的方式。太極拳技法的一個基本原則就是不要涉險。沒有十成把握，不要盲目發著。

故雖有些「著」宜配合進退步而發揮更大作用，但動步時，必須手上先控制對手，進步才不涉險。善攻者，專擊人於起步之時，故移步也須借力而為之。

〔8〕「靠要崩」僅是靠法的方式之一。崩即用寸勁彈，當先引而後崩，所謂「靠打一陰返一陽」。又常與撞相結合，也可用綿勁掀、撥。靠忌主觀盲動，必須順勢借力為之，否則易為人乘。

六十、八法秘訣

│按│

據說此訣流傳於趙堡鎮拳系中，但不知為何人所撰。語言通俗，寫作時間，可能不會太早。另據黃元秀編著的《太極要義》《武術叢談》記載，此訣為譚孟賢所著，譚另著有《推手法之原理說明》一文，附於本文後，僅供讀者參考。

黃元秀（1884——1954 年），字文叔，辛亥革命元老，曾隨楊澄甫、楊少侯學習楊式大架太極拳、楊式小架太極拳，向「劍仙」李景林學習武當對手劍。譚孟賢，字兆熊，號夢賢，黃元秀戰友。

此訣內容以闡述八法的勁法為主，多以形象比喻，很有啟發作用。然無實踐經驗的人，卻也難悟其所以然。從某些技法分析，也似有武式的經驗。

│原文│

掤勁[1]義何解？如水負舟行。先實丹田氣，次須頂頭懸。全身彈簧勁，開合一定間。任有千斤重，漂浮亦不難[2]。

挒勁義何解？引人使之前。順其來勢力，輕靈不丟頂。力盡自然空，丟擊任自然。重心自維持，莫為他人乘[3]。

擠勁義何解？用時有兩方。直接單純意，迎合一動中。間接反應力，如球撞壁還。又如錢投鼓，躍然聲鏗鏘〔4〕。

按勁義何解？運用如水行。柔中猶寓剛，急發勢難當。遇高則膨滿，逢窪向下潛。波浪有起伏，有孔無不入〔5〕。

採勁義何解？如權之引衡。任爾力鉅細，權後知輕重。牽動只四兩，千斤亦可平。若問理何在？槓桿之作用〔6〕。

勁義何解？旋轉如飛輪。投物於其上，脫然擲丈尋。君不見漩渦，浪捲如旋紋。落葉墜其上，倏然便沉淪〔7〕。

肘勁義何解？方法有五行。陰陽分上下，虛實須辨清。連環勢莫當，開花捶更凶。六勁融通後，運用始無窮〔8〕。

靠勁義何解？其法肩、背、胸。斜行勢用肩，肩中亦有背。一旦得機勢，轟然如山崩。仔細維重心，失中徒無功。

附：譚孟賢著《推手法之原理說明》

十三勢根據五行八卦之理而成，由練架子之十三勢而發生推手之十三勢。

所謂五行，又分內外二種：

1. 形於外者，為進、退、顧、盼、定。

2. 發於內者，為拈、連、黏、隨、不丟頂。

至於八卦亦分內外二種：

1. 形於外者，為四正四隅，即東南西北四正方及四隅角是也。

2. 蘊於內者為掤、捋、擠、按、採、挒、肘、靠。

但形於外者為勢，蘊於內者為勁。用勁之時，其根在腳，發於腿，主宰於腰而形於手指。故太極拳練架子時，蓋所以練勁，練推手時，蓋所以求懂勁也。

拈：如兩物互交，拈之使起。在太極拳術語，謂之拈勁。然非直接拈起之謂，實間接拈起之謂。而含有勁意，雙兼之兩義。譬如敵我兩人推手或交手時，敵人體質強壯，氣力充實，馬步穩固，則勢難將敵人掀動或移其重心，則用拈勁，即能使敵人自動失其重心。其法先用意探之，使敵人氣騰，精神向上注，則敵體上重而腳輕，其根自斷。此即敵人之自動力所致。我則順其勢撒手以不丟頂之勁，引敵懸空，是謂拈勁。（拈同沾）

連：貫穿之謂。手法毋中斷，毋脫離，接續綿綿，無停無止，無休無息，是謂連勁。

黏：即沾貼之謂，彼進我退，彼退我進，彼浮我隨，彼沉我鬆，丟之不開，投之不脫，如沾似貼，是謂黏勁。

隨：隨者，從也。緩急相隨，進退相從，不即不離，不先不後，捨己從人，量敵而進，是謂隨勁。

不丟頂：丟者，離開也。頂者，抵抗也。即不脫離、不攘先、不落後之謂也。

｜譯文｜

此文對八法的應用，是從以勁法為主的角度加以解說的。

掤勁：

「如水負舟行」。比喻很貼切。身法必須要有「虛靈頂勁」「氣沉丹田」的配合。所謂「彈簧勁」是比喻動作先向下沉勢引進（即「合」），立即由下而前、而上將彼雙臂向前上方托起。

捋勁：

引彼使之近我。但須藉助彼進攻之勢力的運動慣性而捋，方能輕靈。待彼勁盡、失衡之後，即可乘勢反擊。但捋時自己先要重心穩定，不要讓彼趁我捋勁，順勢而衝擊於我。

擠勁：

用擠有兩種方式。或借彼進攻之勢，先引進而後以擠法反擊。或是如武式「打來勁」之法，當彼攻勢將挨我身手時，我突然以促勁迎頭反擊（擠），彼力即轉化為反作用力。故喻作「球撞壁」「錢（硬幣）投鼓」。

按勁：

動作勢如流水。勁應剛柔相濟，順彼來勢先由上而下向身前按抹，然後根據彼反應之勢，彼向上我即順其勢由上前推；彼向下我即相隨由下向前推出。勢為波浪起伏一般，從人之勢而反擊。

採勁：

如在秤桿上移動秤砣一般。此作者認為是槓桿作用。也是用牽引的方式，使彼失去平衡（所謂「千斤亦可平」，比喻失當。可能沒有能稱千斤的槓桿秤）。採人是為了使人失去平衡。只有被採的人產生不自覺的運動慣性，才會沒法找回中定平衡。

捌勁：

「旋轉如飛輪，投物於其上，脫然擲丈尋」之句，為離心力之作用。「君不見漩渦，浪捲如旋紋。落葉墜其上，倏然便沉淪」之句，為向心力之作用。這是談 法 勁有兩種相反的形式

肘勁：

本文對肘法的認識頗有新意。認為上下、前後、左右皆可用。不限平頂方式，而且還宜「連環」施為，分清虛實，能有無窮變化。

靠勁：

肩、背、胸皆可用於靠法。側方宜用肩靠，又可轉化為背靠。「一旦得機勢，轟然如山崩」比喻靠勢靠勁快而促。自身務必沉穩，發勁才能得勢。

｜注釋｜

〔1〕勁是法的動力。勁形於內，法形於外，表裏一致，才為協調完整。故言勁也離不開法。

〔2〕以水載舟運行喻掤法掤勁，頗為形象。掤法是借對方的壓力，因勢沿向下的弧形軌跡向前上方將對手托起，形似浪濤將船推上浪峰。所謂「氣宜鼓盪」是也。

〔3〕對捋法的要領，概括得非常中肯，唯其中的「力盡自然空」稍嫌消極了點兒，一般應把握在對手的「舊力將盡，新力未生」之時即組織反擊為宜。過於消極也易為人所乘。

〔4〕所謂擠有兩方，即一為「引進落空合即出」；一為以靜待動。「認定準頭」用「寸勁」將彼反彈出去，

即「打來勁之法」。前者常借挒手而後擠，後者常針對彼推撞而擠，形式與掤手類似，唯其勁法不同。以錢投鼓後的反彈情形喻之很貼切。難在「認定準頭」火候時機的把握。

〔5〕按勁原指下抑勁法，因有回收之勢，故有引進作用，也是「引進落空合即出」的典型。凡引進必緊隨發放，「按」常與前推相結合，所謂「如水行」即是「波浪有起伏」。蓋按手與推結合時，必須一圓（立圓）復始，勢如浪捲，所以又說「急發勢難當」。

〔6〕「權」（ ）古指秤錘，也可作動詞，謂稱量。衡（ ）指秤桿，泛指稱量的工具，也可作動詞用，即稱量之意。「如權之引衡」，即以秤的槓桿作用喻採勁之理和形式。由此而知，作者的採法，是以一手攏彼腕作力點，另手將彼撥出（橫撥）、掀起（上下撬）或先挫其重心而後擊之之法。

我們對這種採法的概念不加可否。唯使用槓桿手法時有一點必須注意：槓桿固可以省力，但作為力臂的前臂的長度不過尺把長，其省的力也就有一定的侷限，故對力大、體重的對手需要慎用，或與其他手法結合應用，方有把握。盲目蠻幹，也可能被人所乘。故採又宜與隅步結合。

〔7〕此挒勁作旋轉施為之法，以飛輪擲物喻之，不如形容採法更為貼切，因係離心力的作用。以漩渦墜落葉喻之則甚得當，因係向心力的作用。挒法亦當與隅步相結合，「開花捶」即反背捶，即頂肘遇阻，緊接用捶反擊，故曰「連環勢莫當」。捶再受阻，又可順勢而下，或按或

採挒，皆須一氣連環，不可遲滯或停頓。各勢皆按此規律運用，非肘法獨然。要能因敵變化而變化，切忌臆測妄斷，盲目進退。「虛實須辨清」，此之謂也。

〔8〕「斜行勢用肩」即側身以肩撞擊之法。隅手必然配合進步（插向對手襠中），整身而進。「肩中亦有背」即肩靠如遭阻，隨即轉體背靠，此亦連環之勢也。手、肘、肩、背一氣貫串，連環使用，唯須因敵變化，順勢借力，猶宜守住中土。

此四手的連擊，皆向體前轉體為之；若肘接「開花捶」式，乃向背後一方轉體為之；而靠法中背、肩靠，向左右及前方皆能用，但須因勢制宜。「肘」「靠」皆近敵身才能發揮作用，勢雖猛烈，卻也有涉險之危，非有連環手法，難保無虞。如「野馬分鬃」「抱虎歸山」等勢，也極便於和肘、靠相連環施展。

六十一、身法論

| 按 |

此文不知出自何時何人之手，以言身法為主，當為口頭流傳訣要的彙輯。原無題目。

| 原文 |

一肩高，一肩低，低低高高不整齊[1]。低昂迭換多變化，七楞十二也出奇[2]。

十趾抓地兩膝分[3]，攔脈碰開砸腰筋[4]。沉肘塌肩，束肋下氣[5]。高者無處不高，合者無處不合[6]。頭似鷹鷂，腰如龍跳，腿似琴調[7]。

| 譯文 |

肩一高一低則形偏，影響重心穩定，勁也必不整，故要求「無使有高低處」。但不排斥高低不斷的變化形式（此也是一家之言）。

「十趾抓地」（謂實足或全掌著地的腳）利於立足的定勁。「兩膝分」利於圓襠下氣，但膝尖須與足尖對齊，注意「提肛斂臀」的要求。

「攔脈碰開砸腰筋」，文字可能有誤，無疑說的是「充實帶脈」（腰圍）的要求。

「沉肘塌肩」，太極拳術語作「沉（鬆）肩墜（垂）

肘」。「束肋下氣」，兩肋有收斂的意識，利於「氣沉丹田」，但要在意不在力。

「高者無處不高，合者無處不合」，亦即「周身一家」的具體表現之一。與「一開無處不開，一合無有不合」的要求屬同一系列。利於形整勁整。

「頭似鷹鶻」，即對眼神敏銳的比喻。

「腰如龍跳」，或說「行如槐蟲」，欲伸先屈則伸展得力，也作「曲中求直」。

「腿似琴調」，喻步有縱躍之能，但必須與身手動作協調一致，方能為用。

上述身法或出自某種太極拳的特定方式，也或是其他相類拳種。部分內容是從「乾隆時抄本太極拳譜・歌訣一」引申出來的。

｜注釋｜

〔1〕一肩高一低，多為身形歪斜的反映。形體偏斜，必至散亂，故說「不整齊」。

〔2〕這是說姿勢上的高低凸凹等缺欠，與技法上需要的高低變化不同，所謂奇正相生。身法中的低昂正斜，由於重心穩定，是變化的條件，而不為病。姿勢上的缺陷，乃出於無心和不自覺的盲目性。其中「七楞」，當是文字有傳抄之訛。

〔3〕「十趾抓地」，即十趾與足跟著力，足心空涵，有利於步法的虛實、開合變化。「兩膝分」是謂不要襠部夾緊，襠宜圓撐，膝分容易出現敞襠的毛病。確切地說，股宜張，而膝宜扣，又應與足尖相照，使開勁、合勁

相互制約。

〔4〕這一句，有的抄本作「帶脈膨開參腰勁」。對照分析，可認為原意即為充實帶脈。帶脈指循腰環行一週之脈。「攔脈」二字，可能攔字有誤，也許借用「攔腰」的意思。「碰」「砸」二字當為膨、參之誤（參爭張開）。筋不如勁字恰當。充實帶脈是加強腰勁訓練的方法。

〔5〕「塌肩」現在多為「沉肩」。束肋與參帶脈相對應，利於氣沉丹田。

〔6〕這兩句是說全身動作要一致，「仰之則彌高，俯之則彌深」「開之則俱開，合之則俱合」，所謂周身一家也。

〔7〕「頭似鷹鷂」者，喻眼神也。「腰如龍跳」者，或說「行如槐蟲」，喻腰之屈伸也，配合縱躍及蓄髮。「腿似琴調」，謂步應與手、眼、身協調一致，並具有彈力。

六十二、審敵法

|按|

審敵者，即打手時觀敵、量敵之法。文章從多方面介紹了臨陣觀察對手用意和動作的竅要及應對之策，有助於提高競技效果。

但其中也有局部經驗，不可生搬硬套，統統作為普遍規律來應用。太極拳知人，當以聽勁為主。

|原文|

與人對敵，先觀其體大小。如身體大，必有莽力，我以巧應之；如其身體瘦小，必巧，我以力攻之[1]。此謂遇弱者力取，遇強者智取。無論其人大小，如彼高勢，我可以低勢；如彼低勢，我可以高勢，此謂高低陰陽之法也[2]。欲觀敵人之動作，先觀其眼目情形，次觀其身手。如敵想用拳打，先觀其肩尖必凸起；或觀其後撤，如敵欲用腳蹬，其身必先灵。理之所在以定情形[3]。如能先知，何其不勝。如敵喜色交手，我以柔化之；如敵怒目突來，其心不善，我用力十分擊之。此為出乎爾者，反乎爾者[4]。望敵無怒，練太極拳的人，先禮後兵[5]。與人對敵，出手快慢不等。如敵手慢，我使沾連黏隨手，如敵手快、亂打，我心要靜，膽要壯，觀其最後來近之手，我專注一方，或左右化之而還擊。常言：不慌不忙，順手牽

羊。為太極「動急則急應，動緩則緩隨」之理[6]。與人對敵，其法不一，如敵來近、上搭手、下進步，走即黏、黏即走。如敵竄躍為能，不敢來近，我以十三勢擇一勢等之；不要遂其竄躍，如虎待鹿之理。敵為卦外之行走，我為太極之中點。我主靜，穩也，敵主動，躁也，躁火上升而不能忍，十分鐘定來攻擊，此為相生相剋，敵不難而入圈內矣。此太極生兩儀、四象、八卦，定而不可移也[7]。

太極用功法有三：分天盤、人盤、地盤[8]。先練順，次練勁，後練巧[9]；先開展，後緊湊[10]。如此練法，然後可用矣。

｜譯文｜

本文為白話，不再作譯。唯對其內容需作一定分析。太極拳不但要知人，還要使人不能知我。雖不排斥視覺的作用，但更主要的還是需要掌握聽勁、知人的能力。故強調「立如平準」「一羽不能加、蠅蟲不能落，人不知我，我獨知人」，比「知己知彼」的要求更高。

本文第一自然段，以目測對手的「體大」「體小」，作為判斷其「力大」「力小」的依據，這種觀點並不可靠。且「以巧」應對「有蠻力」者，以「力攻」「瘦小」者之法，失於主觀，如此審敵，很難適應「沾連黏隨」技法形式的需要。

再如「彼高勢」我以「低勢」擊之，「彼低勢」我以「高勢」擊之，雖也符合陰陽相濟之理，但太極拳技法能以弱勝強，既要以「捨己從人」為前提，又要以「走即是

黏，黏即是走」為準則，即「高勢」「低勢」相互對待，也須以「知人」為依據，不能刻舟求劍。

第二自然段中講的是用直觀方法判斷彼將使用的技法動作。即使判斷準確，也不能判斷出來力的強度、速度和幅度，不能適應太極拳技法「彼一動，我先動」「捨己從人」「沾連黏隨」的需要。

所謂「如敵喜色交手，我以柔化之，如敵怒目突來，其心不善，我用力十分擊之」，無疑不符合「人剛我柔謂之走，我順人背謂之黏」的技法原則。何況「敵強我弱」，我即「用力十分」也未必不敗！

第三自然段的主題講的是接手的方式方法。如「不慌不忙，順手牽羊」「動急則急應，動緩則緩隨」「心要靜、膽要壯」「沾連黏隨」等，這些原則是正確的措施。由此更可看出，前面講的「我以力攻之」「我用十分力擊之」的技法原則，與太極拳走黏技法格格不入。《太極拳論》指出：「本是捨己從人，多誤捨近求遠。」批評的不正是上述情況嗎？

第四自然段是例解接手、搭手的方式方法，核心是「以靜待動」「捨己從人」「走黏陰陽相濟」。理法易懂。須知，欲要落實這些技法原則，不訓練出相應的知己知彼功夫和聽勁能力，便無從發揮技法的應有作用，紙上談兵則毫無意義。

第五自然段講的是訓練方法及其原則。天、地、人三盤是架式高、低、中的術語。「先練順」主要是知己功夫；「次練勁」既是知己功夫，更涉及知人的功夫；「後練巧」指走黏技法的變化，輕靈而又令彼莫測，核心在於

「人不知我」。

訓練要「先開展，後緊湊」。肢體的關節須經開展的訓練才能舒鬆放長靈活。「後緊湊」重點是技法形式，也即動作，幅度越小，走黏相濟越嚴謹。知己功夫須經過推手的檢驗和提高，才能適應技法的需要。「懂勁」「神明」的走黏功夫，更是非透過推手訓練便無從認識和掌握其運動規律。須知理論不能替代實際。

｜注釋｜

〔1〕見強者巧取，見弱者力勝。在一定條件下（即強者、弱者，皆以力攻我，技術水準不高）有可能取勝，但非絕對有把握。

《太極拳論》中就說：「斯技旁門甚多，雖勢有區別，概不外壯欺弱，慢讓快耳。」「察四兩撥千斤之句，顯非力勝，觀耄耋能禦眾之形，快何能為。」可見力只能降拙，而弱者不見得必藝低。

太極拳技法，當一貫尚意不尚力為原則，以知己知彼為準繩，不存絲毫僥倖心理。我藝之巧既能勝莽力，對弱者又何必力取。

〔2〕以高制低、以低制高之法，常規也。不僅姿勢高低，對待如此理，即使身體之高低，對待也可持此理。其他如奇正、進退莫不如此理。但也不可絕對化，須知陰陽相濟之為用。高即低，低即高，奇即正，正即奇。《易》者，變化。變是唯一的真理。

〔3〕判斷對手的動機、目標、方法等，要靠實踐經驗，二手資料雖可借鑑，無實踐經驗者，仍不能判斷及時

和準確。這是觀察能力的訓練，實踐日久，又能細心總結經驗，方能心領神會。

〔4〕以柔化待友誼，以十分力對敵意，這和前面對待力大、力小的問題一樣，不符合太極拳技法原則。不能單純以對手的喜怒表現作為反擊應對的依據，太極拳更忌用「十分力」。前人有這樣的經驗，「彼無力我亦無力，我意在彼先；彼有力我亦有力，我力在彼先」。其中兩「先」，排除了抗、頂的可能。當慎之又慎！「人剛我柔謂之走，我順人背謂之黏」，才是太極拳定而不移的技法原則。

〔5〕望敵無怒，不僅是先禮後兵，也是不見形色的技法原則。且怒則氣浮，難以以靜制動。靜是捨己從人原則的前提條件。

〔6〕不論對方手快手慢，能接手是關鍵的一步。接手固要眼明手快，更重要的是要「立如平準」，虛實分明，「挨著何處，何處接應」，觸之旋轉自如，非如此不能應對無誤。

〔7〕太極拳技法與人對手，以捨己從人、以逸待勞、以靜制動為主，不可追逐打人，連夠著打人也不可以，要能引進（勁）落空，才能後發先至。所謂「卦外之行走」者，即對手在我身之外圈，我據圓心。不僅未搭手之前如此，搭手之後仍應如此。此法即圓心與圓周的關係。

〔8〕天、地、人三盤者，謂姿勢的高、低、中三種情形。

〔9〕「先練順」，即先求姿勢順遂之能，此技法之

物質基礎。具體說，即轉體之能。「次練勁」，不是指練力，而是說在掌握了正確的姿勢、動作之後，當研究與此相一致的勁法。太極拳之勁法，核心在於以意行氣，氣達四梢。勢與勁合為一體，即謂之周身一家，勁整也。「後練巧」者，必以前二者為基礎，神意領先。巧就巧在用意不用力，逆來順受，隨心所欲。

〔10〕「先開展，後緊湊」，是指訓練方法。先開展，能舒筋活絡，以求身長力厚之法。後緊湊，是先開展取得成果之後，轉向應用之訓練也。凡應用，當以小巧為宜。動作小巧，自然攻守嚴謹。因太極拳技法以圓（圈）的運動形式為主，故其緊湊的實質即圈由大縮小，以至最後有圈之意而見不到圈之形為巧妙。

六十三、坐功與太極拳之關係

| 按 |

此文不知出自何人之手。顯然，作者對坐功頗有研究，但對太極拳卻無深刻瞭解。將太極拳的訓練原則與坐功的修練方法對照分析，甚有見地，尤其對二者的關係，態度明確，認為練拳「當與丹功並進，動靜雙修，工比兼併，自有補益」。與那種認為太極拳是張三豐創始的「道教的一種修練手段」的觀點，有著實質的差別。

但必須明確，坐功與太極拳的神意作用，有本質的差別。不能設想，只要神清氣聚就無堅不摧，拳法更須「懂勁」「神明」之功，否則，何以說「能黏依然後能靈活」，連黏相隨陰陽相濟方為「懂勁」「用力（功）之久」才能階及神明。

本文作者妄想把唯心的神氣觀點用於拳法，便會取得「氣力如電」「磚石俱裂」的技法效果。本書輯錄此文的目的，是想提醒太極拳愛好者，練拳應從實際出發，實事求是，切莫妄聽妄信，對太極拳抱有不切實際的追求和幻想。

| 原文 |

所謂坐功者[1]，陰陽也。拳謂太極，亦含有陰陽也。調和陰陽，聚於祖竅，久而不捨而成丹[2]，凝結神

氣，充塞通身，斯為拳[3]。此拳也，不同流俗，不比凡工。如有志此功者，當與丹功並進，動靜雙修，工比兼併，自有補益[4]。神是氣之領導，氣是力之生母。無神領導，氣無所依，必致散漫。力無生母，必致力竭身疲[5]。而坐功所養者，神氣也。

用神氣而使為拳者，亦取其神能充塞天地，彌合乾坤；無物不載，無處不覆；無時無地不光明，其神氣之力，大無窮也[6]。但凝神聚氣，必有秘方；鍛鍊筋骸，必有要訣。神非鎮靜不能清，氣非聚結不能剛[7]。凡入手者，心之鎮靜也，使丹田穩固[8]。體不宜仰，心不宜亂，目不宜側視，耳不宜亂聽。伸肢體而以曲為直[9]；用神氣而以弱為強[10]。手一出，神先領導；足一動，氣先隨之。故用神氣，當以目領意導，神氣莫不相從而至。

以弱為強者，恐用力而氣散漫輕浮也。以曲為直者，恐全身氣竭力脫也。用力是表面之引導，神氣是筋骨之護衛[11]。久久鍛鍊，日日演習，目到則神至，意聚則神凝，手到則神氣畢集，著足則力量俱來。以日常團結之神氣，破彼散漫無規之躁氣；以凝結充盈之真力，破彼強暴之勇氣。彼伸手屈足，我屈躬抱肱；彼武威揚，我屏氣藏神；彼直奔，我斜進；彼前撲，我後閃[12]；正是懷祖氣以破血氣，含真力以待乏力也[13]。來太猛者，足見其血盛；進力速者，可證其氣散[14]。

夫此太極拳與坐功之原守之旨，吾知其相同不謬也。望學者思其理，究其意，日日時時鍛鍊。真氣真力與坐功之表裏相符，並用可也。

坐功之前，先鎮心凝神；使拳之前，亦須如此。守玄

注竅[15]，如貓撲鼠；練拳出手，亦須如此。

旋轉固天，神氣相依而動；使拳立身，亦是神氣相繼而至[16]。用手推，勢如推門不欲其響；立足換足，如履棉絮，不得踐實[17]。漸漸練來，手不出則已，既出則氣力如電；足不踏實則已，踏實則磚石俱裂。此後練者，宜深思之。

所謂太極，陰陽在焉。抱神以靜，氣貫丹田；以逸待勞，性定神安；輕撥則靈[18]，進退如意，幸勿滯沾；宜平宜穩，坦坦然然。浮躁妄動，門徑謬矣[19]。

｜譯文｜

道教的坐功，理法陰陽。拳名作太極，也含有陰陽。坐功調和陰陽，凝聚於祖竅（穴位名稱，在兩眉之間），日久不捨，就能成丹（據說有長生不老的作用）。使神氣充塞全身，就是練拳的目的。此拳不同於一般拳法的功能，如有心鑽研者，可與丹功兼習，動靜雙修，必獲益更大。因氣賴神來領導，氣為力的生母。氣失去神的領導，便會散漫無所歸依；力無來源，用之必然枯竭身疲。坐功修養的就是神氣。

用神氣於拳法，也是因為神氣能充塞天地，彌合乾坤，無物不載，無處不覆，無時無地不光明，其神氣之力，大無窮也（這是從唯心論宇宙觀引申過來的，認為精神創造一切。太極拳的神氣是實事求是的，二者有質的區別）。但凝神聚氣，必有秘方。

鍛鍊筋骨，也必有要訣：神必鎮靜不能清淨無雜念，氣非聚結（也就不是「以意行氣」了）不能有力（指硬

力）。練拳時先要鎮靜，使丹田（指臍下三寸處）穩固（拳家要求「氣沉丹田」「氣宜鼓蕩」）。體不宜仰，心不宜亂，目不宜側視，耳不宜亂聽（本當禁忌，卻作「不宜」，有原則性的差別）。伸肢體而以曲為直，用神氣而以弱為強（意義不確切，有文字遊戲的意味）。手一出，神先領導，每一動，氣先隨之（難道出手氣不隨，動時神不領導）。故用神氣，當以目領意導，神氣莫不相從而出（拳家經驗：「心〈意〉為令」「氣為〈令〉旗，神為主帥，身為驅使」，動序為：意、氣、神、形）。

以弱為強者，恐用力則使氣散漫輕浮也；以曲為直者，恐全身氣竭力脫也（拳家認為，「用意不用力」，實因「敵強我弱」；「以曲為直」，方能屈伸陰陽相濟）。用力是肢體表面的引導，而神氣則是筋骨的護衛。故訓練日久，便能眼到則神至，意聚則神凝。手到則神氣畢集，著足則力量俱來（以意、氣、神為主的拳法，追求的是技巧，而非「力量」）。競技時，我以日常練出來的神氣，很容易破彼散漫無規的躁氣（喻蠻力），以凝結充盈之真力，易破彼強暴之勇氣（所謂「血氣方剛」）；彼伸手屈足我屈膝抱肱；彼武威揚，我屏氣藏神；彼直奔，我斜進；彼前撲，我後閃，正是懷祖氣以破血氣，含真力以待乏力也（且不問「真力」為何，只要是氣力，離開了肢體，筋骨便無從發揮技法作用。「四兩撥千斤」的方式方法，是恃巧還是恃力，還不夠明確嗎）。來勢太猛者，是證其血氣太盛；來力極快者，可見其力散而不整。

所以，太極拳與坐功原本遵守的主旨，我相信是相同的。因而學拳的人當由此而發悟，堅持練習，與坐功相表

裏，必然練出真氣真力。

坐功之前須先靜心凝神，使拳之前也須如此。坐功須神意貫注於玄關、祖竅，「如貓撲鼠」（此語是拳家以「貓撲鼠」的神形，啟發領悟蓄發勁的方式方法，作者引用於坐功，可真難以理解。因坐功必須「身正、垂臉、入靜、物我兩忘」。從這點也可肯定，神氣用於拳法和坐功是兩種不同，甚至說是相反的方法）。練拳出手，也須知如此。

旋轉固天，神氣相依而動（這點指坐功）。使拳立身，也是神氣相機而動。例如用手推的動作，其勢恰如推門不欲發聲響一般；立足換足，就像走在棉絮上不能踏實一般。如此練習日久，手不出則罷，一出便能氣力如電；足不踩實則罷，一踩實能使磚石碎裂。所以，以後再練拳，應多從這方面思考（無可稽考的效果）。

所謂太極就是陰陽的結合，練習此拳，當抱神以靜，氣貫丹田。打手須以逸待勞，性定神安；輕撥則靈（要真氣真力何用），進退隨意，切莫滯沾；宜平宜穩，坦坦然然，浮躁妄動，則門徑大錯。

注釋

〔1〕坐功，指道教靜坐調息的修練方式方法。

〔2〕祖竅，在兩目之間。道功認為此竅是玄關出入、明心見性的門戶，是鎖心猿意馬的樁，是延年益壽的階梯。此處的「丹」字，乃指調息養氣的成果，也指祖竅的具體部位。不是指道教早期燒煉的所謂金石丹藥。

〔3〕「通身」即全身。這是強調神氣因素在練拳中

的另一作用，亦即與坐功相通的部分，並非太極拳只練神氣。

〔４〕這是說練拳當以動作訓練為主，可輔以坐功，有助於內外兼修的效果。沒有「太極拳即是道功」的意思。此論頗為客觀。

〔５〕這一段，以自問自答的形式，闡明神與氣、氣與力的關係。

〔６〕這一段是從神氣的一般規律來闡釋神氣與太極拳的內在聯繫。

〔７〕這一小段是從原則上論述凝神聚氣、鍛鍊筋骨的要領。下面再作具體說明。

〔８〕「入手」即開頭、開始之意。先使心神鎮靜，氣沉丹田。這是練功的前提條件。

〔９〕「伸肢體以曲為直」是太極拳姿勢的基本形式。各關節作不同程度的角或弧，忌挺直，有利於動作變化靈敏，屈伸自由；也防止肌肉緊張，有礙於氣血暢通。

〔10〕「用神氣而以弱為強」，這是運神行氣的根本法則。蓋神、氣之為用，全賴心意，不在用力。越不用力，則神氣越活潑，越用力使神氣，則神氣越受壓抑。

〔11〕這一段闡述肢體以曲為直、神氣以弱為強的方法和道理。

〔12〕這些是相對的句子，其內容皆指打手而言。從神氣到姿勢動作，說明勝敗的根源（指太極拳與非太極拳之打手情形）。

「躁氣」指血氣之勇。「真力」指先天自然之力。「伸手屈足」，上下不協調。「屈躬抱肱」，蓄而待發之

勢，以逸待勞也。

「直奔」「前撲」「斜進」「後閃」，人我彼此對待也。引進落空、避實擊虛之法則。

〔13〕這兩句是以神氣概括上述動作的根源：我皆以祖（即祖竅）氣為主導，彼為血氣；我能蓄力，而彼力之發出，中途已消耗將盡矣，故以「乏力」稱之。

〔14〕這兩句是分析對手的躁氣硬力的缺點所在，也是習太極拳者的反面教材。

〔15〕「守玄注竅」，玄即玄關；竅即祖竅。玄關與祖竅位置相對，祖竅在身上，玄關則在身外，乃無物質的關竅。或說在坐功時，眼前出現的一圓光，這就是玄關。又叫慧光、神光、靈光，名目繁多，佛稱「如來」。

〔16〕以上是坐功和練拳在神氣方面的共同要求。

〔17〕以推掌為例，說明神氣訓練的方式方法。

〔18〕此處似缺少了一句，可能為傳抄之誤。

〔19〕結尾部分，引用的全係太極拳的技法原則，深入淺出，言簡意賅。欲達此境，非在神氣上下工夫不可。

六十四、太極拳經譜

陳鑫

│按│

作者陳鑫，字品三（1849—1929 年）。清貢生，河南溫縣陳家溝人。自幼讀書，習科舉業，對《易》理研究頗感興趣，又兼習家傳武術。遺有《陳氏太極拳圖說》稿四卷。1933 年經其繼子椿元將稿售出，由開封開明書局出版。遺稿尚有《引蒙入路》《三三拳譜》（未終稿，即形意拳譜），及《安愚軒詩文集》。《陳氏家乘》，也是經他編撰的。

從他的《圖說·序》中，可以略知其平生梗概：「我陳氏……洪武七年，始祖諱卜，耕讀之餘，而以陰陽開合運轉周身者，教子孫以消化飲食之法。理根太極，故名太極拳。」

「我叔祖（諱有本），技藝精美，出類拔萃，天下智勇未有尚之者也。於是以拳術傳之我先大人諱仲甡（ㄕㄣ）。」

「我先大人命我先兄諱垚（ㄧㄠˊ）習武，命愚習文。習武者，武有可觀，習文者，文無所就。」

「可幸者，少小侍側，耳聞目見，薰蒸日久，竊於是藝管窺一斑。雖未通法華三昧，而於是藝僅得枝葉，其中

妙理循環，亦時覺有趣。迄今老大已七十餘矣。苟不即吾之一知半解述於後，不且又加一辜哉。」

「自光緒戊申，以至民國乙未，十有二年，其書始成。」

「亦不至以祖宗十六世之傳，至我身而斷絕也。」
「民國八年歲次乙未九月九日，書於木欒店訓蒙學舍。」

作者的文風欠實事求是的精神，這是舊文人的通病。在閱讀他寫的《陳氏家乘》底稿時，給人的這一印象尤其深刻。當為他父親寫《陳英義公傳》時，更加誇張，說他父親「三歲誤入於井，有白虎負之，水深丈餘，衣未曾濕」。從《圖說・自序》中，也可找到某些虛構成分，如說太極拳是他始祖創造，為了「運轉周身」「消化飲食」而形成的。

任何武術，也不是外行所能創造的，更不用說像太極拳這樣理法深奧的拳種，僅是以消化飲食為出發點就能發明出來的。「陳氏太極拳」實際上始於其九世祖陳王廷，其中招勢不但有跳躍、跌叉、前後掃蹚腿等，更有半倒立的「蹬一根」。

《太極拳經譜》，是作者對太極拳理法的概論，正如他自己表白的那樣，純以《易》理論拳理，這是他自幼習文兼及拳術的緣故。因而，此譜抽象的概念多，而個人具體經驗介紹少。且該譜與《太極拳論》的技法原則有質的差別，這是因為陳王廷所傳的「十三勢太極拳」的招勢非出自一家一派之緣故。

學習本文及下文的《太極拳權譜》，需要先瞭解作者的背景情況，有助於對文章的理解。作者學的拳是陳王廷

的「十三勢太極拳」，作者名之為「陳氏太極拳」。不同於現在流行的「陳式太極拳」（陳長興改編），不同於「太極拳論」及「十三勢歌」的理法。文中所述「身法」的諸多形式，乃是「陳氏太極拳」的實際情況，所以這裏沒有「立如平準」「四兩撥千斤」的要求。至於「沿路纏綿」「沾連黏隨」的說法，乃是從其打手形式提出來的。其打手形式有兩大特點：基本技法形式叫作「圈」，勁法以「纏絲勁」為主。其拳原無陰陽理論，作者曾自言，僅是他才「以『易』理說拳理」。

《太極拳論》中說，「斯技旁門甚多，雖式有區別，概不外壯欺弱，慢讓快耳！」陳王廷的太極拳形式恰恰證明，《太極拳論》言之不謬也。

本書所載「太極拳經譜、太極拳權譜」兩文，更主要的目的，是想借此能讓讀者對太極拳發展的歷史情況有大致的瞭解。有對比才知有區別。此外，也有助於對後面的「格手十六目」及「格手三十六病」內容的理解。

｜原文｜

太極兩儀，天地陰陽。闔闢[1]動靜，柔之與剛。屈伸往來，進退存亡。一開一合，有變有常[2]。虛實兼到，忽現忽藏。健順參半，引進精詳。或收或放，忽弛忽張。錯綜變化，欲抑先揚[3]。必先有事，勿助勿忘[4]。

真積力久，質而彌光。盈虛有象，出入無方[5]。神以知來，智從藏往[6]。賓主分明，中道皇皇。

經權互用，補短截長。神龍變化，疇測汪洋[7]。沿路纏綿，靜運無慌[8]。肌膚骨節，處處張開[9]。不先不

後，迎送相當[10]。前後左右，上下四旁；轉接靈敏，緩急相將。高擎低取[11]，如願以償。

不滯於跡，不涉於虛；至誠運動，擒縱由余[12]。天機活潑，浩氣流行。佯輸詐敗，制勝權衡。順來逆往，令彼莫測；因時制宜，中藏妙訣：上行下打，斷不可偏；聲東擊西，左右威宣。

寒來暑往，誰識其端；千古一日，至理循環[13]。上下相隨，不可空談。循序漸進，仔細研究，人能受苦，終躋渾然[14]。至疾至迅，纏綿迴旋；離形得似，何非月圓。精練已極，極小亦圈[15]。

日中則昃（ㄗㄜ），月滿則虧。敵如詐誘，不可緊追；若逾界限，勢難轉回，況一失勢，雖悔何追！我守我疆，不卑不亢[16]。九折羊腸，不可稍讓。如讓他人，人立我跌。急於爭鋒，能上莫下；多占一分，我據形勝；一夫當關，萬人失勇[17]。沾連粘隨，會神聚精；運我虛靈，彌加整重[18]。細膩熨帖，中權後勁[19]。虛籠詐誘，只為一轉；來脈得勢，轉關何難[20]。實中有虛，人已有參；虛中有實，孰測機關。不遮不架，不頂不延；不軟不硬，不脫不沾。突如其來，人莫知其所必然。只覺如風摧倒，跌翻絕妙，靈境難以言傳[21]。

試一形容：手中有權，宜輕則輕，斟酌無偏；宜重則重，如虎下山。引視彼來，進由我去，來宜聽真，去貴神速。一窺其勢，一覘其隙，有隙可乘，不敢不入。失此機會，恐難再得。一點靈境，為君指出[22]。

至於身法，原無一定。無定有定[23]，在人自用。橫豎顛倒，立坐臥挺，前俯後仰，奇正相生。迴旋倚側，攢

躍皆中[24]。千變萬化，難繪其形。

氣不離理[25]，一言可罄。開合虛實，即為拳經[26]。用功日久，豁然貫通。日新不已，自臻神聖。渾然無跡，妙手空空[27]。若有鬼神，助我虛靈[28]。豈知我心，只守一敬[29]。

｜譯文｜

太極含兩儀（也即陰陽），陰陽分為天地。拳法不外開合、動靜、柔軟、堅剛、屈伸、往來，進退，存亡。即使一開一合，也有常態和變化。要能做到虛實兼備，忽隱忽現，順逆相伴，引進始精細確切。或是收，或是放，或忽弛，或忽張，要錯綜變化，欲要用抑，故意先揚。意氣之為用，必先有對手的動向，不可妄動，動則有據。

真力積久，質量愈堅。盈虛有象可察，技法出入卻無一定。全憑精神知人之來，但攻擊於人須有不使人知我之智。分清主輔，技法過程無時不高度警惕。

須「經」「權」並用，取長補短，才能似神龍變化，令人如汪洋大海之莫測。又能纏綿不斷，靜運忌慌。先要使全身的肌膚骨節舒展張開為條件，在知人的前提下，才能不先不後地對待於人。前後、左右、上下、四面八方，自能轉接靈敏，快慢相當。高擎低取，隨心所欲。

既不遲滯，也不妄急，動作有據，不可臆測，唯有把握的運動，才能把握擒放的主動權。動作須如天機活潑，氣運全身。佯輸詐敗，權衡準確才能致勝。順人之來，逆人而往，不能使人知我。因時因地相應變換，其中藏有妙訣：如彼上行我下打，定要準確無偏。先聲東，後擊西，

左右逢源。

如寒來暑往，誰能察出其端倪？千古猶如一日，然理不外循環。發勁須上下相隨才能形整勁整，卻不能只是一句空話。須循序漸進，認真研究，能不怕艱苦地下工夫，才能達到協調完整、渾然一體的程度。要能做到極快，又能做到纏綿迴旋。圓運動方式，重意不重形，也並非必須如月圓一般。練到精熟的高度，小到看不出圓，卻神意形體皆體現圓。

即日至中午，隨之即偏；月圓之後，隨之即缺，變易是客觀規律。如遇敵詐誘，不可緊追。超過重心穩定的範圍，便難以返回，何況一旦形成敗勢，追悔莫及。應在重心穩定的範圍內與人應對，無過不及，方保萬全。若真趕到對待處於九曲羊腸狹道的情勢，則絲毫不可退讓，一讓就可能人立而我跌。爭鋒之時，能上莫下，多占一分，便占上風。如一夫當關萬夫莫開。

運用沾黏連隨的技法形式，務必聚精會神，才能聽勁知人，應對動作才能虛靈而確切，細膩紮實，關鍵要先知人後用勁。如用虛籠詐誘的策略，只為轉換得機得勢。只有來脈承接得勢，轉為反擊自然利便。用實，實中須有虛，以人的情況而定；用虛、虛中須有實，虛實令彼難辨。不招不架，不頂不遲，不軟不硬，不丟不滯，突如其來，則對手莫知其所以然，只覺得像被大風摧倒，其跌翻形景，真是用言語難以描繪的。

試形容一下，手中有權（知人的判斷能力）。需輕就輕，絲毫無偏；當重就能重，勢如虎下山。引進當從彼來勢，反擊則由我把握。引進須聽勁真切；反擊貴在神速。

一窺其勢，一見其隙，有機可乘，不敢不進。良機瞬間即失，失難再得。一點玄機，為君指明。（作者特定的技法原則）

　至於身法，原無一定之規。雖說「無有一定」，卻也不是全無方式方法，只是因人而異。如橫豎、顛倒，立、坐、臥、挺，前俯、後仰，奇正相生，迴旋、倚側、竄躍皆可應用。千變萬化，難以盡述。

　一言以蔽之，行氣運勁不能脫離理法，開合、虛實，此即為拳經（如此拳經，卻做成大篇文章）。但須用功日久，才能有質的飛躍，豁然貫通。繼續努力，日新月異，自然神明。渾無形跡，猶如妙手空空之能，又如有鬼神暗助我的虛靈一般。豈知我的心中，只遵守著一個「敬」（真誠、認真）字。

注釋

〔1〕闔闢，義同合開。

〔2〕有變有常，有變易，有常規。

〔3〕以上所列各種矛盾因素和現象，既謂太極的自然規律，又引為太極拳的技法特徵。

〔4〕「勿助勿忘」，用意之要領也。既不能無意，又不能以力使意，行氣亦當如此理。

〔5〕「出入無方」，出入即攻守的伸縮進退也，無方者即有法無方也。無方就是沒有成法也，變就是法，故曰「易」。

〔6〕「神以知來，智以藏往」，即「人不知我，我獨知人」也。知來，即知對手的進攻意圖和具體實力。

「往」則反擊也。「藏」者，人不識也。所謂「打人不見形，見形必不贏」。不露聲色，才能使人不知，此「智」也。

〔7〕「疇測汪洋」，也是令人莫測高深之意，猶「不使人知我」也。疇（ㄔㄡˊ）：誰。

〔8〕「沿路纏綿，靜運無慌」，即要求在走黏的過程中，意勁纏綿，咬住對手；頭腦要冷靜，動作忌慌亂。纏綿是太極拳技法的基本特點，非靜運不能實現。然靜運無慌，並非只是個認識問題。俗云「藝高人膽大」，「膽大」才能鎮靜，而「膽大」正是藝高的結果。沿路纏綿者藝高也。靜運無慌者，膽大也。二者是辯證關係。

〔9〕「肌膚骨節，處處張開」，俗稱鬆勁，此亦太極拳技法所需的基本功訓練要求。無此物質條件，太極拳特定的技法就難以充分發揮作用，甚至行不通。

〔10〕「迎送相當」。迎指接勁，送指發勁。「相當」者，恰如其分，即不先不後。

本文的許多語句，意義是重複的，也可說是從不同的角度或方面來揭示同一問題。如「迎送」概念，與前面的「屈伸來往」「進退」「開合」「收」「放」「弛張」「出入」「神以知來，智以藏往」，以及後文中的「順來逆往」等等，說的就是「走」與「黏」兩個方面的問題。其他概念的闡述，這種情況也不少，所以在理解時，既要認識它的共同點，又要辨別它的不同點，這樣才能從多方面得到啟發。

〔11〕「高擎低取」，意思是說，對手把我一手擎高了，那麼他的肋下和我的肋下都失於防守，正好進攻。如

下文的「上行下打」「聲東擊西」皆一理也。故這是一種技法原則，不要侷限於一種死公式去理解。或作高低錯綜對待解也可以。

〔12〕這四句也是太極拳技法的重要原則，是大意不得的。不滯於跡，是指與對方的速度相對而言的，在正常情況下我的動作速度應與對方相一致，這是為了「不使人知我」。「不涉於虛」的虛字，義同「妄」。與下句的「至誠」二字相對應。動作不虛妄，就是先要知人，而後有的放矢地動。亦即動必有據，有據再動，才能實現預期目的，故曰「擒縱由余」。「擒縱」者，亦即收放、蓄發也。「由余」者，主動權操在我手。這也就是「捨己從人」「從人本是由已」的技法原理（原註：至誠即太極之理氣）。

〔13〕這一小段是解說「因地制宜，中藏妙訣」的。一謂「上行下打」，一謂「聲東擊西」，這二句應以「至理循環」為紐帶。「上行下打」，可理解為彼上行，我即下打，此乘虛而入之法。「聲東擊西」，術語叫做「問勁」或「詐誘」。「問」與「誘」皆發自於我，以分彼精神，而後攻之。所以要求循環者具有迅雷不及掩耳之勢也。

〔14〕「上下相隨」就是為了達到渾然一氣，又稱「整勁」。「上下相隨」需要經過一定的訓練，不是僅明其理就能做得到的。

〔15〕這幾句是說太極拳技法必須採取圓的運動形式。圓能周而復始，中間無停頓之弊。故相對而言，它具有雖慢猶快的特點。

〔16〕「我守我疆，不卑不亢」。「疆」就是前句說的「界限」。什麼界限？就是重心穩定的界限，屬於「知己功夫」。

一般指手、身與步的關係。手伸得太長，身探得太遠，影響了重心的穩定，即為逾界，也就是「亢」；「卑」是指當進而不敢進（指在界內的畏縮情形）。

〔17〕這一段主要說的是爭勢的策略問題，猶如下棋爭先手、軍事上要搶占有利地形一樣。因太極拳以「捨己從人」為基礎，如果不能處處、時時把握主動權，得機得勢，就難以與強大有力的對手爭勝。只有「黏依跟得緊」，不使對手得機得勢，我才能找到破敵制勝的時機和條件，才能以弱勝強。但有一點必須釐清，「不可稍讓」，指的是勢，而不是力。「讓」也叫「丟手」。

〔18〕「沾連粘隨」，是「沿路纏綿」的具體運用方法，是太極拳技法的基礎手法，這種手法的運用，必須「不滯於跡，不涉於虛」「不先不後，迎送相當」，所以非「會神聚精，運我虛靈」不可。（粘＝黏）

〔19〕「中權後勁」，是為了「不涉於虛」「彌加整重」。「權」者，衡量也。衡彼力之大小，量彼來之長短，心中有數，而後始可用勁，此「權」也，只在倏忽之間，此其難也。

〔20〕「虛籠詐誘」，不使濁力，此「來脈得勢」的條件。換言之，「從人」要主動，方有轉換餘地。「只為一轉」者，由「走」「轉」黏」所組成，即自「從人」轉為「由己」。只為一轉，不只是技法的轉換，也是身法的一轉。蓋動作為「轉」，形式為「圓」也。

〔21〕這一段是對發放的描繪。八個「不」字是技法的特點，即「從人」或謂「力從人借」「順勢借力」之法也。「延」字原注為「遲」。「不脫」即「沾、連、黏、隨」。「不沾」的沾字，與「沾連黏隨」的沾字義不同。此沾字為病手，與「滯」字同義。

「突如其來」，形容發勁不露形跡，欲發就發的狀態，故使對手不知其所以然。非指冷手打人。

〔22〕這一段是說「靈境」的秘訣。「手中有權」者，謂能「稱勁」。「斟酌無偏」即權衡彼勁的準確性。「如虎下山」喻勁整勢猛也。「引視彼來，進由我去」，收放、蓄發、迎送相當也。

「去貴神速」，在於「來宜聽真」「聽真」指感覺反應真切無差；「神速」指反擊及時，或於彼舊力已盡、新勁未生之際；或趁彼換勁欲退之際，乘其無備，攻其不意。「神速」抓住有利時機，非單純指動作速度而言。所謂「有隙可乘，不敢不入」是也。覘（ㄓㄢ），偷看。

〔23〕「無定有定」。原注為雖說無定，自有一定。這是指用與學的差別。學習時，身法、步法、手法，都有一定之規，但到用時，要因敵變化，不能讓死規矩束縛住手腳，這就是「無定」，即所謂「守規矩而不泥於規矩，脫規矩而不失於規矩」。俗話說，「要能鑽進去，又要能跳出來」，就是這個道理。

〔24〕這些實例，皆喻身法「無定有定」者也。「攢躍皆中」一語，原注為「皆有中氣，放收宰乎其中」。

〔25〕「氣不離理」，身法之原則。「理」者，運動規律也。具體說，指身法奇正相生的規律，猶重心穩定之

規律。「氣」者，運氣周身，勁之源泉。身法與行氣運勁相表裏，既要因敵變化，又要得機得勢。「一言可罄」，即一言以蔽之。罄（ㄑㄧㄥˋ）：完，盡。

〔26〕「開合虛實，即為拳經」。這是用開合、虛實的運動規律，來概括太極拳技法的實質。此又一言以蔽之也。

〔27〕「妙手空空」。源出《聶隱娘傳》：「空空兒之神術，能從空虛而入冥，善無形而滅影。」此處借喻太極拳技法，妙在無形無跡，以腰、腳擊人也。

〔28〕這是形容理法達到「神明」階段，打手時隨心所欲、無往不利的情景。

〔29〕「敬」。至誠至慎的意思。內家拳心法的「敬，徑、勁，緊、切」五字訣，即以「敬」字訣居首。

六十五、太極拳權譜

陳鑫

| 按 |

無拳沒有拳經，只是技法的原理原則各有不同。而「權」則不具有普遍性。如以沾黏連隨、聽勁、知人的太極拳，能在走黏過程中，無處無時不知人，故謂之「神明」，又要「權」何用？

「權」的作用就在於非目測之後不能知人。競技沒有「知己知彼」的條件，則獲勝便沒有把握可言。而太極拳更要求「不使人知我」。

本文的內容實際上講的還是「拳經」，可見經、權很難截然分開。「權」除聽勁之法，只有目測。

| 原文 |

中氣貫足[1]，精神百倍[2]。臨陣交戰，切忌先進[3]。如不得已，淺嘗帶引[4]。靜以待動，堅我壁壘。

堂堂之陣，整整之旗。有備無患，讓彼偷營[5]。一引一進，奇正相生。佯輸詐敗，反敗為功[6]。

一引即進，轉進如風[7]。進至七分，疾速停頓[8]。兵行詭計，嚴防後侵。前後左右，俱要留心[9]。進步莫遲[10]，不直不遂。足隨手運，圓轉如神[11]。忽上忽下

〔12〕，或順或逆〔13〕。目光普照，不落邊際〔14〕。（以上是敵侵我）〔15〕

我進擊人，令其不防。彼若能防，必非妙方〔16〕。（此四句是我侵人）〔17〕。

大將臨敵，無處不慎。任他圍繞，一齊並進。斬將搴旗，霸王之真。

太極至理，一言難盡。陰陽變化，存乎其人。稍涉虛偽〔18〕，妙理難尋。

｜譯文｜

元氣蓄足，提起精神。臨陣交戰（比喻打手競技），切忌先攻（應後發制人）。如必須先動時，也要試探性地進攻，更需做好引進的準備。正常情況下，要堅持「以靜待動」的原則，做好防禦的準備姿態。

就像軍隊先把陣地佈置好，有備才能無虞，故意讓對方偷襲（也仍是後發制人的原則）。承彼之攻，我即先引進，後反擊，一氣呵成。如奇正相生、陰陽相濟之理。也可利用佯輸詐敗的策略，以便反敗為勝。

但要一引便緊隨之進攻，其快如風。又要進到七分之時，迅速停頓。因為兵不厭詐，必須謹防敵手後侵，前後左右，全需留心。進步宜快，不直不順；足要隨著手法而相應運動，才能圓轉如神。忽上忽下，或逆或順。目光應顧及全面，若只看具體目標，必顧此失彼（以上是說敵進攻我）。

我進擊於人，需讓對方無法防範。如果對方有應對的辦法，表明進擊的方式方法存在缺點（這四句是說我進攻

對方）。

　　大將臨陣無處不加謹慎，不論敵軍怎樣圍繞並進，總能憑著實力取得各種勝利。

　　太極的原理，一言兩語難以講述徹底。陰陽的變化無窮無盡，唯在應用者自己怎樣把握。必須從實際出發，稍有虛偽，就不能發揮其應有的作用。

｜注釋｜

　　〔1〕中氣。原注「即太和之元氣；不偏不倚，無過無不及」。簡言之，此氣也，非動作綿軟柔和、用意不用力，不能求得。

　　〔2〕精神百倍。原註：「十年用功，十年養氣。」簡言之，精神源於氣足。

　　〔3〕臨陣交戰。用戰爭的軍事行動比喻拳術競技。全文皆以類比法闡述，蓋軍事與技擊具有一定的內在聯繫。唯太極拳技法與軍事上的以少勝多、以弱勝強更為一致。故「切忌先進」的原則，在軍事上屬戰略範疇，即後發先至技法的前提準則。

　　我必須後發，才能知人，才能順勢借力，也才能以弱勝強。每見太極拳技擊打手者，常是由於違犯或不遵循這一基本原則而招致失敗。

　　〔4〕淺嚐帶引。又叫「問勁」。「淺嚐」謂「先進」，「帶引」即對「淺嚐」結果的應對之法。如無有效應對之法，必為人逞。換言之，這種策略就是「佯攻詐誘」。

　　〔5〕讓彼偷營。就是讓對手先進攻。前述數語，是

堅持後發所必須具備的條件，也叫知己的功夫。只有自己先把自己安排妥貼，才能接待對手的突然襲擊。唯太極拳法的「有備無患」，不可形於外；要「外示安逸，內固精神」「視靜猶動」「觸之則旋轉自如。」

〔6〕此即「引進落空」「後發先至」之法。

〔7〕此即「走」與「沾黏」的轉換法則。「轉」，原註：「轉者，從引而忽轉之。」

〔8〕「進至七分，迅速停頓」，這就是具體的「權」。進至七分者，即接近進攻的終點不遠，是對手能否轉化的最後關頭，並非絕對的七分。「迅速停頓」亦非真的停頓，乃似停而未停也。以似停而未停作條件，進行最後之判斷，即「權」。

這種所謂「停頓」，實際外不見停頓之形，內裏意、氣、勁皆連綿不斷也。即使真遇到意外變故，也須因勢變化，不宜真停頓。總之，非有意之停頓，實有心於慎行；當進則繼續前進，當退則隨彼變化，全賴此最後一權而定。然而，這畢竟是聽勁不準的措施。

〔9〕這四句，也是上述「停頓」的原因之一。「嚴防後侵」，原註：「前後皆是敵人。」那就更不可真停頓。

〔10〕「進步莫遲」，應從兩方面理解。當我侵人時，不可先出手，須以步運身、手後進，才能發揮身力。先出手，後上步，手易為人所制。當我被人牽引，將失去平衡時，應急進步以緩衝彼牽引之勢，重新調整重心的穩定；進步稍遲，便處於被動地位。這就是隅手的前提條件。原則說來，就叫「上下相隨」。

〔11〕「足隨手運」，也是手隨足運。技法中常是以手錶達目的，足是發力的根基。實際上足是為手服務的。所以具體說，足應隨著手的目的而緊緊配合運動，而手的運動，實際離開了步的積極運動，也就難以隨心所欲，更談不上「圓轉如神」。

〔12〕「忽上忽下」，原注為：「手足向上；手足向下。」

〔13〕「或順或逆」，原注為「用順纏法其精順；用倒轉法其精逆」注中的「精」字，義同「勁」字。陳鑫以為纏絲勁為勁中之精，故稱纏絲勁之勁為「精」。纏絲勁是陳式太極拳的勁法特徵。

順纏、逆纏，猶如螺絲的正轉、倒轉，正轉前進；倒轉後退，此其用也。

〔14〕「目光普照，不落邊際」，是說在打手過程中，精神要顧及全面，絲毫不可有疏漏，切不可顧此失彼。拳中的神意，全在有心無心之間，若專心於某一局部（即所謂「邊際」），必使對手有機可乘。

〔15〕這句話是說，以上各項，是對手先進攻，我「捨己從人」「後發先至」的應對方式方法，即於被動中求主動的對策。

〔16〕太極拳技法之襲人，一般應指反擊，先引進，後打出，這樣可以使對手疏於防守，令彼不防。另一方面，即我之擊人也，不見形聲。所以說「彼若能防，必非妙方」。蓋彼之所以能防，乃我之反擊或進攻手未到而人已先知也。

〔17〕這裏提出的我侵人的唯一條件，就是「令其不

防」。欲「令其不防」，最好的辦法是堅持「後發」原則。除此之外，彼雖未先進，但姿勢、工作、勁力等方面，如無意中出現弱點或缺陷，我也可趁虛而入。但必須「我順人背」始可發。

〔18〕稍涉虛偽。原注為「學思並用，須下實在功夫」，在練功中要下苦功夫，方能出真成績。老前輩們愛說：「你糊弄它；它就糊弄你。」臨戰應敵，自討苦吃。在競技中，太極拳要求「著」不妄發，一發必中。何以能逢發必中？「我獨知人，人不知我」也。不能如此，即為虛妄。太極拳技法，禁忌臆斷妄測；既不可孤注一擲，又不可寄希望於僥倖，非有十成把握不可擊人。

六十六、格手十六目

陳鑫

| 按 |

　　格手與打手、推手是同義詞。格（ㄍㄜˊ），即葛，有的方言讀ㄍㄜˊ。此十六目，當是作者根據《打手歌》「引進落空合即出」一語彙集和演繹出來的，目的是要表達太極拳技法中「捨己從人」及後發先至的全過程。不足的是，作者只提出了各環節的要求，或具有一定的要領性，但絲毫未涉及到方法（如「八法」）。

　　十六字中，沾、連、黏、隨，引、進、落、空八字，是久為流傳的前輩經驗；得、打、疾、斷四字，是「合即出」的分解；而較、接、因、依四字，只是沾連黏隨的補充或敷衍。掌握此十六目，能對太極拳技法的基本戰術有個概括而完整的印象，能令人知道各個技法環節應該注意什麼，訓練什麼。但在技法上缺少實質性的說明。

| 原文 |

較：是較量高低。
接：兩人手相接也[1]。
沾：是手與手相沾[2]。
黏：如膠漆之黏。是人既沾我手，不能離去[3]。

因：因人之來[4]。

依：是我靠住人身[5]。

連：是手與手相接連[6]。

隨：是隨人之勢以為進退[7]。

引：是誘之使來，牽引使近於我[8]。

進：是令人前進，不使逃去[9]。

落：如簷水下滴於地；葉落於地[10]。

空：（讀去聲）人來欲擊我身，使落空虛之地[11]。

得：是我得機得勢[12]。

打：是機勢可打，乘機打之[13]。

疾：是速而又速。稍涉延遲，即不能打。機貴神速[14]。

斷：決斷。一涉猶疑，便失機會，過此不能打矣[15]。

｜譯文｜

從略，請參考注釋。

｜注釋｜

〔1〕接手，是競技中一個頗為重要的環節，尤其是太極拳技法，既要求沾連黏隨，就要能接手，不能接手也就失去了運用此四字的條件。競技開始，首先是接手；競技過程中，也免不了斷接。

接手主要靠神意和掤勁，又須進行單獨訓練。並非想接就能接，它是技法的組成部分。

〔2〕沾一般作粘。「沾」字常作為病手的術語。作

為術語的「沾」（粘），不是消極的「手與手相沾」，多作「粘」字，功深者能將人粘起，創造最有利的打擊條件。粘法實質是利用對手的頂抗運動慣性，是被動中把握主動的勁法方式。

〔3〕黏在《太極拳論》中，王宗岳是把它作為控制對手後進行反擊的概念。是粘的同義字。不只「是人既粘我手，不能離去」，而應該說，若被我黏住，就不能擺脫我的打擊，黏法可以說是「引進落空合即出」的同義語。沾連黏隨四字，連而不斷是共性，另外還各有各的特性，必須有所區別。

〔4〕即我動作的依據，「因」對手的動而動，即「從人」「後發」之意。

〔5〕「是我靠住人身」有語病，易被誤解作病手的「倚」字概念。「依」是「從人」的同義詞。從人本是為了由己，故謂「黏依須跟得靈」。若重心不能獨立自主，依賴對手的支撐，那就不是「依」，而是「倚」，易為人引進落空。「靠」既是技法，也易被誤解。

〔6〕「接」「沾」「連」的解釋，屬於一般字義，不是術語的特徵，故互相含混不清。「連」當指在我被迫退卻時，而手仍要和對方的手或其他身體部位相連，作為敗中取勝的條件。沾、黏、隨，其外形都表現為連，因而「連」字訣是特定概念，不能解作一般的接、相連等字義。

〔7〕「隨」字訣的概念解得很全面。「隨」，實質體現不丟、不頂（「沾黏連隨」訣後文仍有分析）

〔8〕「誘」對；「牽」不對。「引」當用「黏」

「連」法則。

「牽」易為人知我。

〔9〕「進」作令人前進解，對！但一般不作為獨立字訣，而是與前面的「引」字作為一個概念，即「引進」。或解作引彼近我。彼近我，才易打，區別於「進、退、顧、盼、定」的進字，「引」有誘和導的意思，故不可用力，也不能抓握拽拉。

「不使逃去」四字，用在這裏不甚恰當。蓋「令人前進」不是目的，目的是打或發，所以，在引進過程中，彼欲逃，正是我反擊的好時機。所謂「退中寓進」（指我）者，正為打彼「回勁」也。

〔10〕這兩則「落」字訣的比喻，頗為貼切、深刻。水滴、樹葉的落下，自然沉降，非自身使力的結果，正好說明技法中的「沉勁」不用力而有力的實質。但謂被引而落空，似欠妥當。

〔11〕「空」字是字訣術語，有「空力法」。但在「引進落空」一詞中，一般都和「落」字連在一起理解，「落」字不作術語。「引進」是落空的前提，或說是原因，「落空」是引進的結果。在一定的條件下，我「落」，也能使彼落空。使彼落空的關鍵，在於使彼勁（力）或彼身失去依附，產生盲目、被動的慣性運動，重心偏離，出現傾斜、動搖等現象，為我反擊創造了最有利的時機和條件。所以，言「引進」，不是消極地使人前進或近我，而必須是使人近我並「落空」的引進，才是技法要求的「引進」。若「引進」而對手不「落空」，就是開門揖盜了。用「走」「黏」的概念來區分以上十二字，除

第一字外，餘皆屬「走」字訣的範疇，以下四字訣，皆屬「黏」字訣的範疇。

〔12〕「得機」就應該得勢，若不得勢，不能及時反擊，良機瞬息而失。「得勢」是知己功夫，沒有平時的正確訓練，是難以做到得機即能得勢。反過來說，我得勢也應該同時得機，因我之得勢，當以對手的失勢為前提，要時時寓有此「意」。

〔13〕「打」字是反擊的概括，形式多種多樣。唯太極拳的打，必須有十成把握，要發必中。換言之，只有當對手失勢時打之最為有利，這就是「引進落空」在技法中的重要意義。「太極拳論」概括作一「黏」字。

〔14〕「疾」字不可片面理解為僅是速度問題，它更重要的是表現在「走」與「黏」二者的轉換時機上。轉化的及時緊湊，就能爭取到時間，雖慢猶快。所謂「觀耄耋能禦眾之形，快何能為」，說的就是這個道理。所以如得機不得勢，就談不上「疾」了。疾，不如「黏依跟得緊」中的緊字貼切。

〔15〕「斷」，取決於聽勁程度和懂勁程度。能聽勁才能知彼，能知彼才能作出正確的判斷，而後才能有決斷的決心。猶疑在於知人不深。須知，「斷」字常被用作病手的概念，如斷勁、斷接。斷、疾、打手之類的要求是作者按自己所習太極拳技法的特點提煉出來的，沒有普遍性。

六十七、格手三十六病

陳鑫

| 按 |

　　三十六病手，亦為陳鑫所撰，唯概念定義不夠確切。字訣即術語，屬特定概念，不能單純以字面意義去理解。有的概念，原來只是口頭語言的方言土語，形成文字後，便與其他術語用字雷同，含義也就使人混淆不清。如「掤」字，它也是八法之一的字訣；「撥」字見於「四兩撥千斤」；「推」「閃」「實」等也是一定的技法字訣。為了各不相混，不當的用字，應以更為貼切的同義、近義詞取而代之為宜。

　　有的技法術語，因為過去就沒有統一的定義，致使後人在領會和使用上免不了有錯訛或認識程度上的差異，在這種情況下，也易出現病手。但對這類病手，不應用技法的同一詞語去反映，如三十六病手中的「掤」「撥」「推」「實」「挑」等概念，都屬這種情形。所謂病手也有其相對性，在太極拳技法中的病手，在其他的拳種裏就可能不是病手，甚至是技法的主要成分，如硬力、頂撞等就是這樣。

　　也有的病手，在特定情況下也有制勝的可能或某種程度的有效性，但它仍應被視為病手。因為以弱勝強、以柔

克剛的技法，不應圖僥倖取勝，姿勢動作都須科學合理，有十成把握，才能立於不敗之地。然恃力、恃快制勝者，又當別論。

此三十六病手，可能是作者自己的體會，多屬個別問題，沒有概括性。如眾所周知的病手，丟、偏、頂、抗，雙重之類，皆棄而不顧。

| 原文 |

抽：是進不得勢，知己將敗，欲抽回身[1]。

拔：是拔去，拔回逃走[2]。

遮：以手遮人[3]。

架：以胳膊架起人之手[4]。

磕打：如以物磕物而打之[5]。

猛撞：突然撞去，貿然而來，恃勇力向前硬撞，欲貿然取勝[6]。

躲閃：以身躲過人手，欲以閃賺跌人也[7]。

侵凌：欲入人之界裏而凌壓之也[8]。

斬：如以刀斫物[9]。

摟：以手摟人之身[10]。

揖：將揖下去[11]。

搓：如兩手相搓之搓，以手肘搓敵人也[12]。

欺壓：欺是哄人；壓是以我手強壓住人之手[13]。

掛：是以手掌掛人，或以彎足掛人[14]。

離：是去人之身，恐人擊我[15]。

閃賺：是誆愚人而打之[16]。

撥：是以我手強撥人[17]。

推：是以手推過一旁[18]。

艱澀：指手不成熟[19]。

生硬：仗氣打人，帶生以求勝[20]。

排：指排過一邊[21]。

擋：是不能引，以手硬擋[22]。

挺：硬也[23]。

霸：以力後霸也。欲霸者，以力服人[24]。

騰：如以右手接人，而復易左手架住，騰出右手以擊人也[25]。

拏：如背人之節以拏人[26]。

直：太直率，無綿纏曲折之意[27]。

實：質樸、太老實則被人欺[28]。

鉤：是以腳勾取[29]。

挑：從下往上挑也[30]。

掤：以硬氣架起人之手，非以中氣接人之手[31]。

抵：是硬以力氣抵抗[32]。

滾：恐己被傷，滾過一旁，又如圓物滾走[33]。

根頭棍子：根頭棍子是我捺小頭，彼以大頭打我[34]。

偷打：不明情況以打人。於人不防處偷打之[35]。

心攤：藝不能打人，心如貪物。探取打人必敗[36]。

以上三十六病，或有全犯之者，或有犯其四五，或有犯其一二者，有犯若干處，皆非成手。手到成時，無論何病，一切不犯。蓋以太和之氣，本無乖戾故也。

然則，格手將如之何？亦曰：人之手來，我以手引之使進，令其不得擊，是之謂走。走者，引之別名。何以既名引又名走？引者，誘之使進。走者，人來我去，不與頂

勢，是之謂走。然走之中，自帶引進之勁（功純者，引之使進，不敢不進，進則我順人背，而擒縱在我）。此是拳中妙訣，非功久不能。

｜譯文｜

三十六病手的具體釋義請參考注釋。末段附言，簡譯於下：

「格手」也叫「葛手」，即推手、打手的同義詞。在格手時，以上三十六病手有全犯或部分犯者，如此則不能算是成手。成手必一病不犯。因為技法應對真能以太和元氣施為，必不會產生乖戾不順的動作，又怎會有病手。

那麼正確的格手方式方法又該如何呢？答曰：人出手擊我，我當用手引之使之前進，使其不得勢直擊我身。這一應對方式，術語叫作「走」。「走」是「引」的別名。為什麼既名「走」，又叫「引」呢？引者，誘使前進近我。走者，「人來我去」，不頂不抗。然「走」之中，「自帶引進之勁」（「功純者，引之使進，不能不進。進則我順人背，而擒縱在我」）。

此即拳中奧妙，然非功力深者是做不到的。此論乃取自《太極拳論》而非作者的拳法所能。

附：何以能走中自帶引進之勁？從姿勢動作及勁法，時時令對手感到我退中寓進，走中寓黏。彼若一退，自知我必緊隨之而進黏，這也就是「引之使進，不敢不進」的原因。該當如何？彼引我走（主動改變彼力運動方向）。所謂「黏即是走」。

｜注釋｜

〔1〕這裏只限「抽回身」，多見的是「抽手」。實際上「抽」之所以為病，在於身手空抽，失於走黏對待。

〔2〕這裏的「拔回逃走」，當指拔腳，俗話說「拔腿就逃」。其實，拔腿、拔腳必拔身，與「抽」字概念有一定的混淆處。若把「抽」病只謂上肢不及身軀就更清晰些。「抽」「拔」的確是打手中的「多發病」，它與走化有著本質的差別。走化的目的是反擊；「抽、拔」的思想是逃跑。走化的手法有反控制作用，「抽、拔」的方式是空走，消極擺脫。因而「抽、拔」只有挨打的可能，而沒有打人的條件，皆屬「丟手」的範疇。

〔3〕「遮」的病不僅在於不知走化，還在於用力。

〔4〕「架」的病與「遮」基本一樣。作者的解釋似乎僅在於遮用手，架用臂，其實二者性質相同，都屬以硬力直接抗拒之法，欲以力勝，力弱時必敗。不符合太極拳守攻相寓、走黏相濟的技法原則。皆不同於掤法、掤勁。

〔5〕磕打也必欲以力勝人，屬斷勁，易落空，遇力大者必敗。不符合以弱勝強、順勢借力的技法原則。

〔6〕猛撞是想用力突然襲擊勝人。發手無依據，僅圖僥倖，不符合「知己知彼」的要求，更談不上把握「分寸」和「火候」。磕打、猛撞，不是太極拳的技法，當禁忌。以上二者，是病在脫離了沾黏連隨的技法運動形式。

〔7〕「躲閃」與後面的「閃賺」概念混淆不清。按「以身躲過人手，欲以閃賺跌人」，並不能絕對說是病手。應該解作：消極躲閃對手的攻擊。消極躲閃不能真正

擺脫對手的攻擊，只能招來新的攻擊。是之謂病。實質是不明「走即是黏」的原則。

〔8〕「侵凌」的實質是「過」，用著「老」，恃勇攻擊，不思後果。也是無依據、無分寸的強攻，所以成功的可能小，而深陷失敗的可能大。

〔9〕與「磕打」的形式不同，其病則一理。其實，凡憑空而打者皆屬於病，非僅斬手與磕打。內家拳恰以「斫」為技法的主體。

〔10〕此字與「摟膝拗步」及「老三著」中的摟字字同而音義不同，若作「摟抱」概念就一目了然。摟抱之為病，雙手占煞，又失卻再防禦的能力。

〔11〕「揖」字書無此字，多為方言。現在一般用「貓」字，若海底針、栽捶、下按勢等，不能被視為「揖」病吧？如貓腰，解作「將手揖下去」，意義不明確。在拳法中，貓腰是病；揖手之說少見。

〔12〕按「揉、挫、空、結」是技法字訣，故「搓」字也很難絕對說是病手。在內家拳法中戳、搓皆非病手，不知這裏的搓字是否有諧音之誤。如果這裏的搓字確是搓擦之義，那就是指盲目搓擦，不是順勢借力地搓。或是說只知搓，而不知搓中有打。或指無意識地搓。

〔13〕「欺壓」二字分開來解，故各有其說，然「哄人」與「以我手強壓住人手」之間，又有什麼必然聯繫呢？何以把二者構成一個概念？且「兵不厭詐」「哄人」何病之有？若言「壓人」就是「哄人」，那豈不是說，壓人是懂問勁之道嗎？「欺壓」二字，還是往簡單處理解為好，通常語言是指仗勢欺人，太極拳的病手當作「恃力壓

人」為宜。

〔14〕「掛」應因其病與抓握同，掛不出人去，就必被人掛出去。唯後邊的「以彎足掛人」解與「鈎」字訣相混。「掛」不同於「引」法、「黏、連、粘、隨」之法，也不同於粘、採、挒。「掛」是指屈腕硬撥、死拽。

〔15〕「離」是膽怯的表現，不是指人我完全脫離，而是指手尚與人沾連，身向後退縮的情形。不僅失去了反擊的勇氣和條件，且身後縮，臂必遠伸，最易被人利用。與抽、拔之病相類。

〔16〕參閱注〔7〕「躲閃」條目。

〔17〕「撥」是「四兩撥千斤」的要訣，不宜用於病手概念。從「硬撥人」的解語來看，就應將此病明確稱為「硬撥」。硬撥與硬掛不同，「掛」多用於掛對方的腕，「硬撥」除撥人手臂外，亦常用於撥人身軀。硬撥為直勁、僵力，撥不動人，自己必為反作用力撥出。

〔18〕「推」是掌法，不宜用作病手概念。根據註解是指「推過一旁」，實指向我斜側推，不是向我正前方推。手孤獨用力側推偏離中土，其身形和勁力散亂不整，容易產生與硬撥同樣的後果。

〔19〕「艱澀」的實質，是力的束縛，失去靈活性。

〔20〕所謂「仗氣打人」，此處的「氣」字即「力」字。「帶生以求勝」才是「手不成熟」。「生硬」與「侵凌」「欺壓」，在於走化或引進的火候不夠，勉強反擊，處於勝負莫卜的狀態。後二者是直接攻擊。

〔21〕「排」字也是沒突出「排」字的本質屬性，與「推」字解混淆不清。排字讀ㄆㄞ，又讀ㄆㄞ，前者為推，後

者為方言，有撐大的意思，如鞋小了可用鞋楦排。根據「排過一邊」去領會，當指用手向側方撥的情形。推是豎掌，排用橫掌。撥多向裏撥，排則向外撥，故極易反將自己排出去。排、撥都是橫力，推則是豎力。這類病手，又多產生於失勢時出於不自覺的救急心理。

〔22〕「擋」與「遮」「架」類似。細分之，遮架用於向上的抵擋，「擋」指向前方的阻攔。這類病手，是消極防禦的方法，實質只會挨打，不會打人。

〔23〕「挺」不能單純認為是硬，乃是硬挺住身軀以力抗、頂之謂。

與「擋」的區別：挺以身為主，擋以手為主。在《經譜》的身法中，作者將此字作為身法之一。

〔24〕「霸」與侵凌、欺壓的詞義相近，根據以力後霸的解語猜測，這裏是假借使用，義同「扒」和「耙」，是指用手將人由自己身前方扒到身後方。若扒不動人，自己將會向前傾倒或慣性運動，失去平衡的控制能力。與「排」「撥」「推」的性質同。

〔25〕「騰手打人」或因不騰手則不得勢，或因閒著的手不會打人，總之，是因為似得機而不得勢。騰手打人不僅延誤時機，且對手很容易於我騰手時乘機變化，甚至反擊。但不能認為，任何情況下騰手擊人皆為病手。

〔26〕「挐」是指「拿法」，用挐法背人關節。因太極拳技法以「捨己從人」為前提，因敵變化而變化，故不吃挐法。拿人，手便被占住，失去了打人的條件，且有被反拿和順勢牽引的危險，故打手時忌挐。然早期太極拳，挐是主要技法之一，後來多演化作邊挐邊發的方式。在現

代太極拳技法中，也有人把挈作為黏不可或缺的勁法之一。

〔27〕此「直」字指手法方式，即直出直入，不善做「圓運動」。「直」則不利於轉化，且易暴露自己的動機和目的。

〔28〕「實」作「質樸、太老實」解，超乎了技法範疇，且與虛實的「實」字同字，作病手訣是很不恰當的。根據「雙重干於填實」的理論，此訣宜稱「雙重」「填實」或「占煞」為好，才能與虛實截然分開。

〔29〕以足鉤人，必一足獨立，破之極易與掛字概念相混。

〔30〕「從下往上挑」算不了病手，其病當在「恃力」、直勁、對抗等方面，故挑字前邊應有定語，或稱「硬挑」，或稱「直挑」等等，方能稱為病手。

〔31〕掤為「八法」之首，此處又作病手用，實在費解。從註腳來看，又與「架」字無異，與「挑」字也相似，勉強區別之，當為「用力上托」之義。所以宜稱「硬托」「硬掤」為好。

「架」多用於高處接手，硬掤是由下向上與對手的壓力相抗衡。挑用豎臂或腕部著力；硬掤則橫前臂為之，著力點在肘腕之間任何點上。

〔32〕「抵」是頂抗，是力的抗爭。或謂二力相持為頂，力小者抵力大者為抗。病在欲以力取勝。「硬以力氣抵抗」的定義，應概括了所有用力的技法。

〔33〕「滾」字概念不夠明確，不知說的是站著還是已倒地的情形，「恐己被傷」是實有可能還是心怯妄測？

滾，肯定屬消極逃跑現象。然而，消極逃跑之為病，不能僅限於「滾」。或謂原地盲目旋轉的躲閃動作；或謂倚對手身軀滾身躲閃的動作，令人難以猜測其原意。

〔34〕根據作者《陰陽總論》中的「一陰九陽根頭棍」的說法分析，「根頭棍子」的根頭應理解為「觔斗」，是指用勁過於不平衡，其勁就像棍子翻觔斗一樣，造成嚴重一側落空，對手順勢擊之，便有被翻倒的可能。大頭、小頭的概念不可理解。

〔35〕「偷打」的偷字不確切，若「直」「實」為病，偷就不能算有病，難道還強調明打不成。揣其「不明情況以打人」之意，實指沒有藉助黏連粘隨的條件，只是捕風捉影地憑空打人。現在叫作「冷手」打人。病在出手沒有依據，也沒有必勝的把握，易為人所乘。「偷」字的概念用詞不當。

〔36〕「心攤」，根據其「心如貪物」及「探取打人」之句分析，「攤」當作「貪」字，病在「探取」，即勉強夠著打人。所謂「多誤捨近求遠」，有捨身的危險。「攤」字在《二十字訣》中屬技法訣要（參見《五字經訣》注釋）。

六十八、陰陽總論

陳鑫

｜按｜

　　此論原載於作者所著《陳氏太極拳圖說》第一勢「金剛搗碓」（又名：「護心拳」）之後，用陰陽的比例論勁力剛柔的優缺點。雖說過於抽象，確也是體用不可不知之理數。知對待之數，才能防止過猶不及之病。

　　按文中的五陰五陽，指的是常規，或搭手之始，與武系太極拳要求的「兩手用力要平均」意義相同。因兩手用力平衡，利於重心穩定，對手一時無隙可乘。

　　彼強攻之，正符合我順勢借力、引進落空、後發制人的技法要求。然而，走黏總不能都是一次成功，不知要經過多少變化。當此時，兩手的力量就要以對手的實際情況為依據，左重左虛，右重右杳，該用多少就用多少，無過無不及，所謂法無常法，勢無常勢，全在敵我對待的相濟。

　　只要客觀需要，判斷準確，別說一陰九陽，一陽九陰，即使純陰純陽，也會得心應手。但本文所論，唯其強調「知己」功夫，非知人之後，不能真知己。

｜原文｜

純陰無陽是軟手[1]，純陽無陰是硬手[2]。

一陰九陽根頭棍，二陰八陽是散手，

三陰七陽猶覺硬[3]，四陰六陽顯好手[4]，

惟有五陰並五陽，陰陽無偏稱妙手[5]。

妙手一著一太極[6]，空空跡化歸烏有[7]。

｜譯文｜

「純陰無陽是軟手，純陽無陰是硬手」。從這兩句話的內容分析，作者所謂的「陰陽總論」，實際講的卻是技法勁力的陰陽總論，不無文不對題的遺憾。勁綿軟是「以意行氣」的太極拳技法所追求的狀態，這裏則視為病勁；「硬手」也即「硬力」，當然是病勁。若以陰陽哲學的理論來說，「孤陰不生，孤陽不長」。

「一陰九陽根頭棍，二陰八陽是散手」。這裏的「陰」可視為「柔」，陽可視為「剛」。一柔與九剛搭配，硬力太多，易被引空，空甚則跌，故以「根（跟）頭棍」喻之（方言指「翻跟頭」）。二柔八剛搭配力度仍大，硬力勁直，盲目運動慣性大，不宜圓轉，勁散亂難以主宰。此即「散手」的內涵。

「三陰七陽猶覺硬，四陰六陽顯好手」。三成陰七成陽，剛的比例仍覺得硬，人仍易知我；四成陰六成陽的勁，硬度較少，故堪稱「好手」。

「惟有五陰並五陽，陰陽無偏稱妙手。」作者認為陰陽等量的勁，不軟不硬的狀態為「妙手」，或許作者認為

此即「剛柔相濟」。

「妙手一著一太極，空空跡化歸烏（無）有」。「一著一太極」作為勁力剛柔相等的作用效果，很難理解此處的「太極」指的是什麼？或許是說用五陰五陽的勁，對手的力或攻擊就會被我化歸空空無有？

勁剛柔各占五成可視為剛柔相濟，但這只是靜態，知己功夫勁力的典型相濟。在技法應用時，更須與彼勁陰陽相濟，故說「因敵變化示神奇」。彼此的勁力能否陰陽相濟，不僅決定於剛柔的比重，必須具備相濟的條件，古典哲學多以水火相濟為例解釋。

若「人剛我柔謂之走」，五柔、四柔……甚至純柔，無一不能「走」。

勁的變化，實質就是剛柔比重的變化，不知變化即不「懂勁」，一貫五柔五剛的勁，不知變化，同樣可成為病勁。「忽隱忽現」既是虛實變化，也是勁的剛柔變化。剛柔又是力抵還是智取的決定因素。還應掌握「極柔軟然後極堅剛」的規律。

｜注釋｜

〔1〕「純陰無陽」是過虛，故稱「軟手」。軟手不易沾連黏隨，疏於防守。也常用「飄浮」喻之。

〔2〕「純陽無陰」是過硬，故稱「硬手」。硬力則勁直，不利圓轉變化，最易被人引進落空，故也常以「直勁」「硬力」「僵勁」等喻之，「孤陰不生，孤陽不長」。

〔3〕上述三種情況，都是表示硬力有餘而柔軟不

足，不符合太極拳技法的需要，而且，硬力占的比重越大，失誤的可能也越多，失敗的情形也就越嚴重，故說「一陰九陽根頭棍」，就是比喻這種極其偏硬的手法。在被對手「引」「發」時甚至一下子被翻倒，就似翻觔斗一般被擊敗。

這是因為硬力越大，一旦失去重心的平衡，便會產生極大的運動慣性，敗勢難以遏制。隨著硬力的減小，綿軟程度的增長，失敗的因素也就隨之有所緩解，故「二陰八陽是散手」。

「散手」即指手法難以嚴謹，極易為人牽動全身，造成身形不自主的散亂狀態。至硬力降到占七成時，自覺變化的條件就好多了，但硬力仍嫌大，故稱「猶覺硬」。此外，還須防止偏軟的一方面。

〔4〕「四陰六陽顯好手」即剛柔比例相差無幾，使走黏轉換比較容易施為，非遇勁敵，不致造成嚴重失敗，而勝人的機會卻大大增加了。六陰四陽的情形比六陽四陰要更好些。

〔5〕五陰五陽稱「妙手」，謂柔剛相濟也。勁力剛柔相濟才能滿足走黏技法轉化的需要，很好地發揮沾連黏隨的作用，使對手的進攻似覺得手，最後才知上當，但已被引進落空，不可挽救。

這是因為剛柔相濟的勁力不丟不頂，能引能化，而又不使對手有威脅感，故能增加對手的盲目樂觀，誘使彼深陷而不悟。

〔6〕太極者，陰陽也。有陰陽才能有變化，知陰陽才能自覺地運用陰陽變化的規律。技法者，走黏也。剛柔

則是走黏變化的主要條件，「妙手一著一太極」，即善變，善變則不敗。

然尤須知，柔是基礎，剛是主導。剛柔相濟實無一定的比例，因敵變化。所謂「人剛我柔謂之走」，其勁並不一定是五陰五陽。

〔7〕妙手空空，不露形跡，知人而不被人知。「捨己從人」，走黏不先有成見，能使彼力化無。唯這時的勁力狀態，絕非「五陰五陽」。

六十九、爭走要訣

陳鑫

│按│

此訣見於作者所著《陳氏太極拳圖說》，論述由用而及體，語言通俗，道理清晰。中心思想為「得勢爭來脈，出奇在轉關」。

體用兩個方面，講得十分具體，對走架、打手具有深刻的指導價值，是篇好文章。但須知作者的某些認識乃是出於他的特定拳法形式，有一定的侷限性。

│原文│

兩人交手，各懷爭勝之心，彼此擠到十分九釐地位，只餘一釐分勝負[1]。全在此一釐地位，彼先占據，我即失敗；我先占據，彼亦失敗。蓋得勢不得勢，全繫於此，此兩人俱山窮水盡也[2]。

當此際者，該如之何？曰，必先據上游。問：如何居上游？頂精領住中氣，手略抬高居於敵手之上，身略前侵，逼迫彼不得勢[3]。力貴迅發，機貴神速。一遲即失敗，一迅疾即得勢。得勢則手一前送，破竹不難矣[4]。如兩人對弈，棋到殘局，勝負在此一步。又如逐鹿，惟高才捷足先得之。又如兩國興兵，先奪其輜重糧草，此皆據

上游鹽腦之法也[5]。

　　故平素打拳，全在一起一轉[6]，所謂得勢爭來脈，出奇在轉關[7]。本勢手將起之時，必先使手如何承住上勢，不令割斷神氣血脈，既承接之後，必思如何得機得勢[8]。來脈真，機勢得，轉關自然靈動。能如此，他日與人交手，自能身先立於不敗之地，指揮如意。來脈轉關，顧可忽乎哉！

｜譯文｜

　　研究此文須先瞭解「走」（術語）的定義。此字出於《太極拳論》所載「人剛我柔謂之走。」具有退卻、走化、引進的技術內涵。能為「黏」（反擊）創造不用力而制勝的條件──「我順人背」「引進落空」。「走」的前提是「捨己從人」，也即後發制人的戰略原則。後發、從人，才有條件做到「我獨知人，人不知我」。

　　兩人交手，都懷有爭勝的思想。「彼此擠到九分九釐地位，只餘一釐分勝負」（這種情景，我們只能理解成彼此以力相抵，而且處於勢均力敵的狀態，正如拳論指出的「雙重之病未悟耳」。是彼此不「懂勁」的反映，也是恃力的太極拳易犯的病手）。

　　「此兩人俱到山窮水盡」一般，誰能先搶占這一釐的優勢，誰就能勝，彼必失敗。該當如何呢？要力爭上游。即以虛靈頂勁，提起中氣，「手略抬高居於敵手之上」「身略前侵」「得勢則手一前送」，制勝在握。條件是「力貴迅發，機貴神速。一遲即失敗，一迅速即得勢」（這種手法是有的，也即「走」的特定方式方法。無疑，

在「雙重」的前提下應用，對手怎肯任你把手主動抬高到彼手之上。順勢借力採 才能得機得勢）。

比之下棋，到殘局時，一步決定勝負；又如群雄爭奪天下，才智高、行動快者先得手；又如戰爭，最好先奪彼輜重糧草，這都是先爭上游、保證制勝的方法。所以，平時練拳，要注意於「一起一轉」，此即為了訓練，「得勢爭來脈，出奇在轉關」的思想方法和習慣。

具體說，即本勢將起手時，要先想到和前勢的動作，如何能使氣勢銜接一氣，不使神氣血脈割斷。既已承接之後，還須想本勢動作如何才能得機得勢。來脈掌握確切，又能得機得勢，走黏轉換才會輕靈準確。如此訓練形成習慣，再與人交手，就有了知己的基本功，這就是立於不敗的先決條件。由此可知，「來脈」「轉關」問題如何的重要了。

｜注釋｜

〔1〕「擠到十分九釐地位」的「擠」字，不是四正手中的「擠手」，而是相互逼迫之意。「十分九釐」宜作九分九釐為好，喻相迫至十分關鍵時刻。打手要把握分寸，雖在心領神會之中，實踐日久，自覺毫釐不差。但知走黏者，是不會出現相擠的情形的。

〔2〕只爭這一釐地位者，因太極拳技法以捨己從人、走粘相濟為主，又要打實不打虛。黏依要跟得靈，無過無不及，虛實的關鍵時刻僅在毫釐之間，火候才好把握。可謂慎之再慎，而後才有準頭。所謂圈越小越精者，亦此理也。

〔3〕「頂精」即虛領頂勁。「領住中氣」即以意行氣、氣斂脊骨也。「手略高居於敵手之上」者，手占形勝也。但並非只限於這種姿勢，只要能黏住對手即可。「身略前侵」，使手落實。這是打實不打虛的最後決斷依據，發與不發在此一念中。

〔4〕「力貴迅發」「機貴神速者」，不應單從速度著眼，謂黏要跟得緊（恃力恃快者例外）。一釐之差，何爭速度，關鍵在能否趁隙而入，「身略前侵」，所謂「得勢」，此處可理解為將對手「問實」（即封煞對手，使不能動轉）。

「得勢」則手一向前侵，即可出手發人，制勝的把握是相當大的，甚至可說「發必中」。特別值得注意的一點，發勁只在「手一前送」，而不用硬力，此太極拳技法用勁之特點也。蓋勁發自腰腳。故說「形於手指」「攤開即成功」，皆不用力之證也。

〔5〕「鹽腦之法」，猶言制勝之法。鹽（ㄒㄩˋ），吸飲也。《左傳》僖宗二十八年，「楚子伏已而鹽其腦」。

〔6〕平素打拳，「全在一起一轉」，是強調「起」與「轉」兩個環節的重要。蓋起手有接手之義。處理不當，便有漏洞，給人以可乘之機。轉換環節，如滯而不靈，或有斷續，不但自身不能得機得勢，也會為人所制。「無拳處有拳」，即此之謂也。

所謂「長拳者」，如「長江大河，滔滔不絕」，也是要求勢勢相承、一氣貫串也。

〔7〕「得勢爭來脈，出奇在轉關」，就是說，這兩個環節，是制勝的要害。「來脈」即對手怎樣來。此須人

先發，我後動。「爭」即爭取令彼先動，我便可知其來脈，然後順勢引彼落空，我即得勢。其中之關鍵是彼先動，我能聽勁和善於引進。「轉關」主要指由引進轉為黏打。要轉的及時而又靈活，令彼無喘息的機會。其中之關鍵，引進要有分寸，不丟不頂，退即是進，走即是黏，陰陽相濟。

〔8〕這一小段，先說的是勢與勢的承接方法，就是說，一式做完，勁斷意不可斷，要用意氣和下面的勢子串連起來，不可明顯地形成各式的堆砌。後半部分說的是勢子的演練不可依樣葫蘆，食而不化，生搬硬套地畫動作，而應根據動作的內容，充實技法要求，知道怎樣是走、怎樣是黏、怎樣為順、怎樣為背，怎樣才能得機得勢，怎樣動即病手，由此培養技法所需的勁斷意不斷，蓄發連環，走黏相濟的基本功。

練習套路可用這種思想方法作指導，但想用於推手，卻必須在推手訓練過程中去實驗，才能日久形成走黏一氣貫串的能力。

七十、八門五步

｜按｜

由此以下連續三十二篇，皆載於一抄本中。前後文多有連帶關系，全書自成體系，故留其原結構之全貌，未與其他類似文章歸納在一起。

此抄本據吳鑑泉藏本記敘，係楊祿禪當時在宮中教拳時抄自端芳王府藏本，經楊班侯抄贈全佑的。吳本封面題曰《太極法說》。見於各抄本名稱不一，可能原無統一名稱，皆為各收藏者自擬，在楊家此抄本稱之為「老譜」。

各抄本文字錯訛處頗多，雖經 相互校核，仍有存疑之點，也是美中不足之處。

載文內容，理論的闡述偏多，概括性強，故非有一定實踐經驗者不易領悟。無疑是因八法缺少具體技法標準所致。

全佑，字公甫(1834——1902年)，號保亭，老姓吳福氏，滿族。師從楊祿禪，後奉楊祿禪之命拜次子班侯為師，是為吳式太極拳（又稱吳家太極拳）的奠基者（始祖）。

關於「十三勢」的稱謂，本文認為，僅指八、五合為十三之數而已。本文的門位也非文王八卦，唯與八法的搭配和郝月如的「八門五步說」有一定的差別，無疑是因八

法缺少具體技法標準所致。

|原文|

方位

掤　捋　擠　按　採　挒　肘　靠
南　西　東　北　東南　西北　東北　西南

八門

坎　離　兌　震　巽　乾　坤　艮
北　南　西　東　東南　西北　西南　東北

方位、八門，乃為陰陽顛倒之理[1]，周而復始，隨其所行也。總之，四正、四隅不可不知也，夫掤、捋、擠、按是四正之手，採、挒、肘、靠是四隅之手。合正隅

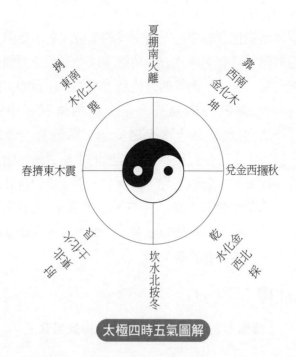

太極四時五氣圖解

之手，得門位之卦[2]。以身分步，五行在意[3]，支撐八面。五行者：進步，火；退步，水；左顧，木；右盼，金，定之方中，土也。夫進退為水火之步，顧盼為金木之步；以中土為樞機之軸[4]。懷藏八卦，腳跐五行[5]，手、步、八、五，其數十三，出於自然十三勢。也名之曰「八門五步」。

| 譯文 |

方位、八門的位置設計，皆為陰陽顛倒之理。循環不已，隨其所行也。總之，四正、四隅是客觀規律，推手訓練應用的八法，也即以這一規律為指導，故說掤捋擠按為「四正」之手，採挒肘靠為「四隅」之手。正隅之手恰與門位卦象對應。

以身所處位置為中心，區別步的前後左右，恰與「五行」相對應，具有支撐八方的功能。以「五行」而論，進步的方向為「火」，退步的方位為「水」，左顧的方向為「木」，右盼的方向為「金」，定的位置在中央為「土」。故稱進退為「水火之步」，顧盼為「金木之步」，以「中土」位置作為技法運動的中樞之軸。喻為懷揣八卦（八法），腳踏五行（五步），手八步五合計之數為十三，不就形成天然的「十三勢」了嗎？又名作「八門五步」（顧盼視為步法卻也罷了，但手法、步法皆孤立稱為「勢」，不符合實際）。

| 注釋 |

〔1〕陰陽顛倒之理，就是矛盾的辯證關係。

〔2〕得門位之卦者，猶言八方也。

〔3〕「以身分步，五行在意」者，言步之進（前）、退（後）、顧（左）、盼（右）、定（中），皆以自身為中心，不以東西南北的方位而言。

即相對的方位，不是絕對的方位，故稱「五行在意」，與實際有別。步法既是「五行在意」，八法門位之卦，又豈能不如此。

〔4〕「中土為樞機之軸」，亦即言以身為中，而後定四方也，身為中央，是步位的方位標準，也當是八法的方位標準。

〔5〕懷藏八卦，謂手有八法、腳趾五行，謂步有五方。手足的配合，以守中土為核心，以縱橫變換為法則，這就是「十三勢」應用的基本理法。唯進退顧盼之法，腳能為，身、手、眼皆能為。且除此四者之外，拳法變化，非有升降、起落不足以應用。四方者，平面、平圓也，六方者，立體、球圓也。非球形圓，不能圓轉如意也。

七十一、八門五步用功法

｜原文｜

八卦、五行，是人生成固有之良〔1〕，必先明知覺運動四字之根由。知覺運動得之，而後方能懂勁〔2〕，由懂勁而後，始能接及神明〔3〕。然用功之初，要知知覺、運動雖固有之良，亦甚難得之於我也〔4〕。

｜譯文｜

八卦、五行（應作八法、五步）是人先天固有的良能。但也須先弄清「知覺、運動」四字為根由。能掌握知覺、運動的基本規律，則能逐步達到「懂勁」的技術水準，再繼續努力實驗探究，便能逐漸提高到「神明」的技術水準。

但訓練之初，要知「知覺、運動」雖為先天固有的良知良能，用於技法訓練卻也難以認識和掌握（懂勁、神明是《太極拳論》提出的兩個不同級別技術水準標準的概念。神明水準，應對動作完全出自條件反射的狀態）。

｜注釋｜

〔1〕把「八卦」「五行」視為人類生而有之的良能，這是不夠確切的。天生的良能，只限於腿腳能走，手臂能動。若以拳中的八法、五步為天生之良能，這就混淆

了生而知之和學而知之的界限。現在已知道，人的聰明、愚魯和大腦皮質有關，所以，人的先天知能也是有差別的。

〔2〕這是說知覺運動是懂勁的前提條件，知覺運動得之，是說取得了「知覺運動」的能力。唯這裏的知、覺、運、動四字，不是指一般概念，而是指技法所需要的那種知、覺、運、動。具體地說，即聽勁，「知人」之能力。

〔3〕「神明」是「太極拳論」提出的技法達到隨心所欲的水準標誌。

〔4〕這是把「固有之良」和拳術的專項訓練所取得的成績混為一談，是把經過訓練、生理機能的提高、技法的掌握，統歸功於「固有之良」的恢復。如果真是如此，那麼運動員的運動水準也就不應當出現懸殊差距。

其實，正是經過專項訓練之後，才能鑑別出「固有之良」的高低。

七十二、固有分明法

| 按 |

《八門五步》《八門五步用功法》及本文這三篇文章前後關連，步步深入，一層明於一層。然總覺理論味太濃，初學者不無隔靴搔癢之感。

好在文武、知覺、運動、懂勁等概念，後文皆有專論，通觀全文之後，自能加深理解。

| 原文 |

蓋人降生之初，目能視，耳能聽，鼻能聞，口能食。顏色、聲音、香臭，五味，皆天然固有知覺之良。其手舞足蹈、四肢之能，皆天然運動固有之良[1]。思及此，是人孰無？因人性近習遠，失迷固有[2]。

要想還我固有，非乃武無以尋運動之根由，非乃文無以得知覺之本原[3]，是乃運動而知覺也。

夫運而覺，動而知，不運不覺，不動不知。運極則為動，覺盛則為知。動知者易，運覺者難[4]。先求自己知覺運動得之於身，自能知人，要先求知人，恐失於知己，不可不知此理也[5]。夫而後懂勁然也。

| 譯文 |

人身出生的初期，就有眼能看，耳能聽，鼻能聞，口

能食，以及對顏色、聲音、香臭、五味的辨別能力，這些都是先天賦予的知覺之良。如手舞足蹈及肢體的能動作用皆為先天的運動之良，不是嗎？誰又沒有這些良知良能呢？但因人的本性易受後天環境的影響，先天的某些良知良能也就隨之失去了本來面目。

要想恢復固有的良知良能，就須加強訓練，非習武不能找回運動的根由；非習文難以找回知覺的本源。這就是運動與知覺客觀的演變規律。

「與人對待，先有運始有覺；先有動始有知」。因動而知比較容易，因運及時而覺則難。先訓練培養自身的知覺、運動能力，認識其基本規律，而後才能把握對手的知覺運動情況，此為以己推知彼的方法。如先求知人，必失於知己。不可不知此理也。這是達到「懂勁」的一個重要環節（懂勁有兩方面的要求，聽勁知人，不使人知我，此其一也。既知人了，還必須知道採取怎樣的走黏措施，才能獲勝，方是全面的「懂勁」）。

｜注釋｜

〔1〕這裡提出的各種先天「固有之良」，無疑都是指生理的基本能動作用，並未涉及到不同人經過不同專項訓練所取得的不同成就。

〔2〕除殘疾人之外，一般正常人，誰也不會迷失基本的「知覺運動」功能。訓練不出高水準的太極拳愛好者，也絕不是因為迷失了天然的良知良能。

〔3〕乃文乃武，後文有解。

〔4〕這裡對運動知覺的分析頗為中肯，對它們之間

的關係也講得透徹。

作者認為，知之始為覺，動之始為運，故曰「運極則為動，覺盛則為知」。知覺運動，為技法不可缺少的媒介，不論是「知人」還是「走」「黏」，都離不開知覺運動。動之顯，知則易，運不顯，覺則難，此定而不移之理也，易知者彼技低，難知者彼技高。在太極拳技法中，知己知彼也是不可少的專項基本功之一。

〔5〕此謂知己知彼的訓練程序，宜先知己，後知人，先練知己的功夫，主要在於提高自身的知覺運動能力。知人須經打手訓練。知覺運動的訓練，要藉助運動的緩慢和鬆柔等條件。若不能鬆柔的打手，也就妨礙了知覺運動的訓練和提高，知人也就成為空談。所謂急於求成反而欲速不達，即此理也。須知，知己知彼之能，必須經過不斷的回饋，也才能得到不斷的相互促進和提高。知人和不為人知我，根本前提在於「捨己從人」，但很多太極拳練習者「多誤捨近求遠」。

七十三、粘黏連隨

| 按 |

粘黏連隨四字訣，當為傳統口授字訣，其排列順序似無一定規律，有的本也作「粘連黏隨」，粘或作沾，更有作「黏連粘隨」者。字後之解，各本內容也頗不一致，說明皆係為後人增補。此處「粘」讀（ㄓㄢ），「黏」讀（ㄋㄧㄢ），需要注意的一點，此處的粘，與《太極拳論》中「我順人背謂之粘（黏）」的粘，字同義不同，《論》中的「粘」字訣是反擊的技法概括。這裏的「粘」字，無疑應與其他三字同等作用，是「知覺運動」的媒介及特定技法的前提條件，非獨立的具體技法方式。

本文的解釋，語義多相重疊或含混，不符合概念劃分及下定義的基本原則，有似是而非之弊。此四字的精神實質，卻也不難理解，但要充分發揮其應有的作用則不易。因為此訣所闡述的技擊法則是由敵我雙方共同表現形式構成的，也就是共處於相同條件之中。但必須做到只為我用、不為人用的程度，才是此訣的奧妙所在。若形同虛設，或反被人用，豈非弄巧成拙，此其難也。

| 原文 |

粘者，提上拔高之謂也[1]。
黏者，留戀繾綣之謂也[2]。

連者，捨己勿離之謂也[3]。

隨者，彼走此應之謂也[4]。

要知人之知覺運動，非明粘黏連隨不可。斯粘黏連隨之功夫，亦甚細矣[5]。

｜譯文｜

粘（沾）者，提上拔高之謂也。

粘，使兩種物體黏在一起。在推手時，彼此接觸處，如粘到一起。但須與「連」字有所區別，故粘當謂勁的作用。又須知「捨己從人」是前提。故在人進黏時，如欲上引，也即「提上拔高」須用粘勁，以防脫節。但不能認為「粘」只能用於提上拔高，當普遍用於走化引進的動作。

黏者，留戀繾綣之謂也。

黏謂膠性。《太極拳論》用作反擊的術語。無疑黏的形式也是「連」在一起。與「粘」的區別，無疑黏勁用於反擊。人必借我黏而變化，或消極逃跑，易出「丟」的病手，故接觸處應主動用黏勁，保持連的形式。尤其當人轉換為走化過程時，我須以黏勁從人再變化。所謂「黏即是走」（用比喻形容勁法，很難領會其具體作用。粘黏勁的主要差別在於，粘是在被動中與彼保持相連的形式；黏時在主動中與彼保持相連的形式）。

連者，捨己勿離之謂也。

「捨己」即不能主觀妄動，保持彼此相連的形式，有助於聽勁、知人。為粘黏勁法提供依據，保證分寸火候，無過無不及。以上三者互為因果。

隨者，彼走此應之謂也。

　　「隨」作為術語，是防止「丟」「頂」病手的措施。「彼走此應」要「隨」，彼黏此走更要隨。「隨」也即是「從人」，故說：「走從人，黏也要從人」「從人本是由己」。這就是走黏陰陽相濟的辯證法。不論走、黏，做不到「從人」「相隨」，必產生「丟」「頂」的病手。

　　要知人之知覺運動，非明粘黏連隨不可。斯粘黏連隨之功夫，亦甚細矣。

　　人的「知覺運動」（即「聽勁」「知人」的能力），須藉助技法「粘黏連隨」的運動形式，才能有所作為。但粘黏連隨的功夫非經認真訓練是難以做到的（粘黏連隨與聽勁知人，也即「知覺運動」是相輔相成的關係）。

｜注釋｜

　　〔1〕粘，原義是指膠性物質的作用，可使二物黏在一起，不能分開。這裏是謂對手一與我相接，就要如被我黏住一樣，掙脫不掉，使其處於被動挨打的地位。文中作「提上拔高」解，值得商榷，這不僅因「提上拔高」具有技法作用，且與後三字訣的性質也有差異。更沒有說提上拔高的依據和方式方法是順勢借力呢，還是任意強行施為？是起走化引進落空作用呢，還是直接粘打？為什麼粘勁和粘的方式方法只能用於提拔，而不適用於其他方面？這裏並非絕對否定粘勁的提上拔高作用，而是說粘勁是否只是如此具體而單純，為什麼後面三個字訣的解都不如此具體？若這些字訣僅以方向為依據，何以只言上（提上拔高）而不言下（即向下運動的訣）？

　　〔2〕黏，原義是膠性，有粘的作用。這裏是比喻與

人接手後，我的接觸點如有黏性，能將對手黏住，使其不得解脫。這是一種動力的作用，稱為黏勁。沒有黏性勁也就沒有沾勁和粘的能力，道理應當如此。根據這一分析，可以這樣認為，黏是粘的條件，而粘則是黏的作用與表現。所以這兩字訣應互為表裏，相互依存。毫無疑問，黏勁與膠性物質的黏勁是有區別的，前者是人為的，後者是膠性物質的自然屬性。

文中對此訣解作「留戀繾綣（ㄑㄧㄢ ㄑㄩㄢ）的原意為難捨難分之意。惜別的感情，是分別者雙方共同的，留戀繾綣也是雙方共同的表現。但拳中的黏卻不同，應該說是控制與反控制的鬥爭，雙方的思想和行動不只是沒有共同點，且恰恰相反。所以，用這樣空泛的形象比喻黏勁，很難使人得到正確的認識和指導。

〔3〕連，原指相接、連續的意思。作為技法術語，應有它特定的內涵屬性。若僅作「捨己勿離」解，意義不夠確切。這不僅因為「捨己」沒有附加限定條件，變成了為「勿離」而捨己，那麼這種「連」還有什麼積極意義？難道寧肯失敗也要堅持連嗎？且「捨己」就是「從人」，與隨字訣的概念不無混淆。按四字訣中，「連」字意義最廣，粘、黏、隨三訣都直接與連字有關，失卻連字，餘三字便無從表現，猶如「皮之不存，毛將焉附」。它還有一個特殊的屬性，如「接手」可謂連，「斷而復連」就指重新接手相連。或謂退卻時手不走空，也必須連而不斷，方有反攻的內在條件。

〔4〕隨，或說「隨人進退」，這與連字也有一定的混淆。連、隨二字似與主動、被動有關，連取主動，隨屬

被動。轉換時不可丟手，要用黏勁黏住對方。所以，此四字訣應當理解為是一個攻守全過程，不同環節上所對應的勁法作用，用以保證特定技法的實施或實現。

〔5〕按粘黏連隨是知覺運動的前提條件，而知覺運動又是「懂勁」的前提條件。這裏的「運動」指對手，「知覺」指我。我是由對手的運動而產生知覺，判斷出對手的動機目的和方式方法，從而藉助粘黏連隨的條件，運用針對性技法去克敵制勝。知覺，判斷，針對性的技法措施，又要依賴於「懂勁」。四字訣與「懂勁」也是互為依存。

七十四、頂偏丟抗

｜按｜

此四字訣，是打手的病手，實質不外過與不及兩種情形。四字排列順序，有的本「丟」字列首，「頂」字居於第三。四字之中，唯「偏」字有異，楊系傳文或作「扁」（區），即姿勢不圓有缺欠。

「扁」也屬病手，不論何者為原文，都當避之。

｜原文｜

頂者，出頭之謂也[1]。

偏者，不及之謂也[2]。

丟者，離開之謂也[3]。

抗者，太過之謂也[4]。

要知，於此四字之病不明，不但粘黏連隨之功，亦斷不明知覺運動也[5]。初學對手，不可不知也。所難者，粘黏連隨，而不許頂偏丟抗，是所不易也。

｜譯文｜

頂者，出頭之謂也。

「出頭」的內涵不夠明確。雙方有意識地用力相抵，欲以力勝人方為頂。《太極拳論》中的「雙重」即是頂的表現。當禁忌！

偏者，不及之謂也。

「不及」的定義同樣不夠確切。偏屬知己功夫的缺欠，謂身勢或勁力過或不及的反映。楊本作「匾」，當為「偏」字之誤。凹癟不圓也是病。

丟者，離開之謂也。

「離開」可視為是「連」字訣的失誤。但嚴格來說，不自覺地「離開」是病手。若脫手反擊則不當為病，僅對手謂「丟」。廣義而言，錯過制勝良機也謂「丟」。

抗者，太過之謂也。

「太過」的概念同樣不夠確切。難道抗比頂還「太過」嗎？抗也即亢。如有意識地抵擋，不論其力強弱皆為抗，不符合「捨己從人」和「隨」字訣的原則。更多見的抗勁在走化引進過程中，沒有掌握「順勢借力」的技術，不自覺地出現向外的張力，也是不明虛勁的反映。

｜注釋｜

〔1〕「頂」二力相抵。此處作為術語，又要區別於「抗」，故可解作兩力相持、對峙狀態，俗稱「頂牛」。附解稱「出頭」，不夠明確，可能指用力而言，欲使己力衝出去的意思。頂，關乎雙方同時用力，若只一方用力，也就不會出現頂的事實。

〔2〕偏，當謂「過」。如偏高、偏低，即過高、過低。作「不及」解，不通。從「不及」二字相應而論。此「偏」字可能是「匾」字傳抄之訛。匾，俗稱癟，當謂姿勢不圓滿，缺乏掤勁，反應、轉換不能靈活及時，方符合「不及」之意。從病手來說，過、不及，皆當避之。

〔3〕丟，作「離開」解，比較片面些，這是「丟」的最突出的病手，也可說是狹義的解法。廣義的概念，應包括人和我的機勢兩個方面缺欠：凡我的意、氣、勁、形任何一方面疏於粘黏連隨和圓掤勁，給人以可乘之隙，皆謂「丟」。另一方面，對手在這些方面出現的任何可乘之隙，我沒有乘隙而入，錯過了時機，也皆為之「丟」。

打手時，彼此兩手相接，互不易擊打，如果一方脫手，另一方就有了擊打的機會，故稱「斷（即脫離）則打」。斷就是丟。但斷有兩種情況，一是我斷，一是人斷。我斷我為丟，人斷我不為丟，而且有隙可乘。如有隙不乘則為「丟」。

〔4〕抗，作太過解，也不夠明確。它與頂的區別是我力弱硬抵彼之強，即以小力抗人之大力，必敗。走化不及時，就可能表現為抗，自己已傾斜，還要有意無意地推搡對手，也是抗的表現。

〔5〕頂偏丟抗，不論有意、無意為之皆為病手。不能粘黏連隨、必出病手，徒具粘黏連隨的形式而不能知覺運動，也難避免出現病手，非三者了然於胸，神領意會，習慣成自然，不能圓轉如意。故謂之「神明」。

七十五、對待無病

| 按 |

「對待」，即打手過程中對攻與守的處理措施。「無病』，即措施得當，符合技法的需要，有助於技法效果的充分發揮。文章的中心思想是要說明病手的危害及克服了病手的好處。

| 原文 |

頂偏丟抗，失於對待也[1]。所以謂之病者，既失粘黏連隨，何以獲知覺運動。既不知己，焉能知人[2]。所謂對待無病者，乃不以頂偏丟抗相對於人，要以粘黏連隨對待於人也。能如是，不但無對待之病，知覺運動亦自然得矣[3]。可以進於懂勁之功矣[4]。

| 譯文 |

在推手訓練、競技時，用「頂偏（扁）丟抗」作為基本運動形式，就失去了對待的原則，稱之為病手。標準的運動形式為「粘黏連隨」，離開了這種形式，便失去了「知覺運動」和「聽勁」「知人」的條件。

這涉及到「知己」「知人」兩個方面。既不能知己，又怎麼能知人呢？所以，太極拳技法與人對待時，只能用「粘黏連隨」而不能用「頂偏（扁）抵抗」。如此而後，

才有可能防止病手的危害，從而有條件訓練「知覺運動」、聽勁知人的能力。非有了這一前提條件，才有可能逐步認識掌握「懂勁」的基本規律。

｜注釋｜

〔1〕「失於對待」，頂偏丟抗所產生的根本原因，在於沒有把握「捨己從人」的功夫。

〔2〕粘黏連隨與知己知彼（人）是一種辯證關係，知己知彼須借粘黏連隨的條件，而粘黏連隨如無知己知彼為依據，也就不能不出病手。

知己知彼的關係也是如此，先求知己，後求知人。知己如何安排，如何能得機得勢，不出病手，也就能判斷對手的安排是否得當，是否失機失勢，何處有隙可乘。然而，真正的知己，非經知彼的鑑定考驗，不能準確無誤，二者須相輔相成，相互促進。

〔3〕這是指知覺運動與粘黏連隨的辯證關係。

〔4〕粘黏連隨、知覺運動得之，頂偏丟抗被克服，便有了知己知彼的能力，從而可以進入懂勁階段。當然，粘黏連隨、知覺運動，都還有個功夫深淺問題，病手也存在克服的程度問題，所以，懂勁只是掌握技法的初級階段，至「神明」才是高級階段。

七十六、對待用功法──
守中土（俗名：站椿）

| 按 |

「守中土」是作為「對待用功法」的核心被提出來的，而「站椿」又作為「守中土」的註解，按這種關係推論，站椿和對待用功法之間也可以劃等號了。

椿步訓練，是中國武術普遍採用的築基手段。太極拳不尚躥躍，以靜制動，所以加強椿功尤為重要。

但前面講過，對待主要藉助於知覺運動和粘黏連隨的形式，這樣一來，很顯然光靠站椿是不能全面滿足知覺運動和粘黏連隨所需條件的，「守中土」，應當從動、靜兩個方面去考慮。

所謂「中定」，不能單純理解作椿步絮實，牢固有力，更不能設想椿步有力是為了利於頂抗。下盤功夫深的人，不但進退便捷，發勁有力，也具有極大的定勢能力，是重心保持中正穩定的基礎。

然而，這樣的「守中土」「中定」的概念畢竟是狹義的。廣義的概念，應當包括定勢與動勢都能「守中土」，不但下肢要「守中土」，上肢、軀幹都要「守中土」，擴而廣之，神、意、氣、勁也莫不需要守住中土。

所謂中定，「中」不是單純指身體在前後左右之中，作中央、中心解，更主要的是重心要居中。而「定」也不

能單純指「立如釘」的一種情況，而是說，不論動靜、奇正，重心必須定於中心，這是中正的根本。

步法中定、守中土的重要意義，就在於它能積極調整姿勢所處的方位，在重心將要偏斜、守不住中土之時，它能由移步保證重心穩定，全身恢復中土之位，沒有這種廣義的守中土意識，守中土便不會成為技法的核心。守中土對成敗有關鍵作用。因而「站樁」的概念太狹隘，或疑為後人所加。

再從全文內容分析，「對待用功法」涉及的因素，無疑大大超出了「守中土」「站樁」的內涵。

｜原文｜

定之方中足有根，先明「四正」進退身[1]。
掤捋擠按只四手，須費功夫得其真[2]。
身形腰頂皆可依，粘黏連隨意氣均[3]。
運動知覺來相應，神是君位骨肉臣[4]。
分明火候七十二，天然乃武並乃文[5]。

｜譯文｜

本文的主題是講如何進行推手訓練。

推手的訓練，首先要有正確的步法基礎，所處位置即是「中土」（圓心）。步宜有定力，猶如生根一般。有了這個中心，前後左右四方也就明確了，進步、進身，退步、退身的方向也就明確了。

「掤、捋、擠、按」的技法雖僅有四手，但功夫用不到卻也掌握不了其運動變化的基本規律（術語謂之「懂

勁」「神明」）。首先要有知己功夫為基礎，如「立如平準」「腰為主宰」「虛靈頂勁」……技法對待堅持「粘黏連隨」，更要意氣領先，不用拙力。

　　在知人的功夫方面，透過「知覺運動」，細心掌握彼勢彼力的動向和情況，達到「我獨知人，人不知我」的目標。前提是堅持「捨己從人」的原則，又要「以意行氣」。聽勁的水準猶如氣候變化般細微而準確，這才是「文體」「武用」真正取得自由的標誌。

｜注釋｜

　　〔1〕中定即是守中土，「方中」是指位置，身之周圍可視作圓，也可視作方，所謂方中有圓、圓中有方也。前、後，左、右，進、退，顧盼，皆以中為準，始能辨別。靜止的中定之勢，其根在腳，故稱「足有根」。腳不能定，則全身難定。「先明四正進退身」，即進退都先要掌握守中土的原則。

　　從這裏也可看出，「守中土」的範圍不只限於定勢，也不能單靠站樁來解決。「進退身」者，步有行體之能也。因此，步、身、手在進退當中都有影響「守中土」的因素，都應服從守中土的要求。

　　〔2〕此處的「須費功夫得其真」，重點指四正手動作，全身都應受「守中土」原則的制約，不僅重心要穩定，更要掌握四手的正確運動方式。不能給對手有可乘之隙，這也是守中土的範疇。

　　〔3〕身形腰頂，粘黏連隨，皆有維護中心穩定的作用。前四者能保證「立身中正」，故稱「皆可依」（有的

本或作「以」）；後四者能保證不出「頂偏丟抗」，重心不受干擾、故要求「意氣均」，以加強知人的能力。

〔4〕這兩句的實質是要求「知己知彼」和「用意不用力」，這也是維護重心穩定，動作守中土的重要條件。

〔5〕「火候」指練功程度；「七十二」是標準，即道家所謂九轉還原之功。概而言之，即功夫要練到爐火純青之時，不外乃文、乃武而已。武指鍵體，文指養氣，即內外兼修之意。

又一年，二十四節中也有七十二候。極言對粘黏連隨、知覺運動基本功要求的細密確切。

七十七、身形腰頂

|按|

身形腰頂，立身中正，不僅是守中土的需要，也是技法的物質條件。身形的順逆，當從知己知彼的兩個方面去把握，自身順遂，則氣遍全身，達於四梢；與人對待能順隨，自無丟抗遲重之虞。

上有虛領頂勁，振起精神，下有鬆腰斂臀，氣沉丹田，自然立身中正，不偏不倚。如此不但有利於守中土，且奇正生生不已，變轉自然靈活無滯矣。

|原文|

身形腰頂豈可無，缺一何必費功夫。
腰頂窮研生不已[1]，身形順我自伸舒[2]。
捨此真理終何及[3]，十年數載亦糊塗。

|譯文|

知己功夫是技法運動的基礎，其中身形和腰、頂的作用尤為重要，缺一不可。

腰是全身的主宰，又是運動的總樞，必須認真掌握其運動規律。至於身形，除中正的要求外，猶須順遂鬆淨、自然，才能保證技法變轉輕靈協調。

如不把這一基本功練至習慣成自然的狀態，不論練習

多久，也難以真正取得技法的應有效果。

｜注釋｜

〔1〕腰為一身之主宰，變化在腰，蓄發勁也在腰。頂是虛領頂勁，領住脊骨，腰背才能為用，精神才能振奮。此二處，必須深入研究，才能充分發揮其作用。

〔2〕身形亦即身法，其中順遂是主要內容，所謂「人剛我柔謂之走，我順人背為之黏」。走即求順，順即能打。能順人之勢、借人之力，技法自在其中矣。順遂者，奇正相生也。

〔3〕有的本「及」也作「極」。

七十八、太極圈

| 按 |

太極圈即太極拳技法的基本運動形式，今天我們常稱之為「圓運動」。

太極拳技法之所以以圈的形式作為技法的條件，正是因為圈能周而復始，中間沒有曲折和停頓，而且自然具有陰陽相濟的特點，如開而後能合，合而後能開，退中寓進，進中寓退，完全符合「走即是黏，黏即是走」、蓄而後發的要求。

故欲掌握太極拳技法，首先要研究和掌握圓的運動規律及其特有的本質屬性。

| 原文 |

退圈容易進圈難，不離腰頂後與前[1]，
所難中土不離位，退易進難仔細研[2]。
此為運動非站定，倚身進退並比肩[3]。
能如水磨催緩急，雲龍風虎象周全[4]。
要用天盤從此覓，久而久之出天然[5]。

| 譯文 |

圈是走黏採用的基本運動形式。因圈的軌跡有循環無間的特點，有利於走黏陰陽相濟。「退圈容易進圈難」，

易、難指的是什麼內涵，不夠明確。我們只能猜想所說的「退圈」即指「走」，容易「從人」；「進圈」為「黏」，反擊「從人」的難度較大。

若著眼於技法難度，能「走」成「引進落空」或「我順人背」，無疑「走」的難度大。走退、黏進，都須藉助於「腰為主宰」「虛靈頂勁」的知己功夫。尤其是一貫保持重心的平衡穩定難度更大。

「退易進難仔細研」，研究什麼也不明確，只能設想，如何才能做到「進易」，也就是如何能使退走取得「引進落空合即出」的效果。走黏技法是借前進後退來實現，而不是站定不動來完成。而進退既可以僅是身的進退，也可以是步法的進退，不論進退的幅度大小，而技法的走黏應與「粘黏連隨」相結合，不丟不頂，緊緊相隨，勢如相互挨身比肩一般。

「動急急應，動緩緩隨」「隨屈就伸，無過不及」，猶如水磨的水流與磨的轉動相一致，猶如「雲龍風虎」相鬥飄忽不定、不即不離。

訓練先從高勢練起，將圓運動軌跡練到習慣成自然的程度，最後才能達到走黏條件反射的能動作用，所謂「從心所欲」的狀態。

｜注釋｜

〔1〕「退圈容易進圈難」是相對的難易。退即守、即走；進即攻、即黏。退與進、守與攻、走與黏，皆為一圈循環。退易進難，是從「從人本是由己」的角度說的。退指「從人」，只要我不用力，自然會隨對方的進攻而

退，但要進而反攻，相對說來就難，非善於轉換、粘黏得法不能成功。

然而，黏打的能否成功，又決定於退圈的走化是否恰到好處，果能「引進落空」，黏打也就易如反掌，所謂「來脈聽真，轉關何難」。從這種角度來說，難度在退圈，而不在進圈。總之，二者各有其用，各有其法，相輔相成，水到渠成，不能簡單地以難易做評論的標準。腰頂是身法的中樞，是退與進、走與黏轉換的樞機，故稱前進後退不可離此要領。

〔2〕這是說「守中土」的原則，要在進退過程中堅持一貫，不可離位。守不住中土，身即散亂，轉化便失去必要的條件，故要求「仔細研」。「研」字作研究理解也可以。根據推手又稱「研手」的概念，研字也有推手實踐的含義。

〔3〕「此為運動非站定」，是說退圈與進圈不是原地不動的，而是與退進，步、身相結合的動作，故稱「倚身進退並比肩」。「運動」二字，有的本又作「動功」。「倚身進退」的「倚」，若作「黏依」的「依」字更為相宜。「比肩」是形容打手走黏的協調一致，這樣才能人不知我，我獨知人，上下相隨，一氣貫穿，循環往復，走黏得當。

〔4〕「象周全」，有的本也住「相周旋」。「能如水磨催緩急」者，以水喻來力，以磨動喻我應對，即隨來勁的疾徐，動急則急應，動緩則緩隨。「雲龍風虎象周全」者，以龍形喻勁力之柔，以虎形喻勁力之剛猛，以風雲喻勁力的忽隱忽現。

　　簡而言之。圈圓轉靈活，走黏自然隨心疾徐；圈的弛張，勁力自然，隱現顯微，剛柔相濟。

　　〔5〕「天盤」者，高勢也。高勢能靈活而省力，故打手應用多取高勢為主。在前列諸要求、要領的前提下，對太極拳的圈形式運用日久，自能掌握其規律，得心應手，隨心所欲矣。

七十九、太極進退不已功

| 按 |

進退不已，是本文的主題。實際並非只限於進退二字，乃是「動靜」中「動」字的概括。動，即往復循環，是太極拳技法的特徵之一。因動則變，變是技法的靈魂，這與八卦掌不停地走，有異曲同工之妙。

| 原文 |

掤進将退自然理，陰陽水火相既濟[1]。
先知四手得來真，採挒肘靠方可許[2]。
四隅從此演出來，十三勢架永無已[3]。
所以因之名「長拳」。
任君開展與收斂[4]，千萬不可離太極[5]。

| 譯文 |

掤法配合進步，将法配合退步，上下一致，理出自然。手法掤為陽，将為陰；步法進為火，退為水，掤進将退協調完整是謂「既濟」狀態。這是訓練的基本目標。擠、按的要求也是如此。

先把進退四手的運動規律弄清練熟，才可進行採、挒、肘、靠技法的訓練。唯四隅手當與四隅步法相結合，訓練目標同樣應達到「既濟」狀態。待隅手隅步也掌握其

運動規律和熟練之後，還須使四正、四隅能相互轉換，綜合應用。如此，所謂手八、步五的十三勢，就形成無休止的轉換，「長拳」的名稱即由此而來。運動的幅度開展或是緊湊原無一定，要能做到因敵變化而相應變化。根本原則就是莫忘了走黏陰陽相濟。（八門五步僅是推手訓練，而非實際競技）

注釋

〔1〕掤進捋退表現為手法、步法的一致性，也是進退基本規律的概括，應當從動靜的全面去理解。水火既濟是陰陽顛倒之理，也即相反相成的辯證規律，進、退、掤、捋的循環，即是相反相成的實例。唯相反相成的轉化，非具有一定的轉化條件不可，這就是訓練的作用和目的。「相既濟」，有的又作「既相濟」，意義相同。「既濟」是卦辭。

〔2〕先要將四正推手的技法掌握準確和熟練，而後才可以研究四隅推手的技法。四正推手，一般為原地不動步，或只作進退步，四隅推手則為活步，每勢皆向隅角移步。故靜步技法如尚不熟練，活步就難周身成一家。

〔3〕「十三架式」即指「八門」「五步」「永無已」即指其各勢皆可承接，循環不已。

〔4〕從文句結構來看，以下似有缺失。

〔5〕此處要求的「不可離太極」，主要指陰陽相濟、相互轉化的規律。

八十、太極上下名天地

｜按｜

從本文內容可以看出，專指四隅手法要領而言也。重點在於說明上、下運動在四隅手法中的重要性。所謂「十三勢」者，以前皆以平面方位而論，不及上下。

實際上，技法離開了上下變化就會受到極大侷限，太極圈也就變得極為呆滯的平圈。動作非前後、左右、上下六方不能形成立體，不能旋轉自如。

｜原文｜

四手上下分天地，採挒肘靠有由去[1]。
採天靠地相應求，何患上下不既濟[2]。
若使挒肘習遠離，迷了乾坤遺嘆息[3]。
此說亦名天地盤，進用肘挒歸人字[4]。

｜譯文｜

四手的上下方叫作天、地，這就是採、挒、肘、靠技法運動的特點和根據：採施於天，靠施於地，而且採與靠又具有相生相剋、走黏相濟的轉換條件。換言之，如彼由上向下採我腕臂，我應從人而下轉換為靠法由下反擊，這即是上下既濟的體現。

挒法、肘法必須在挨近時應用，如用於遠襲，便是沒

有把握技法客觀規律的表現，極易為人所乘。此說又叫作「天地盤」。

若以肘進擊於人，人可用捯法向斜方捯使肘的腕臂，彼肘便輕易被捯開。從技法形式上看，肘如「人」字的一撇，捯如「人」字的一捺。

｜注釋｜

〔1〕「四手」概念含混，從內容判斷「手」字或為「隅」字之誤。「天地」者上下之代號或別名也，是四隅手法不可少的兩個方位。

〔2〕「採天靠地相應求，何患上下不相濟」者，採可以破靠，靠亦能破採；採由高處捸，靠宜低處用，故稱「相應求」，上下相濟也。

〔3〕這是說捯、肘二法須是近用，而且與採靠的上下相濟不同，宜平使，即中盤也。

〔4〕「進用肘捯歸人字」者，言二法相應求的形式，像寫「人」字一般，蓋肘能破捯，捯亦能破肘，一來一往，構成一拐彎形狀。

八十一、太極人盤八字歌

| 按 |

此文是對前述「八法」技法的概述小結，內容多係以前各文的重點摘要，有助於加深對八法應用的系統化認識。唯對顧盼的作用沒有強調和解說頗為遺憾。沒有神意領先腰頂的作用便難以發揮出來。

| 原文 |

八卦正隅八字歌，十三之數知幾何[1]。
幾何若是無平準，丟了腰頂氣嘆哦[2]。
不斷要言只兩字，君臣骨肉細琢磨[3]。
功夫內外均不斷，對待之數豈能錯[4]。
對待於人出自然，由茲往復於地天[5]。
但求捨己無深病，上下進退永連綿[6]。

| 譯文 |

四正四隅技法八字歌，與五步結合構成十三勢後，其變化就無窮無盡了。然後，十三勢必須藉助「立如平準」的身形及腰、頂的知己功夫，才能發揮應有的效能，否則便無所作為。

更關鍵的是要堅持相連不斷的基本運動形式，又要用意不用力，以意氣統御肢體，內外兼修，方能適應技法無

限變化的需要。與人對待，必須順乎自然，切忌主觀妄動，如此才能上下前後左右無往不利。

　　前提條件是堅持「捨己從人」的戰略原則，從人不由己，方能使步法手法做到一貫連綿不滯。

｜注釋｜

　　〔1〕言「八門」「五步」變化無窮。

　　〔2〕這是身法方面的重點要求：腰為主宰。虛領頂勁；立身中正，立如平準，不偏不倚，觸之則旋轉自如。

　　〔3〕技法特點，粘黏連隨；要領是神意為統帥，肢體為驅使，用意不用力。

　　〔4〕意、氣、形、勁，技法之內外要素也。要形斷勁不斷，勁斷意不斷，意斷神相連。十三勢能千變萬化，貴在一氣貫串，如長江大河，滔滔不絕。

　　〔5〕與人打手，順乎自然，捨己從人，不用強力；進退往復，顧盼升降，一圈相繫，守住中土。

　　〔6〕上下相隨，不丟不頂也。「捨己」即是「從人」，難在「無過不及」。

八十二、太極體用解

| 按 |

本文主旨在於闡述太極拳體用的根源及勁與力的區別。唯其理論以程朱理學為依據，屬唯心主義思想體系，有脫離實際的弱點。

程朱理學也稱道學，又因兼談性命，故又稱性命學。包括以周敦頤、程顥、程頤、朱熹為代表的客觀唯心主義和以陸九淵、王陽明為代表的主觀唯心主義兩大派系。前者認為理是永恆的，先於世界而存在的實體；世界萬物只能由理派生出來。後者提出「心外無物，心外無理」之說，認為主觀意識是派生宇宙萬物的本源。

二者在認識上都是片面的。所以，我們在研究借鑑這篇文章時，要有分析、有批判地接受，吸取其合理部分，揚棄其唯心成分。

| 原文 |

理為精、氣、神之體，精、氣、神為身之體[1]。身為心之用，勁為身之用[2]。身心有一定之主宰者，理也，精、氣、神有一定之主宰者，意誠也。理者天道，意誠為人道，皆不外意念須臾之間[3]。要知天人同體之理[4]，自得日月流行之氣。其意氣之流行，精神自隱微乎理矣。夫而後言乃武、乃文、乃聖、乃神則得矣[5]。

若特以武事論之於心身，用之於勁力，仍歸於道之本也，故不得獨以末技云爾[6]。勁由於筋，力由於骨[7]。如以持物言之，有力能執數百斤，是骨節皮毛之外操也，故有硬力。如以全體之有勁，似不能持幾斤，是精氣之內壯也[8]。雖然若是，功成後猶有妙出於硬力者。修身、體育之道有然也。

｜譯文｜

真理是精氣神的本體；精氣神是身體行為的本體。身體行為受心意的支配；勁力是身體行動的需要。身、心有一定的行為主宰，即客觀真理（規律）；精氣神的運動有一定的主宰，即實事求是的思想意識。理即客觀規律，求是的思想行為即是正確的認識方法。皆出於心意一念之間。有了天人同體（規律相同）的認識，就能受到自然規律的啟發，思想行動就會有客觀真理主宰其間，而後就具備了探究文、武、聖、神的條件。

若僅從身心的方面探索武事的理法，以勁力而言，也仍不外乎客觀規律的指導，故不能說武事屬於「末技」，不值一談。氣勁生之於筋，硬力生之於骨，故其作用效果也大不相同。

以持重為例言之，有硬力的人能持數百斤，這是形體透過直接力的訓練便可取得的效果。若太極拳的勁法，好像不能持數斤之重，這是因為訓練只著眼於精氣神內壯的緣故。雖說如此，練成之後用於技法，其效果又比硬力神妙許多，有不可思議的走黏效果。這就是修身養氣用於武事所必然的成就，由客觀規律決定的。

｜注釋｜

〔1〕實際上是身為精氣神之體。沒有身體也就不存在精氣神。精氣神弱，正是身體弱的反映，加強身體訓練，提高身體素質，是充盈精氣神的不二法門。

〔2〕「身為心之用」，心即意，可理解為一定的思想支配一定的行為，故太極拳運動要求以意為先導。「勁為身之用」，即要求以身運勁，忌以力使身。

本文所言體用的概念，與《十三勢歌》中的體用概念意義不完全一致，不是單純指走架子和打手兩種內容。這裏的體用是依據性命學概念而言。

〔3〕「意念」能認識和反映真理，而不能創造真理。須臾，極短的時間。

〔4〕「天人同體」，即認為人體與天體完全一樣，只有共同點，沒有差別點，人只能聽命於天是不正確的。大自然對人的影響，並非「天人同體」的反映。

〔5〕「乃」，語首助詞，無義。《書‧大禹》：「乃聖乃神、乃武乃文。」本文的文武，即指性命雙修、內外兼修之意。

〔6〕「武事」即太極拳用於打手競技。「仍歸於道之本」，即承認「武事」之用符合天道。「不得獨以末技云爾」，實際是反對視「武事」為「末技」的觀點。在傳統太極拳譜中，有這樣一個註：「此係張三豐祖師遺論，欲天下豪傑延年益壽，不徒作技藝之末也。」本文的「末技云爾」，可能對此而發。

〔7〕這是從根源上分析勁與力的差別。此處所說

「勁發於筋，力發於骨」，並非說與其他部位無關，也不是說發勁與骨、發力與筋絕對不相干，乃是指發勁、發力的重點根源在筋、在骨。

〔8〕這是用實例對比的方法來分析力與勁的不同。其訓練方法也不一樣：力可直接外操而得；勁主要靠內養精氣，故外力硬直，內勁柔中有剛。

八十三、太極文武解

| 按 |

本文與前文相互聯繫，言文武與體用的關係。唯內容偏重於理論，初學者不易領悟。

作者是想用理學的思想方法，將道教的修練與太極拳剛柔相濟的訓練特點，三者統一起來，這是太極拳發展到一定階段上的產物。對待太極拳的分析，要用歷史唯物論的觀點。太極拳是武術，它的歷史任務是武事。但在其發展道路上，技法由粗而精，在訓練方法上，逐步充實了練神、練意、練氣的內容，因而產生了有效的養生、保健和體療的作用。

不管怎麼說，這些作用，在開始只是太極拳的副產品。當然，隨著太極拳技法實用價值的「貶值」，副產品也可以發展成為主要的產品。然而，不能因此而否定了太極拳的歷史真實面貌，說它是由道教的養生手段而派生出來的產物，或說它從開始就只是體育。

| 原文 |

文者體也；武者用也[1]。文功在武用於精氣神也，為之文體；武功得文體於心身也，為之武事[2]。夫文武猶有火候之謂：文武使於對待之際，在舒捲得其中時，文體之本也，在蓄發當其可者，武事之本[3]。故曰，武事文為，

柔軟體操也。

精氣神之筋勁。武事武用，剛硬武事也。心身之骨氣也^{〔4〕}。文無武之預備，謂之有體無用，武無文之伴侶，謂之有用無體，如獨木難支，孤掌難鳴。

不惟文體、武事之功，事事諸如此理也。文者內理也，武者外數也^{〔5〕}。有外數無內理，必為血氣之勇，失於本來面目也，欺敵必敗^{〔6〕}。內有文理而無外數，徒思安靜之學，未知「用」的採戰差微則亡耳^{〔7〕}。自用、於人，文武二字豈可不解哉！

｜譯文｜

這裏說的文，即是體的內涵；武即是用的實質。文用於武即體現在精氣神的作用，故叫作「文體」。文體用於武事就叫作「武用」（此即「文體」「武用」的定義）。然而，文武猶有火候的區別。

文武在競技對待時，屈伸自如恰當其可時，這即是文體應有的正常狀態。故說，武事文為猶如柔軟體操一般，因用的只是精氣神的筋勁。如武事武為，就成為了剛硬的武事，因用的是心身的骨力、硬力。文如沒有武的預備，叫作有體無用；如武沒有文的輔助，叫作有用無體，猶如獨木難支，隻手難以作聲。

不獨文體武用如此，事事莫不同此。文的實質即是理的體現，武的實質即是外數的體現。如只有外數而無內理的輔助，必為血氣之勇，失去了正常面目。須知有勇無謀，僅以力欺敵必敗。如僅有內理，而無必要的外數，徒求文靜，不知武用對待的嚴酷，稍有偏差便有性命之憂。

用於自身精氣神的修養或是武事的對待，文、武二字豈可沒有正確的理解。

｜注釋｜

〔1〕文武與體用的關係，文指修身（體育）的手段；武指實用（武事）的手段。「文體」或作「體育」。

〔2〕這是說文體、武用可以互為補充，能取得相輔相成的效果。當然這是根據太極拳特定的用意不用力的訓練方法做出的判斷。實際上，武用的訓練內容非有技擊方式方法不可，而文體則沒有必要強調這一點。可以互補者，僅在調動內外一切運動因素這一點上。

〔3〕「舒捲得其中時」，謂伸屈自然平和，就能起到文體的訓練作用。「舒」字別本也作「放」字。「蓄發當其可者」，謂尺寸、勁力，方法等皆恰到好處，才能達到練武的目的。「中」或指勁力的剛柔適中。

〔4〕這是說太極拳運動的特點，用精氣神之筋勁，不用拙力，因而，除技法作用之外更具有「柔軟體操」的功能。所謂「體操」，即體育鍛鍊的意思，非指體操項目。「柔軟」也即「舒捲得其中」。

〔5〕此「外數」即指「十三勢」技法也。

〔6〕這是說，太極拳技法在應用時，失去了精氣神內在因素的輔助，便成為血氣之勇。「血氣之勇」即骨力、硬力，所謂剛硬武事也。以剛硬對待於人，欲恃力勝人，勝負莫卜：遇硬力小者或可勝之，遇硬力大於我者必敗。

〔7〕這是說，與人打手，如果不明技法，只靠理論

和精氣神的作用，也是要失敗的。所謂「採戰」，原為道教中一種特殊修練手段，或說源出於宋代道人張山峰，明代的張三豐則給予了嚴肅地批駁。

後來有人又將這一術語移植到太極拳訓練上並做了新的解說，認為練習拳架是採自身之陰，補自身之陽，與人打手，則是採對手之陰，補我之陽，以達到築基壯體的目的。此說仍不免牽強附會，沒有研究價值，太極拳的健身壯體作用，是絕不會受「採陰補陽」這種觀念所侷限的（參考本書附錄）。

八十四、太極懂勁解

|按|

「懂勁」的概念，最早見於《太極拳論》，是太極拳技法達到理性認識階段的標誌；而「神明」則是懂勁的更高階段的概念，常是用「隨心所欲」四字來表示它。所謂「神明」，實際是指非語言所能形容的高級階段；在技法運用上，表現為不知其然而然、不期然而然的狀態。實質技法熟練到條件反射或說是下意識反應的程度，達到了技法上的上乘功夫。

這是單純就武事而言，本文則是從文體、武用兩個方面來論證，以性命雙修為出發點。

|原文|

自己懂勁，接及神明，為之文成[1]。而後採戰，身中之陰，七十有二，無時不然。陽得其陰，水火既濟，乾坤交泰，性命葆真矣[2]。

於人懂勁[3]，視聽之際，遇而變化，自得曲成[4]之妙，形諸神明，不勞運動知覺也[5]。功至此，可謂攸往咸宜，無須有心之運用耳。

|譯文|

知己功夫練至懂勁及神明水準，就是文成的體現。經

過長期訓練，能使體內的陰陽因素無時不相互交融，達到如水火既濟的狀態，便能使生命得到延年益壽的功效。

在武事中與人對待的懂勁，即透過視聽知覺，「我獨知人、人不知我」，隨屈就伸，因敵變化，絲毫無差。升至神明水準，便處於條件反射的狀態，幾乎不再藉助知覺運動為條件，自能做到「隨心所欲」。功至此，技法也無須有心地運用，自能無往而不利。

｜注釋｜

〔1〕自己懂勁即指知己功夫。因拳術之道，不外勁之為用；與人對待，實質也是勁的對待，要知己知彼。核心皆指勁而言。勁又離不開形，所謂知己者，即知道自己的姿勢、動作該當如何安排，神、意、氣等內在運動因素，如何轉化為勁的問題。知己功夫的訓練，先是由拳架的實踐，還須透過知彼的檢驗，而後才能真正掌握，也就是「接及神明」的要求標準。作者認為，達到這種地步，可謂「文成」。

〔2〕「性命葆真」是文成的目的，結論猶待科學驗證。

〔3〕「於人懂勁」即指知彼的功夫，也即知己知彼功夫的綜合運用。知彼就是知道與人對待時勁的運動規律，要害在於只許我制人，不允許人制我，要把握絕對的主動權。

〔4〕「曲成」指能因敵變化而變化，不滯不澀。

〔5〕「形諸神明，不勞運動知覺也」，即技術熟練達到條件反射和下意識反應程度。「形諸神明」的「神」

字，是本書增補的，各本都不一致，或作「形諸於明」，或作「明於」，文義欠通。「神明」是「太極拳論」採用的概念「由懂勁而階及神明」。

　　〔6〕「功至此」，指「自己懂勁」和「於人懂勁」兩個方面。打手時非知己知彼兼備不可。「無須有心之運用耳」，實際是心之所思，不及形體反應之快也。任何競技運動，動作反應不能靠臨時思維的支配，否則必失誤。在太極拳競技中，打人者無意打人，被打者不知如何被打出，道理也是如此，故說「用神意打人」。

八十五、八五十三勢長拳解

｜按｜

本文主旨是說明「十三勢」單獨訓練和對手訓練的基本方式及要領。

唯標題稱「八五十三勢」，與文章內容不夠一致。顯然，「自己用功」的「長拳」，名「十三勢」猶可，若言「八五」則難以理解。而「於人對手」的訓練，雖言「亦自八門五步而來」，實際所列內容皆謂四手，不及其他，而效果卻言能「升之中上乘」，未免令人產生可望不可及的感覺。此「十三勢」既為打手訓練方式，不知如何「自己用功」？

｜原文｜

自己用功，一勢一式，用成之後，合之為長，滔滔不斷，周而復始，所以名長拳也[1]。萬不得有直勁[2]，恐日久入於滑拳也，又恐入於硬拳也[3]，決不可失其綿軟[4]。周身往復，精神意氣為本，用久自然貫通[5]，無往不利，何堅不摧也。

於人對待，四手當先，亦自八門五步而來。站四手，碾磨四手，進退四手，中四手，上下四手，三才四手[6]。由下乘長拳四手起，大開大展，練至緊湊，屈伸自由之功，則升之中上成矣[7]。雖綿有剛[8]。

｜譯文｜

八法五步的技術，自練時，當先一勢一式的練習，熟練之後，再綜合起來練習，聯貫不斷，循環無間，所以又稱之為「長拳」。但不可用直出直入的直勁，恐日久形成習慣，出手就用硬力。

十三勢技法一定要動作綿軟，全身進退往復，以精神意氣為主，不著硬力，日久自能形成一種特有的內勁，「無往不利，何堅不摧」。（須知，這種效果並非由勁決定的，而是「順勢借力」「捨己從人」的作用）

與人練習打手，當以「四手」當先，即八門五步中的「四手」，逐步增加步法和高低、長短、輾轉等不同的手法，如「站四手、碾磨四手、進退四手、中四手、上下四手、三才四手」，總之，由十三勢中的四正手開始，先求開展，後求緊湊。如此則自然能達到屈伸開合，無過不及，從人由己，隨心所欲，則技藝升至中上水準了。此時的勁法也相應提高到柔中寓剛的狀態。

｜注釋｜

〔1〕據說「十三勢」拳最初無固定套路，皆為單勢練習，練好一勢，再練一勢。各勢熟練之後，可以隨意銜接，相互穿插，聯貫一氣，無有窮盡，故又稱之為「長拳」。可見「自己用功」的十三勢，非指打手訓練所用的「八門」「五步」的「十三勢」而言。「周而復始」，用在這裏也有些牽強。

〔2〕直勁，即指直出直入的硬力。直勁不符合太極

拳技法「捨己從人」「引進落空」「走即是黏，黏即是走」的要求。楊本無「直勁」二字，作「一定之架子」五字。

〔3〕「日久入於滑拳」，是指習慣成自然的規律。直勁成了習慣，或出手便是直勁，或糾正得不徹底時，緊要關頭便不自覺地冒出直勁來。俗語稱這種情況為「練油了」。「入於硬拳」，是指慣用硬力，不能柔化。硬拳又常表現為直勁。

〔4〕綿軟是太極拳的運動特點之一，是太極拳技法所必須賴以發揮作用的物質條件，失去形體勁力的綿軟，太極拳特定的技法方式方法也難以施展，無從獲得預期的技法效果。

綿軟之所以不易，在於柔中寓剛，剛柔相濟。

〔5〕這是訓練綿軟的基本方式方法，「周身往復」是要求運動要一貫保持「周身一家」的完整性。「精神意氣為本」，即「用意不用力」的訓練方法，以內在的運動因素統御外在的運動因素，久之才能訓練出剛柔相濟的內勁。「久」字很重要，沒有時間條件，再好的方法也不能一蹴即成。

〔6〕打手訓練，以掤、捋、擠、按四手為基礎方式方法。所列不同的四手名稱，不外形式上的變化，從動靜、走轉、起伏等各個方面加強訓練。

〔7〕「大開大展，練至緊湊」是四手訓練的基本原則，非大開大展，不能極大地舒鬆筋骨，使身靈勁沉；非練至緊湊，不能技法嚴謹，慢中有快；非神形兼備，妙手空空，技藝難臻上乘。

〔8〕「雖綿有剛」指的是勁的訓練結果，亦即剛柔相濟之意。綿而有剛的勁法，是太極拳技法的需要，必須按照「精神意氣為本」，先開展、後緊湊等基本訓練原則，經過長期鍛鍊才能有所收穫。

有的抄本沒有這一句。從文氣上看，這一句有可能是後人增補的。也或應列於「屈伸自由之功」的後面，「有」字或為「猶」字。

八十六、太極陰陽顛倒解

按

陰陽顛倒之理屬於事物的發展規律，用之於太極拳技法，即相反相成的規律，亦即矛盾的對立統一規律，作者的哲學觀點，屬程朱理學的範疇。結合《易》理陰陽顛倒學說，闡述以弱勝強、以柔克剛的道理及其理論依據。

陰陽顛倒學說具有樸素的辯證法意義，在一定程度上反映了客觀事物的運動規律，文中以水火為例，主要在於說明相反相成、合二而一的道理。合二而一，也叫相濟，「既濟」，也叫「相生」。相濟、相生是有條件的、暫時的，失去了一定的條件，就要一分為二。一分為二是絕對的。如文中的以火炎鼎，在隔之以鼎的條件下，水雖不能直接被火炎之，然水變溫、變成蒸氣，也是變化，久之水會被燒乾。常規是水剋火。如森林大火，水少，不但不能滅火，且有助燃作用，至於油類大火，水更無濟於事。所以，在一定條件下，相剋的因素能使之相生；相生的因素也可使之相剋。

太極拳技法的以柔克剛也是如此，要有必須的條件。這個條件，總括起來說，即太極拳特定的技法。沒有這種特殊的技法，柔就不能克剛，弱就不能勝強，故以柔制剛、以弱勝強，不論在訓練上、實用上，比之以剛制柔、以強勝弱要困難得多。把陰陽顛倒之理用於太極拳技法，

在歷史上無疑是一種很進步的思想方法。

　　但在今天，我們有了唯物辯證的思想武器，在探索太極拳技法運動規律時，若再只限於《易》理和陰陽顛倒等樸素的辯證法思想範疇，就會得不償失，就會妨礙我們更全面、更深刻地揭示太極拳技法的奧秘。

｜原文｜

　　陽：乾、天、日、火、離、舒、出、發、對、開、臣、肉、用、氣、身、武（立命）、方、呼、上、進、隅。

　　陰：坤、地、月、水、坎、捲、入、蓄、待、合、君、骨、體、理、心、文（盡性）、圓、吸、下、退、正〔1〕。

　　蓋顛倒之理，水火二字解之則可明矣〔2〕。如火炎上、水潤下者，水能使火在下，而用水在上，則為顛倒〔3〕。然非有法治之，則不可得矣〔4〕。譬如，水入鼎內而置火之上，鼎中之水得火以燃之，不但水不能潤下，借火氣，水必有溫時。火雖炎上，得鼎以隔之，是為有極之地，不使炎上，火無止息，亦不使潤下之水滲漏，此為水火既濟之理也，顛倒之理也〔5〕。若任其火炎上、水潤下，必至水火必分為二，則為水火未濟也〔6〕。故云分而為二、合而為一之理也。故云一而二、二而一也〔7〕。總斯理為三，天、地、人也。

　　明此陰陽顛倒之理，則可與言「道」〔8〕。知「道」不可須臾離也，則可與言人。能以人弘「道」〔9〕，知「道」不遠人，則可與言天地同體。上天、下地，人在其

中矣。苟能參天察地，與日月合其明；於五嶽四瀆[10]之華朽，與四時之錯行，與草木並榮枯，明神鬼之吉凶，知人事之興衰，則可言乾坤為一大天地，人為一小天地。夫如人之身心，致知格物於天地之知能，則可言人之良知良能。若思不失固有其功用，浩然正氣直養無害，悠久無疆矣。

所謂人身生成一小天地者，天也者性也，地也者命也，人也者虛靈也，神也。若不明此者，焉能配天地為三乎！然非盡性立命，窮神達化之功，胡為乎來哉。

| 譯文 |

所謂「陰陽顛倒」即「陰陽相濟」的同義語。唯物哲學叫作「矛盾對立統一」。《太極拳論》把走黏陰陽相濟視為「懂勁」的標誌。

文章開頭先列舉了許多陰、陽的矛盾字詞。但有的出於主觀意識，如「臣」為陽，「君」為陰；「對」為陽，「待」為陰等。陰陽顛倒的道理，用水、火二字為例解釋即可明白。火向上燃，水向低洩，這是火與水的特性。如能使火在下，水在上，而不使水滅火，這就是「顛倒」的情形。做到這一點，也須有一定的條件和辦法。例如將水放在鼎之類的容器中，再放在火的上面，此時的水便不能下洩將火熄滅，而水經火加熱能成熱水，取得新的效益，這種情形就叫作「水火既濟」、顛倒之理。若任其火燃上、水下洩，則水火必各自獨立存在，分之為二，也叫「水火未濟」。所謂「一而二」「二而一」，說的就是這種情形。就此客觀規律而言，天、地、人三者，莫不如

此。（以下對此理所作的分析，不太實際，故不再解析，僅供參考。作者的根本用意就在於要肯定「天人同體」的觀點，天地的規律也就是人的規律，天地人有共性，也必有個性）

︱注釋︱

〔1〕所列各項陰陽矛盾因素，都是技法的特定概念，也即術語，不能從一般文義去理解。如其中的蓄發、對待、體用、身心等等，只是在技法中才能互為陰陽。這些矛盾著的技法要素，其陰陽的確定，一般是根據它們在守與攻的技法中所發揮的作用來確定的。守屬陰，攻屬陽。

〔2〕即舉例言之。以水火來說明事物的普遍的運動規律，故要舉一反三地去理解。

〔3〕這是具體地說明何為常規，何為顛倒。

〔4〕這是說明為什麼能顛倒的原因，「有法治之」是能顛倒而又相成的根本原因，也就是必須的條件。這一點至為重要，就是說誰能創造出使陰陽相濟前提條件，誰就能把握顛倒的規律，掌握主動權，從而利用這種規律去戰勝對手。

從某種意義上說，我們平時練拳，就是訓練創造陰陽顛倒條件的能力。目的在於以弱勝強。

〔5〕這一段是具體說明水火如何能顛倒即既濟的情況。其所以能水火相濟，一言以蔽之，條件在於「得鼎以隔之」。又須知，不同矛盾因素的顛倒既濟，需要不同的特定條件。

〔6〕一分為二，是矛盾自身鬥爭的結果。如打手，二人相接便形成競技狀態。競技的目的是勝負。非一分為二不能見勝負。不打破平衡競技狀態，不能見勝負。當然，也不排除平局的結果。一分為二、勝負之分，也可以說是失去了顛倒既濟條件的結果。

〔7〕一而二即是分裂，二而一即是陰陽顛倒既濟。在競技中有利於我時，主動求一而二，我勝。在不利於我時，主動求二而一，即處於競技的膠著狀態，保證我不敗。

〔8〕「道」即理，「猶道路為人所共由也」。《中庸》：「道也者，須臾不可離也。」朱熹註：「道者」，日用事物當行之理。

〔9〕弘：擴充，光大。

〔10〕四瀆（ㄉㄨˊ）原指江、河、淮、濟四水。

八十七、人身太極解

|按|

　　所謂「人身太極」者,即「天人同體」的學說,本文是以五行、八卦學說,說明天人同體的可信性及人體運動規律以及受五行、八卦制約的規律性。

　　我們知道,事物的一般規律,的確存在著共同性和一定的內在聯繫,然而,更存在著不同事物的特殊性,即差別性。總的說來,人的生理功能也是有規律性的,是不能把雙目與日月,頭足與天地等同起來。對天與人之間關係的內在聯繫,採用硬性搭配的方式,免不了會產生脫離實際的危險,用之於太極拳就更是如此。

|原文|

　　人之周身,心為一身之主宰。主宰,太極也[1]。二目為日月,即兩儀。頭象天,足象地,人中之中腕[2],合之為三才也。四肢,四象也。腎水、心火、肝木、肺金、脾土,皆屬陰;膀胱水、小腸火、膽木、大腸金、胃土,皆屬陽,茲為內也。顱頂火[3]、地閣[4]、承漿水[5]、左耳金、右耳木、兩命門土[6],茲為外也。

　　神出於心,眼目為心之苗;精出於腦,腎為精之本;氣出於肺、膽氣為肺之源。視思明,心動血流也;聽思聰,腦動腎滑也。鼻之息香臭,口之呼吸出入,水鹹、木

酸、土辣、火苦、金甜及言語、聲音；木亮、火焦、金潤、土濕、水漂、鼻息口呼吸之味，皆氣之往來，肺之門戶，肝、膽，巽震之風雷發之聲音。出入五味，此言口、目、耳、鼻、神、意使之六合，以破六慾[7]，此內也。手、足、肩、肘、膝、胯亦使之六合，以正六道也，此外也。眼、耳、口、鼻、大小便、肚臍，外七竅也。喜、怒、憂、思、悲、恐、驚，內七情也。七情皆以心為主，喜心、怒肝、憂脾、悲肺、恐腎、驚膽、思小腸，怕膀胱、愁胃、慮大腸，此內也。夫離南，正午火，心經；北正子，水，腎經；乾西北隅，金，大腸化水，坤，西南隅，土，脾化土；巽，東南隅，水、膽化木；艮，東北隅，土，胃化火，此內八卦也。外八卦者：二、四為肩，六、八為足，上下一，左三、右七也[8]。坎一、坤二、震三、巽四、中五、乾六、兌七、艮八、離九，此九宮也，內九宮亦如此。　表裏者，乙肝，左肋化金，通肝；甲膽，化土通脾；丁心，化木，通肝；丙小腸，化水通腎；巳脾，化土通胃；戊胃，化火通心；後背、前胸，山澤通氣；辛肺，右肋，化水通腎；庚大腸，化金通肺；癸腎，下部，化火通心；壬膀胱，化木通肝，此十天干之內外也。十二地支，亦如此之內外也[9]。明斯理，則可與言修身之道[10]也。

｜譯文｜

本文係承上文的觀點，意圖說明天地人的運動規律完全相同。實際上，客觀規律既有共性，更有個性。其他如「頭象天、腳象地」「左耳金、右耳木」等判斷也無科學

依據，故不再加譯析。結尾「明斯理，則可與言修身之道也」是此文的出發點，與太極拳本身關係甚小。

｜注釋｜

〔1〕這裏的「太極」即是宇宙的代號，天地的別名，比之於人為「心」。我們知道，古人是把心視為意識的本源，這就從根本上脫離唯物主義。

〔2〕中腕穴應為「中脘穴」，在臍上「四寸」處。以中脘為人身之中，也沒有確切的科學根據。

〔3〕顱頂：即頭顱和顱頂部。

〔4〕地閣：俗稱下嘴巴。

〔5〕承漿：下唇溝正中。

〔6〕命門：指第三腰椎部位，左右對稱。

〔7〕六慾：本佛家語，指色慾、形貌慾、威儀姿態慾，言語音聲慾，細滑慾及人想慾。

〔8〕此外八卦，亦即八方，九、一、三、七為四正方，二、四、六、八為四斜角。肩二、四，喻上方兩角，足六、八，喻下方兩角。上九、下一，左三、右七喻什麼部位沒有說明。

〔9〕十二地支所配臟腑；子胃，丑脾，寅膽，卯大腸，辰小腸，巳包絡，午心，未肺申三焦，酉腎，戌膀胱，亥肝。無科學依據。

〔10〕修身之道，原出自儒家學說，謂培育涵養德性並進行實踐活動之理。本文作者，是融儒、道、釋三家思想於一體，以養生為中心，不能設想不明斯理就不能「修身」和養生，此語有些言過其實。

八十八、太極分文武三乘解

| 按 |

從本文內容可以清楚地看出，作者是把太極拳作為修身的手段來對待的，而修身又是作為研究「道」的前提條件，故其三乘的標準，皆以修身的成就而言，對專武事者，僅以小成視之，這恐怕與太極拳的武術身分及其歷史武事價值，是不相吻合的。

| 原文 |

蓋言道者，非自修身無由得也[1]。然又分為三乘之修法[2]。乘者成也。上乘，即大成也；下乘，即小成也；中乘，即誠之成也。

法分三修，成功一也。文修於內，武修於外。文體，內也，武事，外也[3]。

其修法，內外表裏成功集大成，即上乘也，由文體之文而得武事之武，或由武事之武而得文體之文，即中乘也[4]，然獨知文體，不入武事而成者，或專武事，不為文體面成者，即小乘也[5]。

| 譯文 |

本文把太極拳的訓練成績分為三等，借佛家語謂之「三乘」（可能為本文作者自擬）。把文體武用兼修，表

裏集大成者，謂之「上乘」……獨修文體或武事等，皆謂之「小乘」。因無實際意義，故不再作譯。

｜注釋｜

〔1〕此處的「道」，不是指道教修道之道，而是指中國宋明時具有代表性的程朱理學。因為他們認為理是先於宇宙而存在的，或認為是主觀意識，把修身養性作為明理、明道的手段。

把太極拳訓練視為哲學家修道、修身的手段，未免過於牽強附會，難道孔孟、朱熹的「言道」「修身」都還必須得練太極拳？

〔2〕三乘之說原出佛家，指聲聞乘、緣覺乘及菩薩乘。聲聞乘又名小乘，緣覺乘又名中乘，菩薩乘又名大乘。後來，道教也借此概念，作為修練的功果標準。這裏則是作為練太極拳所收到的修身成果的標準。

〔3〕所謂文修於內是指修精氣神也。他們認為精氣神充足是明理的條件。武修於外者，即指太極拳武功訓練，因為只有體魄健壯，精氣神才會充足。

〔4〕這是說，雖內外兼備，但內外之功有高低之差別，只能謂之中乘、中成。

〔5〕盡性、立命、僅取其中之一為訓練目標者，謂之下乘、小成。以這種標準衡量專一武事的太極拳家，那麼專練太極拳的武術家，不管其武功、技法多麼高，都只能是下乘。這是不科學的、片面性的論斷。

八十九、太極下乘武事解

| 按 |

題稱「下乘武事」，指「修身」而言也。實際即太極拳武事的上乘功夫。不然，不能以「神明」「化境」稱之。「神明」概念，由王宗岳《太極拳論》提出。

本文要求的柔軟，也與《太極拳論》中要求的剛柔相濟一致，唯沒有明確指出「捨己從人」是技法的前提，實為美中不足之處。

| 原文 |

太極之武事，外操柔軟，內含堅剛[1]。而求柔軟之於外，久而久之自得內之堅剛。非有心堅剛，實有心之柔軟也[2]。所難者，內要含蓄，堅剛而不外拖，外終柔軟。

而迎敵，以柔軟應堅剛，使堅剛盡化無有矣[3]。其功[4]何以得乎？要非粘黏連隨之功已成，自得運動知覺，方為懂勁，而後神而明之，化境極矣[5]，夫四兩撥千斤之妙功，不及化境，將何以能是，所謂懂勁，由粘黏連隨得其視聽輕靈之功耳[6]！

| 譯文 |

太極拳的武事，對肢體的訓練以柔軟為目標，但內中

卻含有堅剛的因素。訓練非有心訓練堅剛，一心一意從訓練柔軟出發。只有專心求柔軟於形體，久而久之，就自然會產生內裏堅剛的效果。所難者，在訓練過程中，心意、精神務要含蓄，形體毫不著力，一貫保持柔軟。

在與人競技對待時，仍是以柔軟應對對手的堅剛勢力，便能使彼力無所依附，力的作用也就盡化無有。如何能夠取得這樣的效果呢？

必須先將粘黏連隨的基本功練成，再藉助知覺運動，取得「我獨知人、人不知我」的先決條件，就能達到「懂勁」的水準，再持續提高到「神明」的水準，則化解來力的功夫便不可限量矣！

若「四兩撥千斤」的妙功功夫不到化境，則無法實現。所謂「懂勁」恰是由「粘黏連隨」的基本功及知覺運動的敏銳提供條件，才能使技法有神乎其神的變化。（題作「下乘武事」，而訓練內容仍是文武兼備的上乘標準。無疑，「柔軟」必為精氣神的筋勁）

｜注釋｜

〔1〕此即勁之剛柔相濟的要求。剛柔相濟是太極拳技法的需要，也是用勁的特點，非如此不能充分發揮技法的功能和效果。剛要區別於力。

〔2〕此為剛柔相濟的訓練方法。求堅剛卻要從柔軟入手，蓋太極拳所要求的剛，並非硬力，稱之為「沉勁」，力出自然也。「有心之柔軟」，意也。無心之堅剛而堅剛者，體現太極拳訓練的思想方法、訓練方式。「久而久之」，條件也。捨此不能成功，冰凍三尺，非一日之

寒。

〔3〕這是柔能克剛的道理。我之所以堅剛者，能剛中寓柔，意氣為主，不痴不滯，能走能黏，陰陽相濟也。

〔4〕指以柔制剛之功，剛柔對待之功。

〔5〕以柔待剛，使對手的硬力不起直接打擊作用，謂之「化」或「化勁」。化勁以及知己知彼的發揮，皆離不開「粘黏連隨」。與人脫節，無由知人，更談不上引進落空了。

化勁也有水準高低問題，妙在化中能引，引使彼來，彼不敢不來。「走即是黏」，是引、化的目的。

〔6〕這是說「粘黏連隨」是懂勁不可缺少的條件，借此才能知人。其中「視聽」的聽字，不是指耳聽，乃是「感知」的術語。「輕靈」者，善於變化也。

根據文義分析，「懂勁」二字當為「神明」之誤。「功」字，它本又作「巧」字。

九十、太極正功解

| 按 |

本文主要論述太極拳技法與方圓的關係。以方圓喻太極者，僅就其形式而言也，方中有圓，圓中有方，這是方圓的基本規律。方圓之用於太極拳技法，亦要求方圓能相互轉化。

簡言之，圓宜於走化，方宜於黏打。要做到「黏即是走，走即是黏」，必須把握方圓的轉化規律。

形式上的方圓，與上文勁的剛柔相表裏，也如文學上形式與內容的關係一樣，須是內外一致才能相得益彰。本文對方圓的分析不無片面性。若僅言「圓者出入」（手法），「方者進退」（步法），又怎樣理解「方為開展，圓為緊湊」呢？

| 原文 |

太極者圓也。無論內外、上下、左右，不離此圓也。太極者方也。無論內外、上下、左右，不離此方也[1]。夫圓者出入；方者進退[2]。隨方就圓之往來也[3]。

方為開展，圓為緊湊[4]。方圓規矩之至，其孰能出此以外哉。

如此，得心應手，仰高鑽堅，神乎其神，現隱顯微，明而且明，生生不已，欲罷不能也[5]。

譯文

太極拳技法基本運動形式作圓，無論內外、上下、左右皆離不了此圓。太極拳技法基本運動形式也可作方（直），無論內外、上下、左右皆離不開此方。所謂圓，是指手法的出入（伸屈）；方是指步法（下肢）的進退。走黏正是隨方就圓的往來運動也。

從另一個角度講，方也即是開展，圓則為緊湊。方圓即是規矩，無規矩不成方圓。拳法能守規矩，走黏才能得心應手，仰之彌高，無堅不摧，神乎其神矣！勁力隱現顯微的虛實變化，了然於心，相生無已，因敵變化，欲罷不能也。（須知，步法、手法自身也能方圓相濟，圓中有方，方中有圓）

注釋

〔1〕方圓之所以為太極者，陰陽也。方圓兼備，陰陽相濟也。內外、上下、左右一身無處無方圓也。

〔2〕出入者謂手法，進退者謂步法，皆以其基本運動形式而言。也即手走圓、步走方，但這種論點不無片面性，或僅例而言之。

〔3〕要求圓的出入與方的進退協調一致，上下相隨，周身一家。

〔4〕開展與緊湊是相對的。直線喻方，弧線喻圓。直線延伸，永無終止，弧線延伸，周而復始。手法、步法，皆能方圓相濟，以一次走黏為例，步之進退，腿之屈伸，方也，謂走直線，開展也，而手法非圓轉，不能由走

而黏，臂非曲蓄不能得勢，圓也，謂走弧線緊湊也。若手之蓄而後發，非由圓而方，不能得機得勢，若步之由正變偶，非由方而圓，亦不能得機得勢也。

〔5〕「仰高鑽堅」手法也。「現隱顯微」勁法也。「生生不已」，走黏之轉化無窮盡也。然「現隱顯微」即虛實變化，不是單純由運動形式的方圓所能決定的。

九十一、太極輕重浮沉解

｜按｜

此文實為前文「對待無病」的延伸，唯這裏是對用勁的概括，對正誤的判斷，仍是用了「不是病」和「病」兩個籠統的概念，其最大的問題，在於對輕、重、浮、沉沒有明確的定義和標準，又分解為「雙」「半」「偏」三種類型。

其具體界限就更加撲朔迷離了。加之缺少主語，莫名所指，故對「雙」有的讀者認為指雙手，也有的認為指對戰雙方。對「半」「偏」並列的兩種勁，同樣可理解為「雙手」「雙方」，也還可以理解為並列的兩種勁會產生相同的結果或同樣的「病」。

｜原文｜

雙重為病，干於填實，與沉不同也[1]。雙沉不為病，自爾騰虛，與重不一也[2]。雙浮為病，只如縹緲，與輕不例也[3]。雙輕不為病，天然輕靈，與浮不等也[4]。半輕半重不為病，偏輕偏重為病。半者，半有著落也，所以不為病，偏者，偏無著落也，所以為病。偏無著落，必失方圓，半有著落，豈出方圓[5]。

半浮半沉為病，失於不及也，偏浮偏沉，失於太過也[6]。半重偏重，滯而不正也，半輕偏輕，靈而不圓（楊

本）也[7]。半沉偏沉，虛而不正也，半浮偏浮，茫而不圓[8]也。

夫雙輕不近於浮，則為輕靈；雙沉不近於重，則為離虛。故曰上手輕重，半有著落則為平手。此三者之外，皆為病手[9]。

蓋內之虛靈不昧，自能治於外。氣之清明，流行乎肢體也。若不窮研輕重沉浮之手，徒勞掘井不及泉之嘆耳。

然有方圓四正之手，表裏精粗無不到，則己太極大成，又何慮四隅出方圓乎[10]。所謂方而圓，圓而方，超乎象外，得其寰中之上手也。

｜譯文｜

雙重為病……與浮不等也。

「重」是力的表現。「雙」指什麼？有的認為指雙手者。若僅個人雙手用力，又怎會說是「干於填實」。

「雙重」見於《太極拳論》，說是多年純功總是失敗，原因就在「雙重」之病未悟耳！「欲避此病」，須掌握走黏陰陽相濟的理法原則。由此可知，「雙重」是說推手雙方都以力相抵、恃力制勝。據此，對原文的「四雙」可以解作：

雙重是病手，因為彼此以力對峙，接觸處如填實，失去變轉的條件，這和雙沉的勁可大不相同。彼此的沉勁對待，因沉勁不是力，自身具有內在的靈活變轉的條件，故不屬病手。雙浮是病手，唯怕手上有力而故意虛浮著雙手，勢如雲霧飄渺一般，不適應技法需求，與雙輕不能相提並論。雙輕不是病手，以意行氣，天然輕靈，能因敵變

化，與浮有質的差別。

　　半輕半重不為病……豈出方圓。

　　這裏把輕重勁又分作半輕、半重、偏輕、偏重四種類型。但主語不明確，所以，或認為並列的兩種勁指兩手而言，即一手半輕，另一手半重；一手偏輕，一手偏重。那麼，對手的勁又該是怎樣呢？「半有著落」「偏無著落」的效果又是怎樣產生的呢？

　　也或認為，並列的兩種勁，也即推手雙方各用其一。換言之，也是這兩種勁對待產生的上述兩種效果。根據這種理解，可譯作：

　　半輕、半重的勁相對待不為病手，因為「半」，也就會半有著落。彼此走黏基本上能做到粘黏連隨，技法只在方圓範圍之內運轉，少有失去平衡穩定的情形。而偏輕、偏重則是病手，勁偏也就會影響到手法偏無著落，因而也就難以保證手法必能在方圓範圍內變換。

　　半浮半沉為病……茫而不圓也。

　　半浮半沉為病，因為不及浮沉。由此可知，所謂「半輕半重」「半有著落」的定義，只適用於「半輕」與「半重」的對待。

　　「浮」為病。「沉」有「自爾騰虛」之靈，半沉對半浮，不致連「半有著落」條件都沒有吧！那麼「半沉」之為病又怎樣理解呢？無疑僅是從「沉」自身而言為「不及」，而不是並列的兩種勁對待的結果。

　　「偏浮偏沉」，缺點在於「太過」。「偏浮」病甚；「偏沉」即過沉，或近於「重」。「太過」也非指這兩種勁對待的結果。「半重偏重」對待，動作滯澀，難以確保

走黏正常一圓迴環。

「重」也當屬病（用力的太極拳另當別論）。「偏重」則病甚。

「半輕偏輕」，雖然輕靈，卻易出方圓範圍。「半輕」是不及「輕」；「偏輕」是過於輕，或是近於「浮」了。若是這兩種勁對待，是都易出方圓呢，還是「偏輕」更易出方圓？

「半沉偏沉」，偏虛不夠中正。「偏沉」是近於「重」嗎？「半沉」是向輕傾斜麼？那麼，「虛而不正」的結果是指對待，還是指兩種勁自身的缺點呢？似乎都不夠貼切。「半浮偏浮」，失於手圓的規範。浮勁僅是出於初學推手時對「用意不用力」要求的誤解。既經練習，必隨之有所糾正。浮既是不切實際的病勁，還探討「半浮、偏浮」的應用，豈非枉費工夫。

對上面這一組不同勁別的論述，就其結果來看，都屬於禁忌的病勁。因而，能否理解深邃也就無關緊要了。

夫雙輕不近於浮……得其寰中之上手也。

所謂「雙輕」，只要不近於「浮」，就具有輕靈的特點；「雙沉」只要不近於「重」，就具有離虛的特點，都屬推手技法有效的勁法。此外，出手能半輕半重「半有著落」的勁，只能認為「平手」而已。除此三種情況，就勁而言皆為病手（根據這一結論，勁法訓練就有了明確的目標：輕靈第一，沉實次之，半輕半重尚不及「懂勁」的水準。反之，推手不可故意練力、用力；浮當避忌）。

須能恢復先天的良知良能，才能有效地進行技法訓練，不用拙力，以意行氣，通達肢體，則勁自寓於其中

矣！故若不對輕重沉浮的勁法手法，認真加以研究，技法訓練就會留有「掘井不及泉」，枉費工夫的遺憾。

　　然而，若能將方圓四正技法研究透徹，掌握精確，太極拳技術也就達到了大成的境界，無需再顧慮是否由方圓而出隅的問題了。

　　所謂方能變圓，圓能變方，完全掌握其變化規律後，方圓在意不在形，棄形得似，有法無法，正所謂「功夫無息法自休」「人不知我，我獨知人」，因敵變化，從心所欲，才是真正取得太極拳技術自由的巔峰高手。

注釋

　　〔1〕「雙重」是打手用勁的主要病手，故《太極拳論》中說：「每見數年純功不能運化者，率皆自為人制，雙重之病來悟耳！」可見「雙重」為害之甚。「干於填實」者，「雙重」之病的根源所在。簡言之，即雙方用力平均而又僵滯，故曰「占煞」，俗稱「死勁」。這種力表現於技法，多為「頂」「抗」。

　　〔2〕雙沉，「自爾騰虛」，即剛中寓柔，勁出自然，雖沉實，但無占煞之弊，活勁也，能隨機變化。雙重為力，沉勁為氣，沉勁來自柔軟的訓練，是無意堅剛而堅剛。故說重、沉不同。

　　「雙沉」即雙方都是以沉勁對待。

　　〔3〕雙浮，只如飄渺，即故意造作的輕靈，是對輕靈的誤解，既不敢用力，也不敢沉勁，而是虛浮著雙手，徒求虛靈之名，失去了聽勁的能力，也得不到粘黏連隨的技法效果。唯雙方都如此，卻是少見的現象。

〔4〕雙輕，「天然輕靈」，無造作之弊，既非恃力欺人，也不是故意地擎著勁，它體現著「敷」字訣的要求和柔中寓剛的精神。其勁雖輕，不失黏依之能。輕浮容易區分，但輕、沉的概念卻混淆不清。

〔5〕「半輕半重」「半有著落」是已脫離「浮」和「重」的漂浮和填實的病手程度，雖沒有完全輕靈、沉實的優點，畢竟具有一定的轉化條件和能力，在一般情況下，能勉強跟上變化的需求。換言之，雖藝不及高手，但遇藝低者或可勝之，藝在勝負兩可之中。若偏輕偏重，無力維持方圓規矩，敗則理所當然，勝則僅圖僥倖。這裏除「偏重」的定義無法理解外，「半輕半重」的主語也不明確。是指雙方還是對手？是一手半輕一手半重或雙方一半輕、一半重，還是半輕半重的混合勁？偏重為力，半重也當為力，半輕又是否與力有關？

〔6〕「半浮半沉」的「失於不及」屬於不夠輕靈、沉實。偏浮偏沉的「失於太過」是過於漂浮和重滯。半浮、偏浮、半沉是意氣不敢鬆沉所致，偏沉，乃鬆柔不足，有硬力存在其中。過與不及皆為不利。此處的「偏沉」是指硬力，與技法中「偏沉則隨」的走化技法不是同一概念。這裏同樣不知道主語為何。

〔7〕半輕半重，勉強可以維持平衡。若半輕與偏輕、半重與偏重相結合，必然難以達到陰陽相濟，其病乃屬過與不及。

為什麼這裏的半輕、半重又成了病？

〔8〕半沉不及沉，偏沉近於重；半浮不及輕，偏浮則過虛。過與不及，是因為不能把握方圓規律造成的。半

沉的勁，難道還不如「半輕半重」？

〔9〕「雙輕」「雙沉」為上手，半輕半重為平手，除此而外皆病手。訓練什麼，避忌什麼，明矣。欲求雙輕、雙沉之手，當以神意領先，用意不用力，使氣血周流全身，久之，內勁自然增長。非決心排斥硬力，柔軟、內勁就無由可得。平手可理解為技藝一般，也可認為半輕半重對待，技藝相當。

〔10〕四正手訓練是掌握太極拳技法和功力的基礎，只要在這方面下足工夫，掌握了勁的變化規律，能方圓自由調節，便可立於不敗之地，「太極大成」矣。既明四正手運動規律，四隅手的規律也就不言而喻。唯此「太極大成」的技法與「三乘」的標準，不無矛盾。故所謂「三乘」標準，視為一家之言可也。

九十二、太極四隅解

| 按 |

本文對隅手的產生及其作用做了實質性分析。隅手的應用，乃是機勢的客觀需要，絕非故意造作，一言以蔽之：「因失體而補缺也。」「失體」是指四正手的失體，失體必偏悖，危及平衡。此時，切不可抗掙，仍要捨己從人，順勢借力，向隅方轉移，既可重歸圓中方正之手，同時又應發揮走即是黏的技法功能，反敗為勝。此即奇正相生之理也。

隅手的關鍵在於被動中求主動，先從人，後由己，切忌無依據地主觀出隅或是徒走「空手」。須知，不自覺地出隅，如偏重、雙重，是知己功虧的反映，故不可能具有「以隅手扶之而歸圓中方正之手」的內在條件。只有被制出隅，如知己功夫紮實，方有可能因隅而制隅的能力。

| 原文 |

四正即四方也，所謂掤捋擠按也。初不知方能使圓，方圓復始之理無已，焉能避出隅之手哉[1]！緣人外之肢體、內之神氣，弗辨輕靈方圓四正之功，始出輕重浮沉之病，則有隅矣[2]。譬如，半重偏重滯而不正，自然為採挒肘靠之隅手。或雙重填實，亦出隅手也[3]。病多之手，不得已以隅手扶之而歸圓中方正之手。雖然，至底

者，肘靠亦由此以補其所以云爾[4]。然即功夫能致上乘者，亦須獲採挒之功，而使之歸大中至正矣[5]。是則四隅之所以為用者，乃因失體而補缺云云[6]。

｜譯文｜

「四正」即是四正方，對應的技法為掤挒擠按。訓練之初，不知方能轉化為圓，方圓可無限循環轉化的道理，這就是難以避免手法出隅的原因。人外部的肢體、內部的神氣，在未能掌握方圓虛靈轉化的規律之前，就必然會產生輕重沉浮的病勁，技法也就免不了出隅。

比如，「半重偏重」對待，必形成「滯而不正」的後果。這時就須藉助採挒肘靠的隅手來進行調整挽救；或是「雙重填實」，結果也會有一方出隅，也須借隅手來調整和補救。病多的手法，不得不藉助隅法隅步來改變位置，使之重新再恢復到圓中方正的形式和地位。雖然如此，既是肘靠技法的應用，實際也是為了恢復重新回歸圓中方正的形式中去。即使功夫達到上乘水準的人，也免不了經常要藉助採挒技法來保持自身能一貫處於大中至正的狀態。總之，四隅技法的作用，主要是因四正技法在應對上出現了失勢的病手病勁，影響到重心的平衡穩定，出現失敗的危險，及時藉助相應的四隅技法、步法，更換所處地位，使之再恢復新的方圓中正的狀態（故說四隅仍是四正）。

｜注釋｜

〔1〕這段是概述四正手造成出隅的根本原因，即沒有能把握住走黏轉化的主動權。「出隅」即超越了四正手

的方圓界限，是自己不能控制自己的動作，易被人引出軌道所致。藝淺時，出隅是不可避免的。

〔2〕這段是講「出隅」的實質，在於神氣、肢體出現了輕重浮沉過或不及的毛病，重心因而失去了平衡（包括外來壓力在內）造成的。

〔3〕這一段是以實例證明出隅的原因。概而言之，失勢也。「自然為採挒肘靠之隅手」是說，失勢當以隅手相救，但用何手應對為宜，須因對手的來勢而定，故四隅手並列。「自然」二字，當謂順理成章，應主動走隅之意。不能理解為出了病手後，自然就會變成隅手。須知，陰陽相濟是有條件的。隅手的運用，也須經過訓練，而後才能知道如何應用。

〔4〕這是說，雖然隅手是為了補救四正之失體，然而也正是在這種情況下，肘靠才能發揮其技法作用。蓋因肘靠須近人、就勢而用，因而不能主觀盲動，否則，很可能打人不成，反被截擊。換言之，肘靠須在被人牽引時順勢而用之之法，不同於採、挒的應用。

〔5〕這是說，採挒作用比肘靠更為積極。即使「功至上乘者」偶有失勢，但尚未出隅，也須藉助採挒補救。按理說，「功至上乘」者，一般是不易出「病手」的。實踐證明，採挒猶可適用於四正手。

〔6〕總括隅手的用途及其產生的根源。

九十三、太極平準腰頂解

│按│

　　本文對平準及腰頂的關係做了深刻的分析，也闡明了平準腰頂在技法中的重要作用。

　　平準腰頂是身法的核心，是技法的物質條件。太極拳技法雖強調「神」「意」的作用，然而，神、意必須藉助一定的身體條件才能發揮作用。不能設想，不進行嚴格的身體訓練，光靠神意的訓練就能掌握技法的應用。

　　所謂神意領先，不可誤解為神意可以代替肢體的技法動作而起到戰鬥作用。離開了身手的動作，神意也就失去了用武之地。所以，研究身體的姿勢、動作及其表現的技擊方式方法，仍具有頭等重要意義。即使是氣與勁的作用，離開了手眼身步的特定訓練，也同樣不能充分發揮其功能。神意氣勁，只有從透過身體訓練才能得到提高。

│原文│

　　頂為準，故曰「頂頭懸」[1]也。兩手即平左右之盤也，腰即平之根株也[2]。「立如平準」，所謂輕重浮沉，分釐絲毫則偏，顯然矣[3]。有準，頂頭懸。腰之根株，即下尾閭至囟門為一垂線[4]。

　　歌曰：上下一條線，全憑兩手轉[5]，變換取分毫，尺寸自己辨[6]。 車輪兩命門，大纛（古代軍隊裏的大

旗）搖又轉[7]；心令氣旗使，自然隨我便[8]。滿身輕利者，金剛羅漢練[9]。對待有往來，是早或是晚；合則即發去，不必凌霄箭；涵養有多少，一氣呵而遠[10]。口授須秘傳，開門見中天。

｜譯文｜

頭頂即是立身中正的「準」，又叫作「頂頭懸」（形容頭如被吊著懸在空中一般，也即忌頸椎僵挺）。兩手猶如天平左右的兩個托盤，腰身如天平的支架。「立如平準」（語出《太極拳論》）的要求，即所謂輕重浮沉的勁與手臂接觸，反應的靈敏猶如天平托盤偏重絲毫就偏沉的情形。「有準」，即是保持「頂頭懸」的姿勢（如天平的指針）。腰身如天平的支架，就是要求從尾椎的尾閭穴到頭頂的囟門成一垂線狀（立身中正的標準）。

對此有一首歌訣：「上下（即囟門至尾閭）一條線（垂直）」，技法動作「全憑兩手轉」（即「腰帶四肢」），走黏變化的動作要慢，如一分一毫般變動；走黏的幅度（尺寸）要靠自己的聽勁來辨別，無過無不及。「車輪」（即《太極拳論》中的「活似車輪」）的轉動，樞機在腰左右的命門穴，就像古代行軍時的「大纛旗」，用搖擺轉動來指揮隊伍的行動。又要以意行氣，不用拙力，動作就能自然、自由。只有全身做到輕靈便利，才能逐步訓練出如「金剛羅漢」般的威力（這是對練氣的幻想效果）。

走黏對待要有往有來，或早或晚，因敵變化，不可主觀臆測。由聽勁而知人，一旦得機得勢，應立即反擊制

勝。但也不必如「凌霄箭」（神箭）那麼快（不在快也不在力，打人恰當其可，當一黏必奏效）。對氣的培養訓練可不是一朝一夕的事，須堅持日久。當成功之時，與人應對，一遇時機，一呵（呼氣發聲）之間便能將人放出很遠。這種技術須口授秘訣才能領悟，其水準的提高猶如一開門就是正午時分，一躍而登峰造極。

注釋

〔1〕「準字」有的本也作「準頭」，義同。頂為準，即以頭頂作為立身中正的準頭、標準。頂頭懸是準的要求。失去了頂頭懸的頂，就失去了準的作用。頂，要輕靈，切忌僵挺。

〔2〕兩手如盤，腰如根株，皆以天平相比喻也。根株即支撐天平橫樑（衡度計）及托盤的支架部分，具有技法中腰身的作用。

天平上的準，即用以表示兩盤是否平衡的懸針。故有人也把鼻頭視為人身之準。

〔3〕「立如平準，活似車輪」，是王宗岳《太極拳論》中提出的身法要領及以慢制快、以無力勝有力的法訣。立如平準，既要求中正，又要求反應靈敏，能對對手在打手中出現的偏差及時做出相應的反應，自然體現出「捨己從人」「偏沉則隨」的技法原則。

〔4〕尾閭穴在尾椎底部。囟（ㄒㄧㄣ）門在百會穴前三寸處，即嬰兒頭頂骨未合縫的地方。按此兩穴位置，並不在垂線上。另一說，百會穴與會陰穴，上下垂直，此說較本文之說恰當。總之，要求立身中正，不偏不倚。有的本

也作「腰之根株,即尾閭至囟門也」。

〔5〕即立如平準,兩手要隨腰身的轉動而轉動。全憑兩手轉,切不可誤解為兩手獨立運動,「手隨身運」也。

〔6〕「變換取分毫」,慎也,精密也,「尺寸自己辨」,謂與人對待,應以對手的屈伸尺寸為自己的依據,防止過猶不及。

〔7〕命門喻腰部,車輪喻轉動,所謂「活似車輪」也。與「大纛搖又轉」,其義近似。

〔8〕「心令氣旗使」,即《十三勢行功心解》中的「心為令,氣為旗」,又言以意行氣,如此則運動自然靈活,隨心所欲。

〔9〕「滿身輕利者」,虛靈頂勁,以意行氣之結果也。「金剛羅漢練」,以柔軟求堅剛也。

〔10〕這幾句是說。走黏的往來對待,要能隨屈就伸,引進落空,得勢即便打去。「涵養有多少」者,謂氣。「一氣呵而遠」者,謂以意氣打人。「呵」也作「哈」,指喉部發出的氣聲,所謂「哼哈」二氣也。即發勁時,有用配合發哼、哈之聲的方式,切忌使力。「凌霄箭」也作「靈霄箭」,是神話中的神箭。「涵養有多少」的「有」字,也作「知」字。

九十四、太極血氣根本解

| 按 |

本文主要在於說明血氣的功能及如何應用，才能適應技法所需要的各種勁力，防止與技法不相適應的骨力。也就是說，要培養內勁，排斥硬力。

對太極拳訓練，關於血、氣的生理狀況的論述，無須深究，只要做到精神、肢體不緊張、不用力就可以了。

| 原文 |

血為營，氣為衛[1]。血流行於肉、膜、絡，氣流行於骨、筋、脈。甲為骨之餘；髮、毛為血之餘[2]。血旺則髮毛盛，氣足則筋甲壯[3]。故血氣之勇，力出於骨，皮、毛之外壯[4]；氣血之體用，出於肉、筋之內壯[5]。氣以血之盈虛；血以氣之消長。消長、盈虛，周而復始，終身用之不能盡者也[6]。

| 譯文 |

血為營，氣為衛。中醫學認為，「營在脈中，衛在脈外」，皆周流全身。血液流行於肉、膜、絡；內氣流行於骨、筋、脈。筋、甲為骨之末梢，毛髮為血液的末梢（末梢即最外的部分）。毛髮繁盛即是血旺的反應；筋甲壯實即是氣足的反應。所以，有血氣之勇者，其力產生於骨、

皮、毛之外壯；若氣血的文體武用，其勁出自肉、筋之內壯，不顯於外。氣藉助血而盈虛變化；血賴氣而消長變化，盈虛、消長，循環變化不已，與生命共存亡。

| 注釋 |

〔1〕《靈樞・營衛生會篇》；「穀氣入於臟腑，清者為營，濁者為衛。營在脈中，衛行脈外。營周不休。五十而復大會，陰陽相貫，如環無端。」中國醫學還認為，衛氣運行周身，晝夜各二十五週，早起陰盡，陽氣出於目；夜晚復合於目，營血則周流十二時辰，循環而行，通過十二經脈和衝、任、督奇經八脈，共經三百五十一穴，此注僅供參考。

〔2〕「甲」，指手指甲和足趾甲。「餘」即末梢。

〔3〕透過毛髮和筋甲的情況，可以判斷出血、氣的盛衰。然拳家也認為「甲為筋之梢」「牙為骨之梢」。

〔4〕「血氣之勇」喻尚硬力者，故稱「力出於骨皮毛之外壯」。因硬力由外操即可取得。實際上，力與肌肉的作用至為重要。

〔5〕氣、血為太極拳體用之本。由極柔軟而求極堅剛，故稱「肉、筋之內壯」。

〔6〕這是說氣、血互為盈虛、消長的因果關係，而「血氣」的概念，非謂氣、血的實體。

九十五、太極力氣解

| 按 |

本文與上文緊密貫連，唯上文以講血、氣的自然規律為主，本文則在於弄清氣、力的來龍去脈，從而主動以氣運身，使特定的技法取得預期效果，防止血氣之勇有礙技法發揮。

| 原文 |

氣走於膜、絡、筋、脈，力出於血、肉、皮、骨。故有力者，皆外壯於皮骨。形也。有氣者，內壯於筋脈。象也。氣血功於內壯，血氣功於外壯[1]。要之，明於氣、血二字之功能，自知力、氣之由來矣。知氣、力之所以然，自能知用力行氣之分別，行氣於筋脈，用力於皮骨[2]，大不相侔也。

| 譯文 |

元氣行於膜、絡、筋、脈；力出自血、肉、皮、骨。所以，有力的人皆外壯於皮骨，見於外形。尚氣者，則內壯於筋脈，不顯於形體，表象也。氣、血的功能利於內壯，血氣（所謂「血氣之勇」）能使肢體外壯，要緊的是先要知道氣、血的功能才能知力、氣的根源，始能知用力、行氣的區別。

氣流行於筋、脈，用力則在於皮、骨，二者有著實質的差別。（沒有講清「血氣」的定義，「氣血」「血氣」的區別，讀者很難明白。還有的「以力使氣」之說，當為「血氣」的內涵）

｜注釋｜

〔1〕即前文《血氣解》的概括。說明血氣的功用及形象，為氣血的合理運用取得客觀依據。唯對氣血的運動，前後文說法似欠一致。

〔2〕行氣於筋脈，就要以意行氣。勿使肌肉皮骨緊張僵硬。故曰，有氣無力，無氣純剛。有氣為勁，無氣為力。勁則剛柔相濟，力則硬直。對氣、力的論述，首尾有一定的差別。

九十六、太極尺寸分毫解

| 按 |

尺寸分毫的要求，就是先開展、後緊湊訓練方式的具體化。主要表現於手法的屈伸，開合。由尺而寸，而分而毫，體現著技法的由粗而精；也標誌著勁法由「懂勁」而「階及神明」的發展過程。

學拳，想提高技法水準，必須紮紮實實地循序漸進，不能存僥倖心理。尺寸分毫的變化，是由訓練的方法和訓練時間決定的，不是僅憑主觀願望。只有刻苦訓練，技法就會逐步提高。前輩對此有這樣一句諺語，叫作「你糊弄它，它就糊弄你」。這個道理是千真萬確的，學習什麼都是如此。

| 原文 |

功夫先練開展，後練緊湊。開展成而得之，才講緊湊，緊湊得成，才講尺寸分毫[1]。由尺進之功成，而後才能寸進、分進、毫進，此所謂尺寸分毫之理也，明矣[2]。然尺必十寸，寸必十分，分必十毫，其數在焉。故曰對待者，數也[3]。

知其數，則能得尺寸分毫。然雖知其數，苟非秘授安能量之哉[4]！分毫內即有點穴功也[5]。

| 譯文 |

技法的訓練，應先求開展，再求緊湊。開展能使關節韌帶放長，富有韌性、韌力。然後再求緊湊，使走黏技法嚴謹，雖慢猶快。

緊湊之後，還可在尺寸分毫的精度上下功夫，如從尺的幅度開始，逐步精練到一寸，再由一寸逐步精練到一分、一毫。這就是尺寸分毫訓練的道理。

概括來說，都是數的變化，數變實質即是量變，故說對待走黏，也是數的對待。知數的變化也就知尺寸分毫的變化。然而，雖知數的變化規律，如不經秘傳，則不知測量之道。因分毫之內就有點穴的功夫。非能測量不能知其穴位也。

（點穴非太極拳的技法，看來作者也非內行。點穴豈能不識穴位，要靠手臨時測量？且點穴術須先練掌指的力量，這與太極拳訓練「用意不用力」的要求無疑是背道而馳的）

| 注釋 |

〔1〕這是太極拳訓練方式方法的最大特點，姿勢動作不能一成不變，而要隨著技術水準和功夫的提高逐步緊湊，直至把握分毫之內的運動規律。否則，日後的提高必受障礙，永遠難攀技術高峰。

〔2〕尺寸分毫既反映在動作幅度上，也反映在勁力的虛實變化上，它是技法提高的綜合體現，所以來不得半點的虛假，必須循序漸進。

〔3〕「對待者，數也」。這是採用形象化比喻方式，來說明技法精巧程度。而技法的精巧程度決不是孤立的，而是全面訓練成果的集中表現，由量變而質變。量變即是數。

〔4〕「秘授」實際就是正確的指導。「雖知其數」，指的是「心知」，「安能量之」，指的缺少「身知」。

九十七、太極膜脈筋穴解

│按│

本文內容，係上文末句「分毫內即有點穴功」一句的演敘。節拿抓閉之手，是中國武術特有的技法，非太極拳所專有。

近代太極拳家多不言此道。可能是時代背景不同了，太極拳技法理論也有新的認識，認為此術容易致人傷殘。可能因為這些原因，使這種技法沒能引起足夠重視，甚至有些太極拳家把「抓拿」列為禁忌。

│原文│

節膜、拿脈、抓筋、閉穴，此四者，由尺寸分毫得之後而求之[1]。膜若節之，血不周流；脈若拿之，氣難行走；筋若抓之，身無主地；穴若閉之，神昏氣暗[2]。

節膜、抓筋之半死，單脈拿之似亡，單筋抓之勁斷，死穴閉之無生[3]。總之，氣血精神若無，身何有主地。如能節拿抓閉之功，非真傳不可能也[4]。

│譯文│

節膜、拿脈、抓筋、閉穴，此四者之功，須先掌握所謂尺寸分毫的測量能力，而後才能訓練、應用。膜若被「節」（手法），血液便不能流通；脈若被「拿」（手

法），氣即不通；筋若被「抓」（手法），則會失去動作能力；穴若被閉（手法），則神昏氣暗，知覺不清。

總之，節膜、抓筋，如半死狀態；單脈被拿如死；單筋被抓則力斷；死穴被閉則生命休矣。總之，氣血精神若沒有了，生命也就失去寄託。然而，要想掌握節拿抓閉之功，非經真傳則不可得。（那麼本文的目的何在，聾人聽聞嗎？此術究竟是否是太極拳的技術，值得懷疑）

｜注釋｜

〔1〕節即截。節拿抓閉的位置必須判斷準確，故非具有分毫不差的功夫是做不到的（這只是條件之一）。武術以擊打為能，尤其太極拳技法以化發為尚，故節拿抓閉者，非功純不能致用。稍有遲誤，必遭反擊。

〔2〕這是分述節拿抓閉的作用。然未言勁力的要求，怕是一大缺欠。

〔3〕這是分述節拿抓閉的效果。其中「節膜抓筋之半死」，有的本又作「抓膜節脈之半死」。既言「拿脈」「抓筋」，又言「單脈」「單筋」，手法差別何在？

〔4〕節拿抓閉之功，在各派武術中控制相當嚴格，是不輕易傳人的，或者恐為歹人利用危害社會。節拿抓閉用於太極拳，怕不符合用意不用力的初衷吧，與前述「體用」「文武」解也不無矛盾。尤其是此道「非得真傳不可得也」，作者豈不是白宣傳了嗎？

九十八、太極字字解

| 按 |

字字者,技法之術語也。皆寓陰陽相濟之理,亦即一而二、二而一的基本運動規律。能掌握技法的變換規律,才能因勢利導,把握主動權,順勢借力,四兩撥千斤。然而,如不能把握分毫之間,哪能知己知彼,更無主動可言,也就難免不為人乘。須知,丟偏頂抗之外,以「斷」字為害最甚。

蓋太極拳技法,以粘黏連隨為紐帶,「斷」則如斷線風箏,失去控制和主動能力,勝負莫卜矣。然而,形斷、勁斷,又常是難以絕對避免的,故必須做到斷而能復接,才有可能繼續把握主動權。這就是按部就班、循序漸進地進行規範化訓練的程序,非此不可。

法無窮盡,字字者概括言之也。技法的一般規律,總是先繁後簡、由博歸約、由粗而精也。王宗岳則僅概括為「走黏」二字。

| 原文 |

挫揉捶打(於己於人)、按摩推拿(於己於人)、開合升降(於己於人),此十二字,皆用手也[1]。

屈伸動靜(於己於人)、起落緩急(於己於人)、閉還撩了(於己於人),此十二字,於己氣也,於人手也

〔2〕。轉還進退，於己身也，於人步也〔3〕。顧盼前後，於己目也，於人手也。即瞻前眇後、左顧右盼也。此八字關乎神矣〔4〕。

斷接俯仰，此四字關乎意勁也。斷接失於神氣也；俯仰關乎手足也〔5〕，勁斷意不斷，意斷神可接，勁意神俱斷，則俯仰矣。手足無著落耳〔6〕。

俯為一扣，仰為一反而已矣。不使扣反，非斷而復接不可〔7〕。對待之病，以俯仰為重。時刻在心，身、手、足不使斷之無接，則不能俯仰也。

求其斷接之能，非現隱、顯微不可。隱微，似斷而未斷，現顯，似接而未接。接接斷斷，斷斷接接，其意、心、神、體，神氣，極於隱顯，又何慮不粘黏連隨哉〔8〕。

｜譯文｜

挫即用手上下搓動，揉即圓轉碾摩，可牽動彼重心的穩定。「捶」即拳頭；「打」即打擊，或用拳或用掌；「按」即下抑；「摩」即摩擦勁；「推」也用掌；「拿」即拿關節或筋脈；「開合」即分攏；「升降」即上起下沉。這十二字皆用手施為（人己皆可用）。

「屈伸」即手臂的屈伸；「動靜」所謂「動之則分，靜之則合」；「起落」與升降相類；「緩急」，即「動急則急應，動緩則緩隨」；「閉」即封煞；「還」即還擊；「撩」即掌臂由下向上前方甩勁，勢如撩劍撩刀；「了」即將彼勁丟開，脫手反擊。十二字，應用時須以氣為主，不是用力。施於人則用手為主。

　　「轉還」（應為「換」）即身法的轉換。「進退」在於身步。自身的動作以身為主；與人對待，多以步為主。「顧盼」「前後」即四正方，就自己來說即眼神，與人對待在手，所謂眼到手到，也就是指前瞻後眇，左顧右盼，此八字就涉及到「神」的因素。

　　「斷接」即彼此手臂相連或分開了。「俯仰」指身形的前俯後仰。這四個字，主要涉及到「意」「勁」兩個方面。就「斷接」來說，關係到神、氣。就「俯仰」來說，關係到手、足。只有勁斷了而意還沒斷，意斷了還有神的內在連接。如勁、意、神都斷了，必產生俯仰的病勢，手足也就失去著落了。

　　「俯」的姿勢為「扣」「仰」的姿勢又成了「扣」的「反面」，故俯仰也即扣反。要想不產生扣反、除非斷而後還能再連接上。與人對待，最嚴重的病手莫過於「俯仰」。定要時刻留心，身、手、足即使其既斷卻又能再連接得上，如此，自然就不會產生俯仰之病了。

　　如何能做到斷了又能再接呢？必須掌握「現隱、顯微」（即《太極拳論》「忽隱忽現」的延伸）的規律和變換不可。因為「隱微」的原則，要求彼此「似斷而未斷」；「現顯」的原則，要求彼此「似接而未接」（即所謂「不即不離」的狀態）。如此，似斷似接，似接似斷，其「意」「心」「身體」「神氣」，無一技法因素不切實體現「隱顯」的要求，到此地步，自能一貫保持粘黏連隨的形式，怎還會產生「俯仰」的病勢呢？（現隱顯微的能力，決定於聽勁知人的水準）

｜注釋｜

〔1〕「於己於人」，謂既適用於自己，也適用於對手，所謂知己知彼也。「皆用手」，指上述技法皆以手為主施於對手之身，這樣結論過於片面。

〔2〕「於己氣也」，即「氣遍身軀不少滯」。「氣」為身手之動力，勁之源泉。「於人手也」，言此技法制人也用手，然非用力，所謂「形於手指」也。

〔3〕「轉換進退，於己身也」，即腰為主宰，步隨身換，手隨身運也。「換」字原文作「還」，與「閉還撩了」中的「還」字衝突，當為傳抄之訛。「於人步也」，打手動作，以活步為主。但用語不夠確切。

〔4〕這裏說的顧盼與「五步」說不同，各有各的道理，各有各的用場，宜兼收並蓄，不必只從其一。「於己目也」，是神反映於外。「於人手也」，意之形於外，所謂「眼到手到」。技法不可能拋掉手，孤立談「眼法」。

〔5〕「斷接俯仰」原屬「病手」範疇，但在技法未達上乘時，也是難以避免的。

「接」乃補救之策。此病根源，主要在於意勁失當，當然又關係到動作的方式方法，避免此病就要控制住盲目的運動慣性，使走黏陰陽相濟。

〔6〕「勁斷意不斷，意斷神可接」，這是「斷」而後能「接」的條件和方法。神、意、勁（形勁一致）不斷最善，斷而能接，技遜一籌。若內外運動因素俱斷，病甚矣。

俯仰者，失去粘黏連隨之依憑。俯仰為不自覺的慣性

運動，神、意、勁、形俱散漫無主，故最易為人所乘，猶如病入膏肓，不可救藥矣。

〔7〕前俯為「扣」，重心前失也。「扣」之「反」，即仰身。俯仰最易為人所乘。非「斷而復接不可」的結論本末倒置，應在根源上著手。

〔8〕由此可知，粘黏連隨功虧一簣，始出「斷」病。斷而不能接，則出俯仰之病。能接則能復歸粘黏連隨之手。斷而能接的條件，在於意勁的隱現顯微。隱現顯微之功，猶賴知覺運動、視聽之能。若無紮實的基本功，其他技法要素，俱成空中樓閣矣。故斷而能復接者，亦為技法之佼佼者。實踐證明，「斷能復接」者，實為似斷而未斷也。

九十九、太極節拿抓閉尺寸分毫解

| 按 |

節拿抓閉之法，歷來有之，但由於為害甚大，故善此道者，皆秘而不輕授，斯技已瀕臨失傳。

對太極拳運動來說，是可知、可不知的內容，絕非重點。試問：太極拳技法力且不尚，又何以能恃節拿抓閉服人。習太極者，切不可對此妄下工夫，得不償失也。

| 原文 |

對待之功，既得尺寸分毫於手，則可量之矣。然而，論節拿抓閉之手易，若節膜、拿脈、抓筋、閉穴則難，非自尺寸分毫量之不可得也[1]。節不量，由按可得膜，拿不量，由摩而得脈，抓不量，由推而得筋，閉非量不能得其穴，由尺盈而縮之寸分毫也[2]。此四者，雖有高授，然非自己功夫久者，無能貫通焉[3]。

| 譯文 |

競技對待的功夫，尺寸分毫的功夫掌握之後，就能用於測量了。但是，節拿抓閉之功說來容易，做來卻難，非有尺寸分毫的量是做不到的。但也有一定的捷徑，如節膜不能測量時，用「按」的方法也可得膜；如拿脈不能測量時，用「摩」的方法也可得脈；如抓筋不能測量時，用

「推」的方法也可得筋，唯閉穴，不能量則不能得其穴，由尺縮之寸分毫也。此四者，雖有高明的傳授，若自己不能下工夫苦練，仍不能貫通。

（節拿抓閉之功即或認為是某種太極拳的技法組成部分，但它與太極拳正規的技法有著質的差別。《太極拳論》僅把技法概括作「走」「黏」二字；所謂「十三式」，也只能概括作「八法」，皆不涉及節拿抓閉的功夫，可見此四者顯非太極拳技法的必要內容。

作者把尺寸分毫的訓練，視為是節拿抓閉的基本功。先不說這種訓練方法是否可取，若本文「閉非量不能得其穴，由尺盈而縮之寸分毫也」，閉穴時不識穴位，需臨時測量，這已不可理解，還需要由尺盈縮小到分毫才能找到穴位，這還是武術的競技嗎？既然已經說「非經真傳則不能」，作者講的也非真傳。那麼，讓讀者從這篇文章中學習什麼呢？一般常識，閉穴須有一定的力度，難道用「文體」的勁能閉穴嗎？）

｜注釋｜

〔1〕此其難之一。手上力不足不行，手不疾也不行，此又難也。當然，不識穴就更不行。總之，掌握此技甚難。

〔2〕按、摩，推、量，唯量是穴位判斷之方法（見《字字解》開首十二字）。也就是說，節拿抓皆非穴位，皆能直接中的，不可理解。

〔3〕節拿抓閉之法，非有真傳和自己下苦工夫不可。不精而用，反受其累，慎之慎之！

一〇〇、太極補瀉氣力解

│按│

補瀉者，屬知己知彼的範疇，是對「過」與「不及」的補充手段。能知己之缺欠而適當加以補救，能知人之缺欠而適時加以利用，非懂勁之後不能做到。此理與隅手補四正之失體的道理完全一致，唯補瀉屬於引進落空之策略。

以上三十二則，作者無可考證。根據各文的連續性推測，無疑出於一人之手。從內容分析，成文時間可能晚於《太極拳論》《打手歌》等文。

│原文│

補瀉氣力於自己難，補瀉氣力於人亦難[1]。補自己者，知覺功虧則補，運動功虧則瀉，所以求諸己不易也[2]。補於人者，氣過則補之，力過則瀉之，此勝彼敗所由然也。氣過或瀉，力過或補，其理雖一，然其有詳。夫過補，為之過上加過，過瀉，為之緩他不及，他必更過，仍加過也。補氣瀉力於人之法，均為加過於人矣[3]。補氣，名曰「結氣法」。瀉力，名曰「空力法」。

│譯文│

補瀉是走黏的兩種輔助手段。補即補氣，瀉即瀉力。補氣瀉力於自己難！補瀉氣力於對手更難！為什麼要補自

己呢？因知覺能力不足須補，或因運動的功夫不足須瀉，以恢復知覺、運動的正常狀態。所以，自覺地、主動地補瀉自己不易也。

對手的氣過，宜於加補；其力過則宜於加瀉，這是出於我勝彼敗的需要。若彼氣過或用瀉法，彼力過或用補法，道理相同，但具體方式方法當有區別。

凡彼力過而用補法，是為了令彼勢力「過」上加過；凡過而用瀉，是為了緩他勢力之「不及」，彼必更過。對人補氣、瀉力的措施都是為了令彼勢力「過」上加過（也即令彼產生不自覺地慣性運動）。補氣，名叫「結氣法」；瀉力，名作「空力法」。

｜注釋｜

〔1〕補瀉之難就在於非在懂勁之後才能做到。

〔2〕自己的知覺感知程度皆以氣言，運動的靈巧與否，皆以力言，總之，力盛於氣，病之根也，屬知己功夫虧也。

〔3〕這是指與人打手時對對手的補瀉法則。在我是知人功夫，在彼則是知己功夫。彼氣過則補者，促其來也，瀉者、引使進也。彼力過則補者，加大其運動慣性也，瀉者，使其來力無著落也，所謂「引到身前勁方蓄」，賴補瀉之媒介而奏效者也。結氣法順彼氣勁而助之，使之出現無意識的運動慣性。空力法對來力強或快者，急虛其勢力，彼必落空。然皆須走黏陰陽相濟，才能得心應手而獲勝。

一〇一、太極空結挫揉論

| 按 |

空者，空力法也。結者，結氣法也。挫揉者，補瀉氣力之具體手法。空結挫揉之法，一言以蔽之，乃虛實變化之法。虛者實之，實者虛之，然非尺寸在手，彼此恰合，則無以見效。若欲得心應手，非實踐不可。沒有高深之功夫，難以登堂入室。

| 原文 |

有挫空、挫結，揉空、揉結之辯：挫空者則力偶矣，挫結者則氣斷矣；揉空者則力分矣，揉結者則氣偶矣[1]。若結揉挫則氣力反；空揉挫則氣力敗。結挫揉則力盛於氣，力在氣上矣；空挫揉則氣盛於力，氣過力不及矣。挫結揉、揉結挫，皆氣閉於力矣；挫空揉、揉空挫，皆力鑿於氣矣[2]。

總之，挫結揉空之法，亦必由尺寸分毫量之，方能如是也[3]。不然，無口之挫揉平虛之靈，結空（楊本少「空」字）何由而致之焉[4]。

| 譯文 |

走黏技法還有挫空、挫結、揉空、揉結的輔助手法勁法。挫法與空力法結合，能與彼力形成合力；挫法與結氣

法結合，能使彼力分散；揉法與結氣法結合，能與彼之氣勁形成合勁。再如結氣法與揉挫相結合，能使彼氣勁產生反作用力；若空力法與揉、挫相結合，則能使其氣散失。結、挫、揉結合應用則力盛過氣，力在氣上了；空、挫、揉結合應用則氣盛於力，使彼氣過而力不及也。挫、結、揉，揉、結、挫，皆氣閉於力矣；挫、空、揉，揉、空、挫結合皆力鑿於氣矣。

　　總之，挫結揉空之法，必須透過尺寸分毫的測量，才能準確產生上述效果。否則，如無挫揉平和虛靈的手法，結空的勁也就難以獨立發揮作用。（此僅為具體的成法，因敵變化才是原則）

｜注釋｜

　　〔1〕此皆指對人。力偶易引進落空，氣斷偏無著落，力分則重心偏失。

　　〔2〕此挫揉空結綜合應用之法，然皆須先從人，後由己，順勢借力為之。

　　〔3〕非尺寸在手，動作不能縝密無誤。

　　〔4〕「無」字後，吳本有蝕痕，字有殘缺。楊本作「地」字，別本或作「確切」二字。言「挫」「揉」須合度，方有助「空」「結」。

一○二、懂勁先後論

| 按 |

懂勁、神明，是王宗岳《太極拳論》中提出的兩個概念，也是技法水準的標誌。認為「由著熟而漸悟懂勁，由懂勁而階及神明」。

又說「黏即是走，走即是黏，陽不離陰，陰不離陽，陰陽相濟，方為懂勁。懂勁後，愈練愈精、默識揣摩漸至從心所欲。本是捨己從人，多誤捨近求遠」。可知，「懂勁」僅是初步掌握技法原則的標誌。

由懂勁到「神明」，或說到「從心所欲」的地步，還有相當長的一段距離。懂勁前後出現不同程度的病手是必然的。即使達到神明階段，遇到比我技法更高的對手，失誤也在所難免。

「神明」並不等於天下第一，更不能認為達到「神明」就是唯一的超人，它只是技法達到高級階段的標誌而已，「神明」仍有水準高低之分。

| 原文 |

夫未懂勁之先，常出頂偏丟抗之病。既懂勁之後，恐出斷接俯仰之病。未懂勁，固然病易出，既懂勁，又何以出病乎？緣勁似懂未懂之際，正在兩可，斷接無準，故出病，神明及猶未及，俯仰無著，亦出病[1]。若不出斷接

俯仰之病，非真懂勁弗能不出也。

何為真懂[2]？因視聽有由，即得其確也。知眇瞻盼顧之視，覺起落緩急之聽；閃還撩了之運，轉換進退之動，則謂真懂勁[3]。而後則能接及神明，收往有由矣[4]。

有由者，由於懂勁，自得屈伸動靜之妙。有屈伸動靜之妙，開合升降又有由矣。由屈伸動靜，見入則開，遇出則合，看來則降，就去則升，夫而後才能真及神明矣[5]。明乎此，豈可日後不慎於行坐臥走、飲食溺溷之功有關，以協進其效，是則所謂及中成、大成也哉[6]。

｜譯文｜

與人打手，在未懂勁之前，常產生頂偏丟抗的病手病勁。既懂勁之後，就要防止產生斷接俯仰的病勢。或問，未懂勁固然易出病，既已懂勁又為何還會出病呢？這是因為「懂勁」也還有水準不等的差別。懂勁的水準未達到一定的程度時，粘黏連隨的功力還不成熟，斷接無準，也就是未到「神明」的水準之前，也還會產生俯仰的現象，以期穩住重心。要完全避免斷接俯仰的缺點，非達到真懂勁的水準不可。

何為「真懂勁」呢？藉助視覺、知覺，完全掌控敵情：知道怎樣用視覺的眇瞻顧盼，用感覺掌握彼起落緩急的動向（聽勁）；能於彼閃還撩了動作發動的環節即掌握其動向；於彼轉換進退一動之間，即能知彼用意目的，這就是「真懂勁」的標誌。再進一步提高到「神明」水準，即進到隨屈就伸、從心所欲、無往不利的地步了。

前提條件，就在於掌握懂勁的方法和規律。就能做到屈伸、動靜恰當其可。屈伸動靜有準則技法的開合升降也必恰到好處。

依據敵我的屈伸動靜，逢敵入我即相應開；遇彼出我則相應隨之合；看彼來則降，就彼去則升，把這些技法規律運用純熟之後，就會逐步階及神明了！明白了這一道理，日後用功更應與日常生活相結合，行走坐臥等等儘可能將太極拳訓練方式方法貫串其中，能有事半功倍之效，則功成不難達到中成、大成（乘）的境界了！

（《太極拳論》：「走即是黏，黏即是走；陰不離陽，陽不離陰，陰陽相濟，方為懂勁。」原則性越高，概括性越強）

｜注釋｜

〔1〕頂偏丟抗之病，與斷接俯仰之病性質不同。簡言之，前四者是不明走黏運動規律的反映，後四者則是對運動規律運用不熟練的反映。

〔2〕「真懂」的概念，用的極不確切。對勁運動規律的認識和掌握，總是由淺入深，由感性認識逐步上升到理性認識，不同階段上的認識水準，標誌著技法水準的不同程度，這裏沒有真假問題，而是認識的高低問題。

〔3〕這幾句說的是知覺運動的要求。眇（ㄇㄠ），與瞄同義。「顧盼之視」概括為「視」，與「八門五步」解有異。起落緩急概括為「聽」。「聽」當作術語理解，即感知之義，此數字，為「懂勁」之憑藉。楊本在後三句之前也各多「覺」「知」「覺」一字。

〔4〕「接及神明」或為「階及神明」之訛。悠（一又）虛詞。所。

〔5〕「有由者」，有所依據也。捨己從人，後發先至，就是「有由」的根本原則。只有在此原則基礎上，動作才能有的放矢，克服臆測盲動。「見入則開，遇出則合；看來則降，就去則升」，是「引進落空合即出」、收放、蓄發的基本規律。入出、來去皆謂人，亦即我開、合、升降之所由。「真及神明」的真字和「真懂勁」一樣不夠確切。

〔6〕結尾部分的詞句，各本不盡相同，意義大體一致。溺圂（ㄋㄧㄠ ㄏㄨㄣ）（溺同尿。圂，廁所。）指大小便。前輩武術家，常認為武術訓練應與生活起居全面結合起來，使整個生活過程無時不與武事訓練相配合，養成技法定型和習慣。

一○三、尺寸分毫在懂勁後論

| 按 |

視太極拳的武事作用為小成，為末技，實為偏見。拳術不以武事為主，要技法何用？即閉穴之術，不是用之於武事，對養生又何益之有。

| 原文 |

在懂勁先，求尺寸分毫為之小成，不過武事末技而已[1]。所謂能尺寸於人者，非先懂勁也。如懂勁後神而明之，自然能量尺寸。尺寸能量，才能節拿抓閉矣[2]。知膜脈筋穴之理，要必明存亡之手，知存亡之手，要必先明生死之穴。其穴之數，安可不知乎！知生死之穴數，烏不可明[3]。閉而不生乎，閉而無生乎？是所謂存亡二字，一「閉」字而已盡矣[4]。

| 譯文 |

在懂勁之前，研究掌握尺寸分毫之功，僅為小成（經驗證明，尺寸分毫之功當是懂勁的組成部分），不過武事末技而已（這裏又承認武事為末技了）。所謂能用尺寸對待於人的功夫，必先要掌握懂勁的功力。因懂勁達到神明水準之後，自然能量尺寸。能量尺寸了，節拿抓閉之功才能有條件施為。

　　知道了節拿抓閉的理法，更重要的還須知道存亡的方法。既知有存亡的手法，又須先知穴位有生與死的區別，更不可不知穴位的數目。掌握穴位的數目，認識就徹底了。穴位被閉還能否生存，或是必死，這就涉及存亡二字，皆決定於這個閉字了。

　　（從幾篇論節拿抓閉的文章內容分析，作者所言，也非「真傳」，紙上談兵而已。值得商榷的關鍵，節拿抓閉算不算是太極拳的正規技法？《太極拳論》《十三勢行功歌》皆無此道，缺失嗎？作者在此文中視武事為「末技」，自然是與節拿抓閉之功相對而言，換言之，能節拿抓閉才是「大成」。這與前面所言「文體」「武用」兼修而成者才為「大成」的論點不無矛盾了。僅就「閉穴」而論，既涉及生命存亡，是否為練太極拳的目標？再就閉穴技術來分析，即使識穴準確，總不會因為死穴就隨便一閉，人就無生吧！ 要不要一定的力度呢？希讀者明辨之）

｜注釋｜

　　〔1〕這裏說的小成標準，與前面的《太極下乘武事解》的標準不甚吻合。三乘的標準，只是個人的見解，缺乏嚴密的科學依據，故對此標準，不必過於認真。

　　〔2〕尺寸，只是節拿抓閉技法的條件之一。

　　〔3〕「知生死之穴數，烏不可明，的判斷也是不確切的。生死穴數，藉助二手資料便可熟知，但距離掌握閉穴技法尚差十萬八千里。烏（×），疑問詞，即何、哪。

　　〔4〕有的本無「盡矣」二字，無關緊要。

一○四、太極指掌捶手解

| 按 |

本文是對手法的專論，不僅指出了手的各部位專用名稱，更說明其用途，顯示了太極拳技法的細膩和精巧，對促進太極拳技法的研究與發展具有重要意義。但分解過細，也難免畫蛇添足之弊。

以上四篇，也載於《太極法說》中的後半部分。不知為何人所作，觀點與《太極法說》稍異。還有《口授穴之存亡論》《張三豐祖師承留》《口授張三豐老師之言》及《張三豐以武事得道論》四篇，因內容極少涉及武事，僅附錄於後，以供參考而已。

| 原文 |

自指下之[1]腕上，裏者為掌。五指之首為手；五指皆為指[2]。五指權裏，其背為捶[3]。如用按推，掌也[4]。拿、揉、抓、閉，俱用指也。挫、摩，手也。打，捶也。夫捶有搬攔，有指襠，有肘底，有撇身，四捶之外有覆捶[5]。掌有摟膝，有轉換，有單鞭，有通背，四掌之外有穿掌[6]。手有雲手，有提手，有滾手，有十字手，四手之外有反手[7]。指有屈指，有伸指，有控指，有閉指，四指之外有量指，又名尺寸指，又名覓穴指[8]。然指有五指之用：首指為手仍是指，故又名手指。

其一，用之為旋指、旋手；其二，用之為提指、提手；其三，用之為弓指、弓手；其四，用之為合，指合手；四手指之外為獨手、獨指也。食指為卡指，為劍指，為佐指，為粘指，正中為心指，為合指，為鉤指，為抹指。無名指為全指，為環指，為帶指，為扣指。小指為幫指，為補指，為媚指，為掛指。若此之名，知之易而用之難。得口訣秘法，亦不易為也。

其次有如對掌、推山掌、射雁掌、涼翅掌；似閉指、拗步指、彎弓指、穿梭指；探馬手、彎弓手、抱虎手、玉女手、跨虎手；通山捶、脅下捶、反背捶、勢分捶、捲挫捶[9]。再其次，步隨身換，不出五行則無失措矣[10]。因其粘黏連隨之理，捨己從人，身隨步自換，只要無五行之舛錯，身形腳勢出於自然，又何慮些須之病也[11]。

｜譯文｜

指腕之間的部位，裏側就叫「掌」。拇指叫「手」，但五指又全叫「指」。五指握起來，掌背部位就叫「捶」（這個定義有片面性）。如用於「按」「推」，就是「掌」的作用。拿法、揉法、抓筋、閉穴，全是用「指」法。如「挫」「摩」勁時，則用「手」（僅限拇指，也不確切）。「打」用「捶」。捶法甚多，如搬攔捶、指襠捶、肘底捶、撇身捶，四捶之外還有覆「栽」捶（超出了捶的定義）。「掌」則有摟膝掌、轉換掌、單鞭掌、通背掌，四掌之外，又有「穿掌」。「手」有雲手、提手、滾手、十字手，四手之外還有「反手」（與「手」為拇指的定義難以吻合）。「指」有屈指、伸指、捏指、閉指，四

指之外還有「量指」，又叫「尺寸指」「覓穴指」。然而，五指又各有其用法：拇指既叫「手」，也是指，也可叫「手指」。用法之一，用作旋指、旋手；用法之二，提指、提手；用法之三，用作弓指、弓手；用法之四，用作合指、合手。四手之外，又可用作「獨手」「獨指」。食指為卡指，為劍指，為佐指，為粘指。正中的中指為心指，用作合指、鉤指、抹指。無名指又叫「全指」，用作環指、帶指、扣指。小指又叫「幫指」，用為補指、媚指（伸開）、掛指。像這樣許多的名目，知之容易，運用則難，即使能得到口訣秘法，也很難做到（這不成了故弄玄虛了嗎）。

　　其次還有對掌、推山掌、射雁掌、亮翅掌；似閉指、拗步指，彎弓指，穿梭指；探馬手，彎弓手、抱虎手、玉女手、跨虎手；通山捶、脅下捶、反背捶、勢分捶、捲挫捶（僅屬掌指的變換）。再其次，步須隨腰身的轉動相應隨之變換，如能做到進退顧盼定的要求，不出偏差，身形步勢順遂自然，即使有點小毛病，也無關緊要，自能迎刃而解。（技術未達到「神明」之前，失誤是不可完全避免的，「自然迎刃而解」則是不可能的）

注釋

〔1〕之：到。

〔2〕「五指之首」即拇指，稱手者，術語也。

〔3〕「五指權裏」即指把手指屈握起來。手背為「捶」，也是術語。

〔4〕「按」是掌向下；推是用掌向前。

〔5〕若把「捶」解作「五指權裏；其背為捶」，那麼只能這樣理解，任何形式的捶、都只能是拳背的作用。可見「捶」的定義是不確切的，如搬攔捶、肘底捶、捲挫捶。

〔6〕掌的定義，顯然也有類似捶的問題。如「掌」只認為是手掌部分，那麼像穿掌這樣的掌法，能單純用手掌為之嗎？與「手」的定義又如何區分？

〔7〕按本文的定義，手即拇指。據此，這裏提示的幾項手法，只能理解為單純靠拇指去完成技法任務。若是說在完成這些手法時，拇指具有重要的領勁作用，促使技法輕靈巧妙地轉換，還勉強講得通。

〔8〕指，包括拇指（手）在內，各有特長。量尺寸，為覓穴之用也。其中「控」在楊本作「捏」指。

〔9〕根據上述一系列手法名目，可以認為，歷史的太極拳，可能不只是現今流傳的套路及其相類的「十三勢」。作者為何門何派就更難知之。

〔10〕不出五行，當指把握進退顧盼定的步法規律。也就是說，手法不是孤立的，須與身法、步法協調一致，共同發揮作用，才能得心應手。

〔11〕結尾部分，特別強調了捨己從人、粘黏連隨的技法運動原則，以及「身形腳勢」密切配合的重要性，這是極為重要的。太極拳技法，手法雖然重要，更重要的在於動作的完整性，所謂「無五行之舛錯，身形腳勢出於自然」，即於被動中求主動之理法。不論身法、步法和手法，離開這一原則，便難以發揮太極拳的技法威力。舛（ㄔㄨㄢˇ）錯，錯誤、差錯。

一〇五、打穴歌

杜育萬

| 按 |

此歌出自趙堡太極拳傳人杜育萬（元化）之手。原載於陳鑫著《陳氏太極拳圖解》首卷《重要穴目並歌》之後，比較全面地概括了打穴的要求和要領。

蔣發沒有打穴的傳授，此歌也非蔣氏所傳，有可能為杜育萬所作。與前文「閉穴」說有質的差別。打穴「手如箭」、沒有「量」的時間。

| 原文 |

身似弓兮勁似弦，穴如的兮手如箭[1]；
按時揆兮須忖正[2]，千萬莫要與穴偏。

| 譯文 |

打穴、點穴時，身當為張弓般蓄勁，而勁猶如待發的弓弦，穴位就像箭靶的中心，而出手就要像離弦的箭那樣快而有力。但覓穴須知穴位的具體位置，更重要的還須知穴位也還受衛氣、營、血運轉時刻的影響，時刻不對，效果也不同。不可有絲毫的誤差。因為不能中穴則不能傷人，必反為人傷。（打穴、點穴，手法不同，但從穴的要

求則無不同，用「尺寸指」現量者，未之有也。歷史上雖有此說，但太極拳絕不會依賴於此道，否則，又何必研究太極陰陽的理法呢！）

注釋

〔1〕形象地說明打穴的勁力與速度的要求。

〔2〕打穴不僅出手要準，更要根據「營衛」運轉各部位的時刻，按時施為，方能有效，「營衛」運轉情況，簡列於後。

衛氣

（子）髁（丑）頂（寅）耳邊（卯）面（辰）頂（巳）乳間（午）肋（未）腹（申）心處（酉）膝（戌）腰（亥）股端

營血

（寅）手太陰肺經十一穴→

（卯）手陽明大腸經二十穴→

（辰）足陽明胃經二十五穴→

（巳）足太陰脾經二十二穴→

（午）手少陰心經九穴→

（未）手太陽小腸經十九穴→

（申）足太陽膀胱經六十三穴→

（酉）足少陰腎經二十七穴→

（戌）手厥陰心包經九穴→

（亥）少手陽三焦經二十四穴→

（子）足少陽膽經四十四穴→

（丑）足厥陰肝經十五穴→

（寅）手太陰肺經十一穴（循環連接）

附錄一　口授穴之存亡論

｜按｜

以下四則，也載於端芳王府太極拳秘訣抄本之中，因內容與太極拳技法涉及甚微，故不列正文，錄出以全原本全貌而已。

｜原文｜

穴有存亡之穴，要非口授不可。何也？一因其難學，二因其關乎存亡，三因其人才能傳。

第一，不授不忠不孝之人；第二，不傳根底不好之人；第三，不授心術不正之人；第四，不授魯莽滅裂之人；第五，不傳目中無人之人；第六，不傳知禮無恩之人；第七，不授反覆無常之人；第八，不傳得易失易之人。

須知此八不傳，匪人更不待言矣。如其可以傳，再口授之秘訣。傳忠孝知恩者、心平氣和者、守道不失者、真尊以為師者、始終如一者，此五者果其有始有終，不變如一，方可將全體大用之功授之於徒也。明矣！於前於後，代代相繼，皆如是之所傳也。

附錄二　口授張三豐老師之言

| 按 |

本文標題暗示作者即是張三豐嫡傳弟子。對此文不必深信研究。

| 原文 |

予知三教歸一之理，皆性命學也，皆以心為身之主也，保全心身，永有精氣神也。有精氣神才能文思安安，武備動動。安安動動乃文乃武，大而化之者，聖神也。

先覺者得其寰中，超乎象外矣，後學者以效先覺之所知能，其知能雖人固有之知能，然非效之不可得也。夫人之知能，天然文武，目視耳聽，天然文也；手舞足蹈，天然武也。孰非固有也，明矣。

前輩大成，文武聖神，授人以體育修身，進之不以武事修身。傳之至予，得之手舞足蹈之採戰，借其身之陰以補助身之陽。

身之陽，男也；身之陰，女也。然皆於一身中矣。男之身只一陽，男全體皆陰，女，以一陽採戰全體之陰女。故云一陽復始，斯身之陰女，不獨七二，以一姹女配嬰兒之名，變化千萬，姹女採戰之可也。安有男女後天之身，以補之者。所謂自身之天地以扶助之，是為陰陽採戰也。如此者是男子之身皆屬陰而採自身之陽，戰己身之女，不

如兩男之陰陽對待修身速也。

予及此傳於武事，然不可以末技視，依然體育之學，修身之道，性命之功，聖神之境也。今夫兩男之對待採戰，與己身之採戰，其理不二，己身亦寓對待之數，則為採戰也。是為汞鉛也。

與人對戰，坎離之陰陽，兌震陽戰陰也，為之四正；乾坤之陰陽，艮巽陰採陽也，為之四隅，此八卦也，為之八門。

身足位列中土，進步之陽以戰退步之陰，左顧之陽以採右盼之陰，此五行也，為之五步。共為八門五步也。

夫如是予授之爾，終身用之不能盡者矣。又至予得武繼武，必當以武事傳之而修身也。修身之道，無論武事文為，成功一也。三教三乘之原，不出一太極，願後學以「易」理格至於身中，留於後世也可。

附錄三　張三豐以武事得道論

|原文|

蓋未有天地，先有理。理為氣之陰陽主宰，主宰理以有天地，道在其中。陰陽氣道之流行，則為對待。對待者，數也。一陰一陽之為道。道無名，天地始；道有名，萬物母。未有天地之前，無極也，無名也；既有天地之後，有極也，有名也。

然先天地者曰理，後天地者曰母，是乃理化天地陰陽氣數，母生後天胎卵濕化。天地育萬物，道中和，然也。故乾坤為大父母先天也，爹娘為小父母後天也，得陰陽先後天之氣以降生身，則為人之初也。

夫人身之來者，得大父母之命性賦理，得小父母之精血形骸，合先後天之身命，我得而成人也，以配天地為三才，安可失性之本哉。

然能率性則本不失，既不失本來面目，又安可失身體之去處哉。夫欲尋去處，先知來處，來有門，去有路，良有以也。然有何以之（一說，然又以何以之），以之固有之知能。無論知愚賢否，固有知能皆可以之進道。既能修道，可知來處之源，必能（必解）去處之委。來源去委既知，能必明修身。（一說，能必明身之修）

故曰，自天子至於庶人，一是皆以修身為本。夫修身以何？以之良知良能。目視耳聽，曰聰曰明，手舞足蹈，

乃武乃文，致知格物，意誠心正，心為一身之主。正意誠心以足蹈五行乎，舞八卦，手足為之四象，用之殊途，良能還原。目視三合，耳聽六道，目耳亦是四形體之一表。良知歸本，耳目手足分而為二，皆為兩儀，合之為一，共為太極。此由外斂入之於內，亦自內發出之於外也。

　　能如是表裏精粗無不到，豁然貫通，希賢希聖之功，自臻於明，曰睿曰智，乃聖乃神。所謂盡性立命，窮神達化在茲矣，然天道人道一誠而已矣。

附錄四　張三豐承留後世論

│原文│

天地即乾坤，伏羲為人祖。

畫卦道有名，堯舜十六母。

微危元厥中，精一及孔孟。

神化性命功，七二乃文武。

授之至予來，字著宣平許。

延年藥在身，元善從復始。

虛靈能德明，理令氣形具。

萬載詠長春，心平誠真跡。

三教無兩家，統言皆太極。

浩然塞而沖，方正千年立。

繼往聖永綿，開來學常續。

水火既濟焉，願至成畢字。

附錄五　斥山峰採戰說

| 按 |

　　本文摘自《三豐全集·正訛》，標題為筆者所擬。文章指出了採戰說的原出，並一針見血地駁斥了這種荒唐的養生手段。

　　由此可以和上面附錄二《口授張三豐老師之言》一文中的採戰說相對照，所謂「三豐老師之言」，恐怕是由本文的思想認識而敷衍成文的吧！

| 原文 |

　　山峰採戰之說，多為丹經所鄙，然非祖師之玄要篇也。嘗閱神仙鑑，劉宋時有張山峰者，號朴陽子，未入道時，曾授人以房中御女方，天帝惡之，終於草島。遊仙何一陽仙姑，遊華山曾見其金丹秘訣悉備於身，因無天詔難升玉闕，深慨惜焉。

　　據此則知山峰二字，聲音相近之訛也，且祖師所作金丹論，亦云行御女之術者，是猶披麻救火、飛蛾撲燈。細按此言，自不妄譏矣。

　　又三峰者，乃旁門之名，不但劉宋時張三峰也，陰道中有三峰採戰。俗人不知，遂以玄要篇等諸旁門，是以耳聞為目見，未讀丹經者也。三峰之術，有宋張紫陽陳泥丸諸老仙翁皆已斥之，祖師乃元人，不待辨也。單言此術由

來，參同契所謂陰道厭九一者是也，九一之謬，即御女之方，分上中下三峰採人精氣，托號泥水金丹，伯陽以前已有此術矣。

「故玄要篇云，有為者非採戰提吸之術，九一動搖之法，即祖師亦辟三峰之謬，復何言哉。又嘗閱神仙鑑，彭祖稱太清景明三峰真君，而御女之術實起於彭祖，採補房中偶喪屢娶，後為殷王拘繫，欲殺之，蓋（《ㄞ》ㄌ）天律譴之也。中途脫逃，乃入華山歸正云。

附錄六　內家拳法訣要摘錄

| 按 |

　　《內家拳法訣要》摘自清黃百家著《內家拳法》，《清史·藝文志》著錄。百家從學於王征南，所記拳法為其師王征南所授。百家之父為黃梨洲，梨洲與王征南交好，曾為征南撰寫過墓誌銘。梨洲名黃宗羲，字太衝，梨洲其號也。清初餘姚人，生於明萬曆年間。「其學以濂洛為宗，而旁及百氏，主先窮經，而求征於史，豁然貫通，為當代大儒」。嘗築續鈔堂於南雷，學者稱為「南雷先生」。所著有《宋元學案》《明儒學案》《易學象數論》及《南雷文定》等。

　　由於太極拳的理法與內家拳頗為近似，故近人就把太極拳歸為內家拳體系；又因古典訣要中，稱張三豐為「先師」或「老師」，認為太極拳也為三丰所創。其實，並無實質性的依據，只是依照《張松溪傳》《王征南墓誌銘》等文中的說法，敷衍引申出來的，均摘錄於後供讀者參考。

1. 五字心法

| 原文 |

敬緊徑勁切

敬；心靜也，守我之靜，御人之動。

緊；緊湊也，勇進內門，近身行拳。

徑；路線也，得機得勢，側入豎出。

勁；勁道也，以柔為主，剛柔相濟。

切；真切也，落點真切，不妄發擊。

| 注釋 |

敬者精神條件，緊者時間條件，徑者直接條件，勁者力勁條件，切者位置條件。易言之，即五大要素：「精神集中，速度敏捷，直達無阻，功勁老辣，位置適切。」原文並言：「此五者，內家之秘訣也。不論內家之提放術、倒仆術、穴法、節拿抓閉法，皆立在此五字訣上。能使外人驚駭吾技，而不與外人道也。」

2.「內家拳」練手十八字訣

| 原文 |

練手之法，武當內家本有三十五字訣，曰：斫、削、科、磕、靠、擄、逼、抹、芟、敲、搖、擺、撒、鐮、靠、兜、搭、剪、分、挑、綰、沖、鉤、勒、耀、兌、換、括、起、倒、壓、發、插、刪、釣。後又將三十五字訣更為十八字訣者，變繁為簡。

十八字訣曰：殘、推、援、奪、牽、捺、逼、吸、貼、攛、圈、插、拋、托、擦、撒、吞、吐。訣曰：此手精奇，不用猛力，文人弱士，皆可學習。總究其理，十八字勢，按上中下左右進取。上中宜緊，下部曲膝，舉身立腳，切勿用力。直由子午，後曲前直，為十八字，各隨所宜。殘推援奪，牽捺逼吸，拋托擦撒，隨手順意。逼捺隨

轉，借彼勢力，手到其胸，急推莫遲。攔不與鬥，貼跌更奇，彼來凶勇，圈插敵之。以柔克剛，以疾克遲，以靜待動，以曲取直。任彼千變，我心則一，身正貌柔，意捷氣吸。性靜情逸，目定神恬，進生退死，畏懼不得。緊直來身，千鈞以捺，緊抑手從，足進肩隨。其中奧妙，瀟灑脫離，來有蹤影，去無形跡。後其所發，先其所至，字字循環，一能克十。一字不精，難以云成。視之如婦，奪之如虎。謹防跌失，方無差誤。

訣由十八字而歸納為十二字，曰：倒、換、搓、挪、滾、脫、牽、縮、跪、坐、攪、拿。

3. 禁犯病法

| 原文 |

懶散、遲緩、歪斜、寒肩、老步、腆胸、直立、軟腿、脫肘、戳拳、扭臀、曲腰、開門捉影、雙手齊出。

| 注釋 |

如果說「五字要訣」是內家拳的內核，「十四禁忌」則應是內家拳的外殼。兩者都是實踐的結晶，共同昇華為理論，成為內家拳的準則。內家「十四禁忌」不但對狹義及廣義的內家拳（太極、八卦、形意等）都有著重要的意義，而且對其他拳種同樣有著重要的指導作用。這是因為古今拳術的淵源是一脈相承的，在繼承發展和創新的過程中，雖然形成了分支浩繁的流派，創樹了各自獨特的風格和特點，但就武術的作用和技術規範，還是萬變不離其宗的。

附錄七 「內家拳」源流考

1. 張松溪，鄞人，善搏，師孫十三老。其法自言起於宋之張三豐。三豐為武當丹士。徽宗召之，道梗不前。夜夢玄帝授之拳法。厥明以單丁殺賊百餘；遂以絕技名於世。由三丰而後，至嘉靖時，其法遂傳於四明，而松溪為最著。

摘自《寧波府志・張松溪傳》

2. 有所謂內家者。以靜制動。犯者應手即仆。故別少林為外家。蓋起於宋之張三豐。三豐為武當丹士。徽宗召之。道梗不得進。夜夢玄帝授之拳法。厥明以單丁殺賊百餘。三豐之術。百年之後。流傳於陝西。而王宗為最著。溫州陳州同。從王宗受之。以此教其鄉人。由是流傳於溫州。嘉靖間張松溪為最著。松溪之徒三四人，而四明葉繼美近泉為之魁。由是流傳於四明。四明得近泉之傳者。為吳崑山、周雲泉、單思南、陳貞石、孫繼槎。皆各有授受。崑山傳李天目、徐岱岳。天目傳余波仲、吳七郎、陳茂弘。雲泉傳盧紹岐。貞石傳董扶輿、夏枝溪。繼槎傳柴玄明、姚石門、僧耳、僧尾。而思南之傳，則為王征南。

摘自黃梨洲《南雷文定・王征南墓誌銘》

3. 自外家至少林其術精矣。張三豐既精於少林，復

從而翻之是名內家。得其一二者已足勝少林。王征南先生從學於單思南，而獨得其真傳。余少不習科舉業，喜事甚，聞先生名，因裹糧至寶幢學焉。先生亦自絕憐其技，授受甚難其人，亦樂得余而傳之。

摘自黃百家著《內家拳法》

│註│

綜上所述，可證「內家拳」並非「太極拳」。

附錄八 形意拳訣輯要

按

太極拳、形意拳、八卦掌三門拳術，理法基本一致。現代技術逐步公開，為相互交流經驗提供了便利條件，均在各自技法中吸取了新鮮血液，這是件好事。但汲取旁門經驗，必須懂得消化，切莫生搬硬套，囫圇吞棗。

以下摘錄部分形意拳和八卦掌訣要，供讀者參考。

原文

起為鑽，落為翻。起為橫之始，鑽為橫之終，落為順之始，翻為順之終。起橫不見橫，落順不見順。起是去，落是打。起亦打，落亦打。起落如水之翻浪，方是真起落也。

肘不離肋，手不離心，出洞入洞緊隨身。手起如鋼銼，手落如鉤竿。起如箭，落如風，追風趕月不放鬆，起如風，落如箭，打倒還嫌慢。起勢如崩牆倒，落地如樹栽根。

打法定要先上身，手腳齊到方為真。拳如烈炮龍折腰，遇敵好似火燒身。

起無形，落無蹤，手似毒箭，身如反弓。

足打七分手打三，五行四梢要齊全，氣隨心意隨時用，硬打硬進無遮攔。

拳打三節不見形，若見形影不為能。手到腳不到，打人不得妙；手到腳也到，打人如薅草。拳不空回，空回非奇拳。拳打人不知。

遠了便上手，近來便加肘，遠了用腳踢，近了便加膝。

進退旋轉活妙靈，五行一動如雷鳴。風吹浮雲散，雨打沉灰淨。五行合一體，放膽即成功。

與敵相交，不可拘使成法，須相敵之情形而用之。交勇者不可思誤，思誤者寸步難行。

心猿已動，拳勢始作。剛柔虛實，開合起落。能在一思進，莫在一思存；能在一氣先，莫在一氣後。

神氣要舒展不拘，運用要圓活不滯。清虛其心，輕鬆其體。乘其無備而攻之，尤其不意而出之。進即閃，閃即進，不必遠求。

拳無拳，意無意，無意之中是真意。

不招不架，只是一下；犯了招架，便有十下。

頭打起意占中央，渾身齊到人難當；腳踩中門奪地位，就是神仙也難防。

肩打一陰反一陽，兩手只在洞中藏；左右全憑蓋勢取，縮長二字一命亡。

肘打幾處人不明，好似猛虎出木籠；和身輾轉不停勢，左右暗撥任意行。

手打起意在胸膛，其勢好似虎撲羊；粘實用力須展放，兩肘只在肋下藏。

胯打陰陽左右便，兩足交換須自然；外胯好似魚打挺，裏胯藏步變勢難。

膝打要害能致命，兩手空晃擾上中；妙訣勸君勤習練，強身勝敵樂無窮。

腳打踩意不落空，消息全憑後腳蹬；蓄意須防被敵覺，起勢好似捲地風。

附錄九　八卦掌訣輯要

｜原文｜

八能：搬、攔、截、扣、推、托、帶、領。

四德：順、逆、和、化。

九要：塌、扣、提、頂、裹、鬆、垂、縮、起鑽落翻分明。

三害：努氣、拙力、腆胸提腹。

八卦掌虛實論

出手有虛有實，虛亦可實，實亦可虛。虛手如己及敵身，即可實打；實手如敵避開或制住，即須變虛，另發它著。故發著不可先發力，須貼近敵身，方可貫力。力應是活勁，不可用死力。須一發即回，如此則勁常蓄，隨意變用。若盡力發出，則手足皆滯笨而不善變矣，自易為敵所制。

八卦掌歌訣摘錄

胸期空兮氣須沉，背緊肩垂臂前伸；氣到丹田縮穀道，直拔巔頂貫精神。

用時最要是精神，精神煥發耳目真；任憑他人飛燕手，蟻鳴我聽龍虎吟。

力要剛兮更要柔，剛柔偏重力難收；過剛必折真物

理，優柔太甚等於休。

剛在先兮柔後藏，柔在先兮剛後張；他人之柔腰與手，我則吸腰步穩揚。

只會使力不會存，力過猶如箭離弦；不但無功卻有害，輕輸重折且失身。

力要足兮著要準，即或使空三不紊；著套著兮無窮極，精神法術在手純。

力足發自筋與骨，骨中出硬筋須隨；足根大筋運腦脊，發勁跟步力能催。

步法動時腰先提，收縮合宜顯神奇；足欲動兮腰不動，跟蹌邁步慢時機。

未曾動梢先動根，手快不如半步根；進退出入只半步，制手避著而安神。

眼到手到腰腿到，心真神真力又真；三真四到合一處，防己有餘能制人。

打人須憑膀為根，膀在肩端不全伸；攻欲進時進前步，先進後步枉勞神。

掌使一面不為功，至少仍須兩面攻；一橫一直三角手，使人如在我懷中。

他不來時我叫來，他前來時我化開；不必身避憑身取，步步不離二胯哉。

穿棱直入勢難停，先發制人顯他能；若遇此手接連根，不如跨步側身靈。

此掌與人大不同，未擊西兮先聲東；指上打下誰得知，捲珠倒流更神通。

高打矮兮矮打高，斜打胖兮不須搖；前遇瘦長憑捋

帶，年邁無功上下瞧。

八卦之手不講拿，我拿人兮我亦差；設前人多不方便，直出直入也堪誇。

多少拿法莫誇技，兩手拿一力固奇；任他神拿怕過頂，穿鼻刺目勢難敵。

對禦眾敵相法先，未曾進步退當然；退步審勢知變化，以逸待勞四兩牽。

後　記

　　太極拳的歷史價值在於武事，發展到現在已演變成體育運動。尤其是以弱勝強、用意不用力的太極拳成了祛病、養生的手段。唯在傳統資料中卻少有這方面的專論，僅《十三勢行功歌》中有一句「詳推用意終何在？益壽延年不老春」。所以，我就想在此談談太極拳的養生功能。

　　我早在 1950 年 27 歲時不幸罹患三期肺結核、咯血。因無醫療經濟條件，到 1951 年不得不懷著冒險心理去求李玉琳老師給予太極拳體療，歷三年而痊癒。事後十多年我也實驗用體療方式為不少患者進行治療，也有明顯效果，其中對糖尿病的療效最快。更出乎意料的是，自 1956 年開始，我就多次參加全國武術比賽，竟成了新中國第一代優秀武術運動員。現在已經年過九旬，經常有人問我有何養生秘訣。實際上，我過去根本就沒想過這個問題，堅持練拳，只是恐怕舊病復發。現在回想起來，我的健康幸福，還真是受益於太極拳的鍛鍊。對太極拳的養生作用，經過仔細分析，我得出以下兩點認識：

　　第一，太極拳傳統的訓練方式方法，原來的設計就具有強身壯體的功能措施，即《太極法說》所概括的「文體、武用」。用於養生則更決定於適度的運動量和持之以恆的毅力。文體的訓練也是內外兼修，內指精、氣、神，外謂形體。精氣神訓練以氣為核心（也叫「內氣」「元氣」「真氣」）。氣是全身生理功能的原動力，故訓練要

求「以意行氣」「氣宜直養而無害」「氣遍周身不少痴（或作「滯」）」「氣如九曲珠，無微不到」。內氣又與呼吸相表裏，所謂「虛領頂勁、氣沉丹田」，也是深腹呼吸的反映。呼吸的主要功能，是透過形體的運動，同時將空氣中的氧輸送到血液裏，再將廢氣排出體外。腦血栓、偏癱，就是局部大腦神經缺氧造成的惡果。但一般體育運動總會氣喘，這就是缺氧的反應。只有太極拳運動後，血液和大腦存有充足的氧，故不但不氣喘且精神旺盛，這證明太極拳是世界上最完美的有氧運動形式。對形體的訓練，主要在於增強下肢大關節的韌性韌力，故採取半蹲的形式。在「周身一家」的總體要求下，又要「步隨身換」「手隨身應」「虛實分明」「視動猶靜，視靜猶動」，既能促進周身氣血循環，又不至努氣使力，這也是腹呼吸不可缺少的條件。

第二，太極拳運動還有一大特點，要求「動中求靜」。又以「心靜」最為重要，所謂「神宜內斂」「神不外散」。即在練拳時把精神高度集中於運動，心無他念，眼不外視，耳不外聽，久而久之，能對周圍的聲音事物，達到毫無知覺的程度。能如此，則會使大腦運動神經高度興奮，其餘部分神經被高度抑制，得到積極休息（在促進血液循環的條件下，處於休眠狀態）和恢復大腦疲勞，這是任何醫藥所起不到的功效。大腦神經的盛衰直接影響到臟腑生理功能的發揮，這也是太極拳運動對養生的又一大貢獻。正如《黃帝內經》所載：「恬淡虛無，真氣從之，精神內守，病安從來？」

適當的運動量該當如何把握呢？依據我個人的經驗，

每天鍛鍊一次、兩次都可以，但一次必須持續運動 30～50 分鐘為好（運動品質不夠規範者，當增加運動時間來抵補，才能達到預期的運動效果）。國際上對常見的一種有氧運動——慢跑的測試結果表明，運動時間以持續跑 40 分鐘為宜。就是說，這個運動量不致明顯缺氧（反映為氣喘）。太極拳運動不存在缺氧問題，30～50 分鐘的標準是充氧和大腦積極休息的需要，也是打通全身汗孔的需要，為的是將運動產生的餘熱發散出來，故也有採取「印堂」見汗為標準者。

雖說「生命在於運動」，但這不是養生的全部。當我在60多年前開始體療時，老師首先告誡我：「不許吸菸、喝酒，生活必須正常規律。」體療、養生，都不該邊治邊養，邊自我傷害。但有的人就是改不了。此外，處理生活中的矛盾難度更大，這也是對生命和健康危害最嚴重的問題，前輩中因此一病不起者大有人在。在很久以前，我就發現了這個問題，並思謀對策，採取了「生命比什麼都寶貴」的信念，用來抗衡各種矛盾帶來的傷害。

實踐證明，對一般矛盾尚易淡然處之，對個別矛盾雖經短時間反覆抑制，卻不能從思想深處得到解決。這也如拳法「捨己從人」「以柔克剛」「陰陽相濟」的策略，僅能取得暫時的平衡。要做到對所有的矛盾都能一笑置之，怕是沒有更高的涵養和修為是做不到的。這僅是一點尚不成熟的體會和認識。

一孔之見，僅供朋友們參考，謝謝！

郭福厚

導引養生功

張廣德養生著作　每冊定價350元

 疏筋壯骨功
 導引保健功
 頤身九段錦
 九九還童功
 舒心平血功

 益氣養肺功
 養生太極扇
 養生太極棒
 導引養生形體詩韻
 四十九式經絡動功

輕鬆學武術

 二十四式太極拳
 四十二式太極拳
 八十六式太極拳
 三十二式太極劍
 四十二式太極劍
 二十八式木蘭拳

 三十八式木蘭扇
 四十八式木蘭劍
 簡化太極拳
 楊式太極拳
 太極拳
 陳式太極拳

 太極劍
 太極劍

太極跤

 太極防身術
 擒拿術
 中國式摔角

老拳譜新編

吳紫東氏的太極拳

太極拳全書

拳經

新太極拳書

新太極劍書

太極拳圖說 太極劍圖說

懂勁 名師沈默内功圖說

陳氏太極拳圖說

太極拳勢圖解

太極拳術的理論與實際

太極正宗

太極鑑真

張三丰内功煉身秘訣

藥功真傳秘抄

佛科真傳秘抄

内功煉身秘訣

煉氣行功秘訣

萇氏武技全書

太極拳講義

教門彈腿圖說

六合譚腿圖說

陳氏世傳太極拳術 太極拳精義

武學釋典

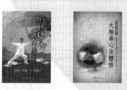

歡迎至本公司購買書籍

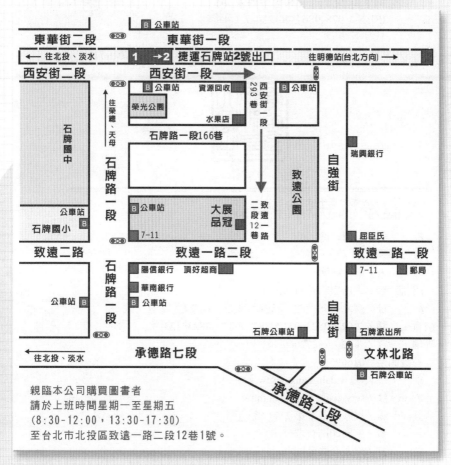

親臨本公司購買圖書者
請於上班時間星期一至星期五
(8：30-12：00，13：30-17：30)
至台北市北投區致遠一路二段12巷1號。

建議路線
1.搭乘捷運
　　淡水信義線石牌站下車，由月台上二號出口出站，二號出口出站後靠右邊，沿著捷運高架往台北方向走(往明德站方向)，其街名為西安街，約80公尺後至西安街一段293巷進入(巷口有一公車站牌，站名為自強街口，勿超過紅綠燈)，再步行約200公尺可達本公司，本公司面對致遠公園。

2.自行開車或騎車
　　由承德路接石牌路，看到陽信銀行右轉，此條即為致遠一路二段，在遇到自強街(紅綠燈)前的巷子左轉，即可看到本公司招牌。

國家圖書館出版品預行編目資料

太極拳秘訣精注精譯／郭福厚編著.
——初版，——臺北市，大展，2019 [民 108.01]
面；21公分—（武學釋典；34）
ISBN　978-986-346-234-7（平裝）
1.太極拳

528.972　　　　　　　　　　　　　　107019716

太極拳秘訣精注精譯

編　　著／郭福厚
責任編輯／謝建平
發 行 人／蔡森明
出 版 者／大展出版社有限公司
社　　址／臺北市北投區（石牌）致遠一路2段12巷1號
電　　話／（02）28236031，28236033，28233123
傳　　真／（02）28272069
郵政劃撥／01669551
網　　址／www.dah-jaan.com.tw
E - m a i l／service@dah-jaan.com.tw
登 記 證／局版臺業字第2171號
承 印 者／傳興印刷有限公司
裝　　訂／眾友企業公司
排 版 者／菩薩蠻數位文化有限公司
授 權 者／人民體育出版社
初版1刷／2019年（民108）1月

定價／480元

大展好書　好書大展
品嘗好書　冠群可期

大展好書　好書大展
品嘗好書　冠群可期